COURS

ÉLÉMENTAIRE

D'HISTOIRE DE FRANCE.

LYON.

IMPRIMERIE DE GABRIEL ROSSARY,
rue St-Dominique, n. 1.

COURS

ÉLÉMENTAIRE

D'HISTOIRE DE FRANCE,

PAR

M. HENRI MONIN,

PROFESSEUR D'HISTOIRE AU COLLÉGE ROYAL DE LYON.

PARIS.

JULES DELALAIN ET Cie, LIBRAIRES,
rue des Mathurins-St-Jacques.

LYON.

GIBERTON ET BRUN, LIBRAIRES DE L'ACADÉMIE,
rue Mercière, n. 11.

1838.

AVANT-PROPOS.

L'Histoire de France peut se diviser en trois parties bien distinctes.

La première n'est pas, à proprement parler, de l'Histoire de France, c'est l'exposé de l'origine et de la formation de la nation française. Avant qu'il n'y ait eu des Français sur notre territoire, il a été occupé successivement par les Gaulois et ensuite par les Romains, conquérants de la Gaule, qui vinrent se joindre à la population primitive; enfin par les Francs conquérants de la Gaule romaine, qui étant un peuple tout germanique ne doivent pas être confondus avec les Français. Cette période forme pourtant une introduction qui fait corps avec l'Histoire de France.

La seconde division se compose de la période féodale; elle commence sous Charles-le-Chauve, quatrième roi de la seconde race, et finit à la mort de Louis IX ou St-Louis, neuvième roi de la troisième race.

La troisième partie comprend la période monarchique de l'Histoire de France; elle s'étend depuis la mort de St-Louis jusqu'à la convocation des états-généraux de 1789, sous le règne de Louis XVI, commencement de la Révolution française et de l'histoire contemporaine.

Nous ne suivons point la division ancienne et connue en trois races de rois, parce que cette division ne répond en aucune manière aux grandes révolutions politiques qui ont changé la face de notre pays, et qui sont le seul point d'arrêt convenable pour la civilisation de l'histoire en périodes.

Comme l'Auteur n'a voulu faire que des leçons rapides sur l'Histoire de France, et non pas même un abrégé méthodique et complet des événements importants, il a pensé que la citation de ses autorités n'aurait aucun but, et pourrait même indiquer des prétentions qui ne sont point dans sa pensée. Ce petit livre, loin d'aspirer à être original, voudrait n'être que l'écho fidèle de tout ce qu'il y a de plus parfaitement vrai et de plus exquis dans les ouvrages de MM. Sismondi, Thierry, Guizot, Michelet et Poirson, sur l'Histoire de France.

COURS
ÉLÉMENTAIRE
D'HISTOIRE DE FRANCE.

INTRODUCTION.
ORIGINES ET FORMATION DE LA NATION FRANÇAISE.

CHAPITRE PREMIER.
LE SOL FRANÇAIS.

Avant de faire l'histoire des générations qui nous ont précédés dans notre patrie, il convient de parler d'abord du sol lui-même.

Le territoire français, comme contrée physique, a des limites naturelles très-fortement tracées par les Pyrénées, les Alpes, le Rhin et les deux mers. C'étaient les frontières de l'ancienne Gaule, et tout récemment encore, nous les avons atteintes et dépassées. Mais lors même que la France reste en deçà sur plusieurs points, sa position n'en est pas moins presque aussi forte pour la défense, que l'Italie, l'Espagne et la Grèce, qui sont sous ce rapport, de toutes les contrées continentales, les plus favorisées de la nature. En outre, la France a sur ces pays un grand avantage; c'est de n'être pas divisée à l'intérieur par des obstacles naturels, par ces hautes chaînes de montagnes, qui éternisent l'indépendance et l'antipathie des races, et qui font encore aujourd'hui des nations distinctes et hostiles, du Portugais et du Castillan, du Génois et du Piémontais, du Thessalien et de l'Epirote. On dirait qu'en France une providence tutélaire a placé les montagnes, les fleuves et les mers, de manière à faire des habitants une même famille, tout en élevant contre l'étranger de fortes et solides barrières. Enfin, par son étendue et sa position centrale, la France semble destinée sinon à dominer l'Europe, du moins à la menacer sans cesse.

Sous bien d'autres rapports, la nature semble avoir été prodigue envers nous. La fertilité du sol et la variété des climats, font de la France le pays agricole par excellence de la zone tempérée, en même temps que l'étendue de nos côtes et de nos rivières navigables nous place pour le commerce dans des conditions plus favorables que toutes les contrées voisines, à l'exception des îles Britanniques.

CHAPITRE II.

LES GAULOIS.

Placez dans un pays aussi favorisé du ciel une race d'hommes intelligente et active, et l'on peut être certain qu'elle saura rapidement s'élever à de hautes et brillantes destinées. Nous verrons en effet dans tout le cours de cette histoire, que ni les Français, ni leurs prédécesseurs les Gaulois et les Francs, ne sont jamais restés long-temps les débiteurs de la Providence.

Déjà l'histoire des Gaulois, les premiers habitants connus de la contrée, n'est qu'une suite d'expéditions brillantes et de conquêtes lointaines. La race Celtique ou Gauloise, originaire de l'Orient selon toute apparence, se trouve établie, dès les premières lueurs historiques, dans la Gaule, la Germanie et les îles Britanniques. Déjà, au sixième siècle avant Jésus-Christ, les Gaulois envahissent tout le nord de l'Italie, et à la même époque probablement, une grande partie de l'Espagne; au quatrième, ils détruisent Rome, imposent un tribut pour le rachat du Capitole et ravagent le midi de l'Italie. Au troisième ils descendent le Danube, le plus long des fleuves de l'Europe, franchissent toutes ces chaînes de montagnes, remparts inexpugnables de la Grèce, que les Romains n'ont pu que tourner, et pénètrent jusqu'au sanctuaire de Delphes; en même temps une division de la même armée traverse la

Thrace et l'Hellespont, et va fonder au milieu de l'Asie Mineure une domination long-temps conquérante. Enfin, au deuxième siècle, la horde des Cimbres, la plus puissante et la plus nombreuse des nations Celtiques, vient des bords de l'Océan germanique envahir successivement toutes les contrées de l'Europe occidentale, exterminer six armées romaines, et ne périt enfin que par un effort désespéré de l'Italie et le génie de Marius.

L'histoire militaire des Romains n'est au fond que leur lutte incessante contre les Gaulois. Dans tout l'Occident, Italie, Espagne, Gaule, Illyrie, Bretagne, ils rencontrent partout ces terribles ennemis, et ne sont pas toujours vainqueurs. En Orient, ils n'ont qu'à paraître pour triompher. Depuis Brennus, il y avait *tumultus gallicus*, toutes les fois qu'il y avait guerre contre les Gaulois; alors ni l'âge, ni les infirmités n'exemptaient du service militaire. Ce sont les Gaulois qui ont supporté tout le poids de la seconde guerre punique; et peu s'en fallut alors que sous la direction d'Annibal, ils ne détruisissent à jamais cette Rome qu'ils avaient déjà pillée. C'est assez contre Philippe de deux légions et d'un préteur; ce n'est pas trop à la même époque des deux consuls et d'une levée en masse de l'Italie tout entière contre les peuplades obscures des Gaulois cisalpins. Il ne faut que quarante jours à des généraux médiocres, à un Lucullus, à un Pompée, pour pacifier l'Asie : il faut dix ans à un César, pour compléter la conquête des Gaules commencée depuis un siècle.

Les Romains disaient proverbialement : « Quand nous combattons contre les autres peuples, c'est pour conquérir, contre les Gaulois, c'est pour exister. » Cicéron et Salluste s'exprimaient encore ainsi lorsque les Romains possédaient toute la Gaule méridionale depuis les Alpes jusqu'aux Pyrénées. César arrive dans cette province que les Romains regardaient comme leur plus beau trophée de victoire, assuré de la conquête du monde s'il vient à bout de celle des Gaules indépendantes (58). On sait qu'à plusieurs reprises, malgré leurs désavantages de toute espèce, absence de discipline, armes médiocres, témérité, inexpérience, discordes intestines, les Gaulois furent sur le point de l'emporter. Dans une de ces luttes mémorables les légions retranchées dans une position des plus fortes, furent partout enfoncées et vaincues; César ne sauva son armée qu'à force d'audace et de génie. Au moment où la Gaule paraissait à jamais soumise, les Romains, attaqués à l'improviste dans leurs quartiers, se virent bien près d'y être exterminés; une légion tout entière fut détruite par une troupe de Gaulois peu supérieure en nombre. Dans le solennel et dernier combat contre Vercingétorix, César pour rallier ses soldats fut obligé de combattre au premier rang, et laissa au moins un beau trophée, sa victorieuse épée, entre les mains des vaincus.

Veut-on savoir comment les Gaulois savaient défendre leur indépendance, comment ils combattaient avant de céder le champ de bataille? Après une seule bataille rangée, les envoyés Nerviens (Hainaut) vinrent trouver César, et lui dirent : « César, de six cents nobles, trois seulement sont encore en vie, et de soixante mille combattants à peine en est-il échappé cinq cents. » Voici encore comment Plutarque résume toute cette guerre de géants : « Il y avait trois millions de Gaulois, César en a tué un million et vendu un autre million pour être esclave. »

César, qui avait épuisé toutes les ressources de la cruauté pour forcer les Gaulois à la servitude, qui avait fait couper les deux mains à tous les défenseurs d'Uxellodunum, ne crut pourtant pouvoir assurer sa conquête qu'en traitant les vaincus avec une douceur et des ménagements que les sujets de Rome n'avaient jamais connus. Point de confiscations, d'exils, comme partout ailleurs : les peuples conservent leurs terres, leurs principaux citoyens, leurs lois ; les chefs les plus influents sont comblés de caresses et de bienfaits. Point de tributs exhorbitants ni dégradants ; point de ces exactions, de ces monopoles plus ruineux, plus odieux encore ; mais seulement une faible imposition annuelle, ennoblie du titre de subside militaire (50).

Nous n'insisterons pas davantage sur l'histoire des Gaulois. Nous croyons plus utile de nous étendre davantage sur leurs mœurs, leurs lois et leur religion.

Le caractère distinctif de la race celtique, comme de presque toutes les anciennes nations barbares de l'Europe, c'est son état perpétuel de guerre, et la préférence accordée à l'art militaire sur tous les autres. Les institutions militaires sont par conséquent les plus importantes. Le maniement des armes était en temps de paix l'occupation favorite des Gaulois. La première qualité d'un homme était le courage et une belle tenue militaire. Dans chaque bourgade il y avait une ceinture déposée chez le chef. Tous les ans on mesurait la taille des jeunes gens, et ceux qui dépassaient la limite permise étaient réprimandés et punis comme oisifs et intempérants. Ordinairement les expéditions militaires étaient volontaires ; car on n'avait guère à craindre qu'elles manquassent faute de combattants. Mais quand il s'agissait de repousser une invasion redoutable, il y avait ce que César appelle *le conseil armé*. A la première convocation, tous les hommes en état de porter les armes devaient se rendre à l'assemblée, et celui qui arrivait le dernier, était impitoyablement torturé sous les yeux de ses compagnons. La tactique militaire des Gaulois se bornait à une vivacité brusque dans l'attaque, et à un premier choc très-violent; mais bientôt ils faiblissaient, et comme ils n'avaient que des armes d'une trempe inférieure, il suffisait de leur résister quelques heures pour les vaincre. « Au commencement, dit Tite-Live, c'étaient plus que des hommes ; à la fin, c'étaient moins que des femmes. »

Primitivement les Gaulois, comme beaucoup de peuples barbares, mettaient à mort leurs prisonniers. Ils avaient encore une coutume qui s'est retrouvée de nos jours précisément aux antipodes de la Gaule, chez les Nouveaux-Zélandais; ils conservaient comme un trophée les têtes de leurs ennemis vaincus, les rapportaient chez eux en triomphe, attachées au bout de leur pique ou au poitrail de leurs chevaux, et les suspendaient au-dessus de la porte de leur maison. Quand c'était la tête d'un chef célèbre, on l'embaumait avec soin, et on la plaçait dans de grands coffres. Chaque génération s'efforçait d'ajouter de nouvelles têtes à cette collection. On les rangeait par ordre chronologique; la tradition conservait avec soin les détails de chaque combat, et c'était dans ces coffres que les jeunes gens venaient lire l'histoire des exploits de leurs ancêtres.

Du reste, ces coutumes barbares étaient en grande partie abolies du temps de César; déjà le commerce et l'industrie avaient fait quelques progrès en Gaule. On attribue aux Gaulois des inventions utiles, inconnues aux peuples civilisés de l'antiquité. La manière ingénieuse dont ils construisaient leurs fortifications pour résister à l'action du feu et au choc du bélier, a fait l'admiration de leur vainqueur. L'exploitation de quelques mines et d'heureuses expéditions militaires avaient réuni dans les Gaules des quantités considérables de métaux précieux, et leur échange avait donné une vive impulsion au commerce étranger, qui se faisait par les Marseillais, et consistait surtout en vins. On ne peut douter que les Gaulois ne possédassent depuis long-temps une culture intellectuelle assez avancée; mais en même temps ils se distinguaient, même parmi les peuples les plus barbares, par une foule de coutumes féroces ou extravagantes. A mesure que leurs rapports avec les étrangers devenaient plus nombreux, la civilisation semble faire chez eux beaucoup moins de progrès que la corruption. C'est que toutes leurs idées, tout leur ordre social était étroitement enchaîné et en quelque sorte immobilisé par une religion moitié savante, moitié barbare : c'était la célèbre religion des Druides ou *fils du chêne*.

Les auteurs grecs et romains, malgré tout leur mépris pour tout ce qui était barbare, ne parlaient qu'avec admiration de la science et de la religion de ces prêtres gaulois. Ils avaient soin de ne rien écrire, bien qu'ils se servissent de l'alphabet grec dans quelques rares occasions. L'enseignement était seulement oral. Tout était formulé, selon la coutume ancienne, dans une forme métrique. Tout était appris par cœur, et il fallait environ vingt ans. C'était une encyclopédie complète, qui renfermait toutes les connaissances. Les Druides étaient les seuls théologiens, les seuls médecins, les seuls astronomes, les seuls devins.

Comme cet enseignement religieux ne devait pas être révélé, les anciens eux-mêmes n'en connaissaient que des parties détachées. Dans le peu que nous en savons, nous pouvons voir que c'était un système plus complet et plus savant que le polythéisme des Grecs et des Romains. Les Druides enseignaient que la matière et l'esprit sont éternels; que l'univers est soumis à des changements de forme, mais qu'il reste indestructible et inaltérable dans sa substance. Ils croyaient à la métempsycose et, en même temps, aux peines et aux récompenses après la mort ; mais on ne sait comment ils conciliaient ces deux dogmes en apparence incompatibles. L'autre monde était, pour les âmes heureuses, une répétition des plaisirs et des occupations de la vie terrestre, sans mélange de fatigues ni de malheurs. Le guerrier y retrouvait son cheval et ses armes, et passait sans cesse des exercices d'une chasse abondante aux délassements d'un festin délicieux ; le Druide retrouvait ses cérémonies augustes et les respects d'une foule empressée.

Les Druides formaient une seule association hiérarchique, un ordre sacerdotal fortement organisé : ce n'était point pourtant une caste, comme dans l'Inde et en Égypte. Ils se recrutaient dans tout le reste de la nation. Le mérite et l'élection décidaient de tous les rangs. Tout ce qui touchait de près ou de loin à la religion, à la science, relevait d'eux exclusivement. Les fonctions inférieures du sacerdoce étaient exercées par le second ordre des Druides. Les Bardes ou poètes formaient le troisième, la poésie étant à leurs yeux un sacerdoce. Ainsi, ils avaient discipliné la plus volontaire et la plus indépendante des professions. Leurs temples, placés dans les endroits les plus déserts et les plus sauvages, étaient des enceintes consacrées qui n'avaient d'autre abri qu'un épais feuillage. C'était là que le Druide consultait les entrailles des victimes humaines pour rendre la santé à un chef de tribu, ou pour savoir si la guerre serait heureuse. Quelquefois on offrait en sacrifice aux dieux un grand nombre de captifs, renfermés dans une immense idole de paille et d'osier, que l'on faisait brûler sur l'autel. Il y avait aussi des prêtresses ou prophétesses qui prenaient part à ces rites abominables. Ceintes d'airain, chaussées d'airain, armées de couteaux du même métal, elles prédisaient l'avenir, en observant minutieusement de quelle manière coulait le sang du malheureux qu'elles égorgeaient. Du reste, ces sacrifices humains furent connus de tous les peuples anciens. Plus d'un fois les Romains, pour détourner les prédictions de la sibylle, enterrèrent vivants dans le forum un Gaulois et une Gauloise. Les Carthaginois et les autres villes puniques, beaucoup plus civilisés que les Gaulois, sacrifiaient continuellement à Moloch des victimes humaines.

A ces superstitions cruelles les Gaulois en joignaient d'autres qui n'étaient qu'absurdes. Voici, par exemple, quelles étaient leurs doctrines en médecine. Ils guérissaient toutes les maladies au moyen de végétaux cueillis avec un cérémonial et des paroles bizarres. Le fameux gui de chêne, tombé le sixième jour de la lune sous le tranchant d'une faucille d'or, et recueilli dans un linge blanc, était une panacée universelle. L'œuf druidique, insigne sacerdotal des Gaulois, qu'ils s'imaginaient être formé de la bave des serpents, et qui n'était probablement qu'une pétrification de l'oursin de mer, assurait à celui qui le portait la faveur du chef et le gain des procès.

Au temps de César, le gouvernement des Gaulois était directement entre les mains des Druides dans une partie de la Gaule du nord ; peut-être même était-ce, à une époque plus reculée, le seul qui leur fût connu. Quoi qu'il en soit, les Druides exerçaient une grande influence, même là où ils ne gouvernaient pas seuls, grâce à leur organisation forte et habile, et ils étaient universellement reconnus pour le premier ordre de la nation.

Les Gaulois avaient une noblesse qui formait le second ordre de la nation. Beaucoup de tribus gauloises étaient gouvernées par l'assemblée des nobles, et par des rois tantôt héréditaires, tantôt électifs.

Le reste du peuple formait le troisième ordre. Quelques villes populeuses possédaient, à ce qu'il semble, un gouvernement démocratique; mais la plus grande partie des hommes libres étaient sous la dépendance des nobles. Nous ne savons pas si ces clients, comme les appelle César, se considéraient comme les parents de leur patron, fiction qui forme le principe constitutif des clans irlandais et écossais. Outre les clients, il y avait des populations attachées à la glèbe, comme les Ilotes et les Pénestes de l'antiquité, et les serfs du moyen-âge.

Je passe sous silence comme insolubles, ou tout au moins comme fort difficiles, deux questions qui ne manquent ni d'intérêt, ni d'importance. Quelles étaient les grandes divisions de la race celtique? Jusqu'à quel point différaient-elles d'esprit et de langage? La religion druidique était-elle originairement commune à tous les Celtes, ou seulement à une partie d'entre eux? Dans l'état actuel de la science, il me semble impossible de rien affirmer de certain.

En quoi ressemblons-nous aux Gaulois? En quoi en différons-nous? ou, en d'autres termes, que nous est-il resté d'eux? C'est une question dont quelques parties sont également insolubles, mais qu'il faut pourtant tâcher de résoudre. C'est la plus importante de toutes celles dont se compose l'histoire des Gaulois, et la seule en même temps qui soit liée d'une manière directe et intime à notre histoire nationale; car si les Gaulois nous ont précédés sur le même sol, s'ils sont en partie ancêtres des Français, eux-mêmes ne sont pas Français.

Et d'abord la langue n'est point la même. Non-seulement elle n'est pas la même, mais il est incontestable qu'elle ne dérive point du celtique. Les théories les plus ingénieuses, les comparaisons les plus patientes viennent échouer contre un fait aussi incontestable que la filiation directe du français au latin. Il y a pourtant une exception locale à constater. Dans toute la Basse-Bretagne, l'idiome celtique a persisté, tout en se corrompant; il y a aussi quelques analogies de mots à reconnaître. Nous savons positivement, par César et Suétone, que *alouette* et *bec* sont deux mots celtiques; et il n'y a rien que de très-vraisemblable à croire que les mots de notre langue qui ne sont ni latins ni germaniques, doivent nous venir pour la plupart des Gaulois.

Quant aux lois civiles et politiques, il n'y a aucune filiation certaine des Gaulois aux Français. Tout ce qui a une existence antérieure à l'existence de la nation française est d'origine romaine ou germanique; il n'y a qu'une ressemblance connue. La communauté de biens entre les époux, l'un des principes de notre ancien droit coutumier les plus contraires au droit romain, était la loi du mariage chez les Gaulois; mais, selon toute apparence, c'était aussi une coutume germanique.

Quant à la religion, il est presqu'inutile de faire observer qu'entre le druidisme et le christianisme il y a un abîme; il est possible pourtant que nous tenions des Gaulois ce respect profond, cette disposition à l'obéissance envers l'Église, qui nous a distingués au moyen-âge. Les Français passaient pour plus religieux et plus attachés à l'Église que toutes les nations de l'Europe.

Maintenant nous passons aux mœurs et coutumes, c'est-à-dire à la partie la plus mobile de la vie nationale, à celle qui est le plus profondément modifiée par les révolutions politiques, religieuses, intellectuelles. Ici encore nous ressemblons fort peu aux Gaulois, sinon sur des points assez indifférents par eux-mêmes, le costume par exemple. Le pantalon et la blouse sont d'origine gauloise.

Ainsi langage, lois, religion et coutumes, rien de tout cela à bien peu d'exceptions près, ne nous est commun avec les Gaulois. Que nous est-il donc resté de cette grande et glorieuse race d'hommes qui a si long-temps occupé notre territoire. Il y a deux points par lesquels nous sommes exclusivement Gaulois : d'abord le caractère physique de la race ; les traits du visage, la couleur des cheveux et des yeux, malgré tous les changements des habitudes sociales, sont restés à peu près les mêmes chez les Français d'aujourd'hui que chez les Gaulois d'autrefois. Ensuite le caractère moral a également persisté : tous les éloges, tous les reproches que les anciens adressent aux Celtes, sont précisément ceux que les étrangers nous ont toujours adressés. Cette persistance de la forme et de l'esprit celtique, est d'accord avec toutes les inductions que nous pouvons tirer de l'étude des faits pour nous prouver que les Gaulois sont à peu près nos seuls ancêtres, et que les Romains, malgré leurs colonies militaires et leurs importations d'esclaves, ainsi que les Germains, malgré une infiltration de plusieurs siècles, n'ont pas fourni une population assez considérable pour changer la race primitive.

Il y a pourtant un petit nombre de nos provinces où la race celtique n'est pas la race dominante. Ainsi en Alsace et sur tout le reste de la rive gauche du Rhin, la population était germanique dès le temps de César ; plus tard les bouches de la Meuse, et la moitié du bassin de l'Escaut ont été repeuplés par des colonies de même origine. Dans la Provence et le Bas-Languedoc la population primitive était plutôt ligurienne que celtique, et les colons grecs et romains y furent incomparablement plus nombreux que partout ailleurs. Marseille fondée vers 600 par les Ioniens de Phocée, avait établi, elle-même, des colonies sur les principaux points de cette côte; et les deux colonies militaires d'Aix (126) et surtout de Narbonne (116) ont dû former dans ce pays une population italienne assez considérable pour qu'il en soit tenu compte, mais dans cette localité seulement. Enfin la province de Gascogne, qui répond à l'ancienne Novempopulanie, est exclusivement ibérienne, c'est-à-dire espagnole; tous les historiens de l'antiquité sont d'accord sur ce point, qu'il n'y avait point de Celtes dans ce pays, et depuis, la population primitive n'a jamais été modifiée d'une manière sensible.

CHAPITRE III.

LES ROMAINS EN GAULE.

Les Gaulois se façonnèrent très-facilement au joug qui leur était imposé par les Romains; car la modération des vainqueurs rendait la soumission bien préférable à la continuation d'une résistance impossible. C'est à cette modération qu'ils durent d'avoir soumis les Gaulois, sinon plus aisément du moins plus vite que les Italiens et les Espagnols. Ils accordèrent promptement aux Gaulois des avantages de toute espèce, et surtout l'admission des principales familles au droit de cité romaine. L'empereur Claude appela quelques-uns d'entre eux au sénat; et plus tard tous les hommes libres de la Gaule devinrent citoyens romains en vertu d'un édit de Caracalla, en même temps que les habitants des autres provinces.

Urbem fecisti quod prius orbis erat,
« Par toi, ce qui était l'univers est devenu une cité, »

dit à l'empereur, au sujet de cette loi, un poète de la décadence.

Les familles riches et nobles oublièrent bien vite les temps de l'indépendance barbare, et se plièrent avec une incroyable facilité aux lois, à la civilisation et au langage des vainqueurs; surtout depuis Auguste jusqu'à Commode, la Gaule jouissant d'une paix profonde, put faire et fit en effet d'immenses progrès en industrie et en richesse. Aussi pendant la période des empereurs romains, un grand nombre de rhéteurs, de poètes, d'historiens, d'artistes, de généraux, de ministres, et même de souverains, sont Gaulois de nation.

Néanmoins il y eut quelques tentatives pour secouer le joug, mais toutes incertaines et malheureuses. Tantôt les Gaulois veulent rétablir les vieilles coutumes de la vie barbare ; tantôt ils veulent fonder un empire sur le modèle de l'empire romain, et faire en quelque sorte une contrefaçon de leurs vainqueurs. Parmi ces tentatives d'un empire à la fois gaulois et romain, les plus remarquables sont celle de Sabinus et celle de Posthumus. Sabinus essaya de fonder un empire gaulois au milieu des troubles qui suivirent la mort de Néron. Mais au lieu de se réclamer des vieilles gloires celtiques, il se présentait comme héritier direct du conquérant des Gaules, par une de ses nombreuses maîtresses. C'est en vain que les Druides prédirent que le Capitole avait fait son temps, et qu'un sanctuaire gaulois allait le remplacer. Mal secondé des nobles, abandonné du peuple, réduit à la dangereuse alliance des Germains Bataves, Sabinus fut vaincu (69 après Jésus-Christ). On sait le touchant dévoûment de sa femme Eponine, et la cruauté de Vespasien.

Posthumus et son successeur Tetricus (261-273) furent plus heureux, mais sans obtenir un succès définitif. Ils vivaient à l'époque appelée des trente tyrans, lorsque toutes les provinces avaient chacune leur empereur. Il faut avouer du reste que ces empereurs étaient plutôt les créatures des légions que des provinces, et que nous ne savons nullement si les légions des Gaules étaient composées en majorité de Gaulois. Quoi qu'il en soit, les dispositions de la Gaule ou de ses légions à l'indépendance sont énergiquement exprimées dans un texte fort précis d'un historien de cette génération : « Les Gaulois, cette nation toujours perfide et rebelle, toujours prête à faire un empire ou un empereur. »

Les classes populaires, que la conquête romaine avait maintenues dans l'esclavage en l'aggravant encore, restèrent, comme il arrive toujours, beaucoup plus long-temps fidèles à la langue, aux mœurs, à la nationalité, à la religion de leurs ancêtres. Les Druides étaient restés les fidèles représentants, les derniers défenseurs de la vieille Gaule; c'était le dernier centre auquel ses obscurs partisans pouvaient se rallier. Les Romains, fort tolérants pour les superstitions, pour les cultes, pour les dogmes de toute espèce, étaient sans pitié pour les hiérarchies sacerdotales, indépendantes et exclusives qui pouvaient faire un état dans l'état. Ils brisèrent par la persécution l'organisation savante et redoutable des prêtres gaulois. Tout ce qui était druidique fut proscrit; leurs forêts furent incendiées, leurs principaux sanctuaires détruits ou souillés. Sous l'empereur Claude, un chevalier romain fut mis à mort uniquement parce qu'on avait trouvé sur lui l'œuf druidique.

Les Druides périrent, mais l'opposition religieuse semble continuer de la part des classes populaires; seulement elle a changé de forme et d'objet. Le christianisme pénètre de bonne heure en Gaule et y fait de rapides progrès, bien qu'une partie du bas peuple, là comme partout, le repousse d'abord avec horreur. La persécution s'organise de suite avec autant de rigueur que contre les Druides, et ne se relâche qu'à de rares intervalles. Lyon, la première capitale des Gaules romaines, fournit les premiers martyrs sur lesquels nous ayons conservé des détails authentiques. Les fidèles de Lyon écrivirent à leurs frères d'Asie tous les détails de la mystique victoire.

« Ils regardaient leurs chaînes comme la jeune mariée regarde les ornements dont on vient de la parer; ils respiraient le doux parfum du Sauveur, et ce baume céleste s'exhalait autour d'eux....

« Ils moururent de différentes manières : ce fut autant de fleurs dont ces nobles athlètes ornèrent la couronne du martyre avant de l'offrir à Dieu..... La bienheureuse Blandine (jeune esclave chrétienne) demeura la dernière, comme une mère forte et généreuse qui avait encouragé ses enfants, et les avait envoyés à Jésus-Christ. Elle entra dans le champ où d'autres venaient de signaler leur courage (le grand cirque de Lyon); elle courut avec joie pour les rejoindre, comme si elle eût marché au lit nuptial. Après l'avoir battue de verges, après l'avoir exposée aux bêtes et placée dans une chaise de fer rougie au feu, on l'enveloppa dans un filet et on l'exposa à un taureau furieux qui la fit plusieurs fois sauter en l'air; mais elle ne sentit rien, tant étaient grandes la fermeté de son espérance et la ferveur de sa foi. Enfin elle eut la tête tranchée. Les Gentils avouèrent que jamais personne de son sexe n'avait enduré tant de supplices. »

C'est au milieu de cette persécution que le christianisme grandit en Gaule, tellement que, vers le règne de Dioclétien, cette province était déjà presque toute chrétienne lorsque le paganisme dominait encore, selon toute apparence, dans les autres parties de l'empire.

La Gaule jouissait, nous l'avons dit, de tous les avantages qu'assuraient aux diverses provinces la législation et l'administration du grand empire. Or, la loi romaine est encore aujourd'hui la loi modèle, et mérite sous bien des rapports le bel éloge qu'on en a fait, d'être la *justice écrite*. Ce fut déjà sans contredit un grand avantage pour nos ancêtres, d'être initiés sous une telle règle à la civilisation antique. Leur esclavage n'était pas sans compensation, puisqu'il apportait de grandes améliorations dans leurs usages sociaux et domestiques.

Voici la forme de gouvernement qui régissait la Gaule comme toutes les autres provinces romaines. La liberté était assez étendue, quant aux affaires municipales, car elles étaient gérées par des magistrats choisis dans la cité et par les citoyens ; mais en même temps il y avait despotisme illimité dans tout ce qui concernait les affaires d'état. C'était à l'empereur, ou à son délégué, qu'appartenait sans contrôle la décision de tout ce qui intéressait l'empire ou la province. La Gaule était défendue par un certain nombre de légions romaines et de troupes auxiliaires. Les auxiliaires étaient, dans les beaux temps de l'empire, des sujets ou des tributaires non citoyens. Les légionnaires, souvent choisis dans les provinces, devenaient romains par le seul fait de leur admission dans une légion. On sait combien la décadence de la milice romaine fut rapide sous les empereurs. Les soldats, accoutumés à se considérer comme maîtres de l'empire et arbitres de ses destinées, devenaient de plus en plus difficiles à contenir et à contenter. L'habitude de l'indiscipline et de la révolte finit par leur faire perdre tout ce qui leur restait de courage. En même temps que les levées devenaient plus mauvaises, une dépopulation rapide les rendait plus difficiles et plus restreintes. Les empereurs se virent contraints à la dangereuse ressource des mercenaires barbares, ou à la nécessité plus triste encore d'acheter la paix par des présents et des tributs.

La cause de cette dépopulation se trouve dans l'organisation vicieuse, conservée par les Romains, de la société antique. Il y avait d'abord une sorte de noblesse, distinguée, vers la fin de l'empire, par le nom de *familles sénatoriales*. C'étaient des hommes qui avaient fait fortune dans les armées et à la cour des empereurs, ou des descendants des anciens chefs du pays. Ils étaient exempts de la plupart des charges publiques. Ensuite venaient les simples citoyens ; c'était sur eux, et surtout sur les propriétaires de terres que se levaient les impôts destinés à subvenir aux immenses besoins de l'empire, aux profusions presque aussi coûteuses des empereurs. Les hommes libres en levaient à leur tour tout ce qu'ils pouvaient sur les deux classes serviles, composées des colons ou serfs attachés à la terre, et des esclaves domestiques.

L'esclavage était sans contredit la plus grande plaie de cette organisation. C'est un mal que la civilisation semble devoir naturellement aggraver. Les misères et les dangers de l'esclavage sont incomparablement moindres dans l'état barbare. Chez les anciens Gaulois, par exemple, un esclave n'avait, bien certainement, qu'à franchir la première rivière, qu'à entrer dans la première forêt, pour se trouver hors des atteintes, non pas de la servitude, mais au moins de son oppresseur. Il avait après tout la liberté de choisir son maître, et de punir par la fuite l'injustice ou la cruauté. En outre, les maîtres vivant presque toujours auprès de leurs esclaves, et de la même vie, il en doit résulter forcément certains liens d'affection réciproque. Enfin, et c'est là peut-être le point le plus important, le barbare a si peu de prévoyance et de besoins, qu'il n'impose point à son serviteur un travail au-dessus de ses forces. Tout cela est dans la nature et confirmé par l'observation de tous les peuples non civilisés.

Dans l'empire romain il en était tout autrement. L'esclave n'était pas considéré comme un être humain, mais comme un instrument, un outil qui, appliqué à l'agriculture ou à l'industrie, devait procurer des richesses. Pour les faire produire davantage, ils les accablaient de travaux. Les esclaves périssaient lentement, mais sûrement et avant l'âge, par les fatigues de chaque jour, et sans laisser en général de postérité. S'ils voulaient fuir, ils trouvaient partout une police pour les poursuivre et les ramener. D'abord tout alla bien; les derniers essais de révolte, les famines factices, et l'usure des chevaliers romains, donnaient des esclaves par milliers.

Cette ressource enfin épuisée, il y eut encore les prisonniers faits sur les barbares; mais déjà ils étaient moins industrieux que les esclaves grecs et orientaux. Bientôt il n'y eut plus de captifs; c'étaient au contraire les barbares qui en faisaient dans l'empire romain. Mais on ne comprenait plus que la terre pût être cultivée par des mains libres; que les mines, que la plupart des manufactures pussent avoir d'autres ouvriers que des esclaves. Dès-lors l'agriculture, l'industrie, le commerce, dépérirent; et la population générale alla sans cesse en diminuant rapidement. Mais les besoins de ce vaste empire allaient sans cesse en augmentant, bien loin de diminuer en proportion de la population; car l'invasion barbare devenait de plus en plus imminente. « Ceux qui dévoraient l'impôt, devinrent plus nombreux que ceux qui le payaient. »

Alors la classe des hommes libres était traitée tout aussi durement qu'elle traitait les esclaves. Voici quelle était dans les derniers temps la condition des magistrats municipaux, appelés *curiales*, et composés de presque tous les propriétaires libres. Comme ils répondaient de toutes les contributions imposées à la cité, tel était presque partout le nombre des morts et des fugitifs, que souvent ils étaient mis en vente comme esclaves. Défense au curiale, sous peine de mort, de sortir de la cité à laquelle il appartient; défense d'entrer dans la milice, dans les ordres sacrés; défense de vendre ses biens en plusieurs lots, d'y renoncer même en faveur du fisc; défense de se vendre comme esclave à un maître de leur choix. Instruments et victimes de la plus dure oppression, les curiales étaient bien forcés d'appesantir encore le joug sur leurs administrés. Les classes serviles, surtout ce qui restait de cultivateurs, furent contraints à la révolte par la misère et le désespoir. Des bandes se maintinrent dans presque tous les districts montagneux et y vécurent de brigandages. Ces révoltés nommés Bagaudes, désolèrent toutes les Gaules en même temps que les premières incursions de barbares du IIIe au Ve siècle.

Ce fut en vain que les empereurs essayèrent diverses réformes, que des assemblées provinciales, sorte de gouvernement représentatif, furent imposées, que le droit de s'armer fut solennellement rendu; un esclavage de quatre siècles avait ôté tout courage et tout esprit de liberté. Tous les remèdes furent impuissants. « Les peuples, dans leur désespoir, désiraient les barbares; ils ambitionnaient la captivité, » nous disent tous les auteurs du temps.

Pour terminer ce tableau de la Gaule romaine, il nous reste à parler d'un fait de la plus haute importance, et qui doit dominer pendant long-temps la plus grande partie de notre histoire : je veux parler de la grande division de notre patrie en France du nord et en France du midi. Cette division remonte bien au-delà des premiers temps du moyen-âge. Le midi de la Gaule, conquis avant le nord, avait fait à l'école des colons marseillais et romains, de si rapides et de si brillants progrès dans la civilisation, que dès le second siècle on n'osait plus lui donner le nom de

Gaule. On l'eût sans doute plus volontiers appelé Latium, ou Italie transalpine. Ce qu'il y a de certain, c'est qu'il passait à l'égal de la Sicile pour un appendice de l'Italie (1). Le nom de Gaule ne s'entendait ordinairement que des pays situés au nord de la Loire; tout le midi portait le nom de Province, Trois-Provinces, Cinq-Provinces, ou les Sept-Provinces, suivant les différentes variations des circonscriptions officielles. Cette division de la Gaule était toute populaire, et ne répondait à aucune division administrative. C'était l'expression de la distance qui séparait le nord du midi sous le rapport de la civilisation et des mœurs. Cette distance se trouve très-nettement exprimée dans un passage de Sulpice-Sévère. Un *Gaulois*, interrogé par deux *provinciaux* sur la vie et sur les actions de saint Martin, leur répond : « Je n'ose parler devant vous, car je ne puis me « flatter de posséder l'élocution élégante et pure de vous « autres Aquitains. »—« Que nous importe : parle comme « tu voudras; parle-nous *celtique* si tu veux, mais parle-« nous de saint Martin. » Dans tout le moyen-âge, nous verrons cette division se perpétuer et donner naissance à deux populations tellement distinctes, malgré leur parenté, qu'elles apparaissent souvent comme deux nations ennemies.

Nous arrivons à une question qui se lie plus intimement que tout ce qui précède, à notre histoire nationale, et dans laquelle il faut tenir compte de cette différence entre la Gaule du nord et la Gaule du midi sous la domination romaine. Que nous est-il resté des Romains, et dans quel rapport de parenté ou d'alliance sommes-nous, comme nation, à leur égard?

(1) Dio Cass., l. LII. « Auguste défendit aux sénateurs de sortir de l'Italie sans son autorisation, ce qui s'observe encore aujourd'hui. Aucun sénateur ne peut voyager, si ce n'est en Sicile ou en Narbonnaise. »

Nous avons vu que la physionomie physique et morale des Gaulois a persisté dans les Français. Sous ce rapport, nous ne devons rien à la race italienne, malgré ses grandes colonies et son long séjour dans nos contrées, si ce n'est peut-être dans quelques-unes de nos villes, d'ailleurs si mélangées, du midi.

Mais partout le langage, au nord comme au midi de la France, est, à peu d'exceptions près, d'origine toute latine. Bien que le bas peuple n'ait appris que fort tard et imparfaitement la langue des vainqueurs, bien que l'idiome celtique fût encore en usage, selon toute apparence, dans plusieurs cantons au temps de l'invasion barbare, la langue romaine parvint à s'étendre sur presque toute l'étendue du pays. Du reste, elle se corrompait considérablement dans la bouche d'hommes ignorants, chez lesquels elle ne pénétrait que difficilement et par parties. C'est de cette corruption qu'est née la langue française. Mais, par une loi mystérieuse de la raison humaine, le langage, même chez les peuples les plus barbares, ne reste pas long-temps ce que la corruption le fait, c'est-à-dire un jargon arbitraire, confus, informe. L'analogie vint régler selon des lois logiques et générales les changements en apparence si divers, si désordonnés du latin au français. Ces lois sont d'abord la simplification des formes grammaticales, c'est-à-dire l'usage plus fréquent de verbes auxiliaires et de prépositions, l'absence de déclinaisons, l'invention de l'article, la suppression des inversions. En outre, les mots français sont en général contractés de la racine latine, et diminués fort souvent d'une syllabe dans l'intérieur du mot; enfin il y a encore changement constant de certaines lettres en certaines autres. Plus tard, au seizième siècle, notre langue a emprunté directement au latin, et sans y rien changer, un nombre considérable de mots ; ce qui augmente encore son caractère latin. De sorte qu'il y a en français un certain nombre de mots doubles, les uns venant du latin par l'intermédiaire de l'idiome du moyen-âge, les autres sans cet intermédiaire (1).

Nous devons encore aux Romains la plupart de nos lois, surtout des lois civiles. Le droit romain a persisté en France pendant tout le moyen-âge ; il a même été la loi unique du midi de la France, nommé pays de droit écrit, par opposition aux provinces du nord ou de droit coutumier ; et les coutumes du nord offrirent de tout temps un mélange considérable de droit romain. Jamais ce droit, même dans les temps les plus barbares, n'a été aboli ; la mémoire et la tradition en conservaient les dispositions les plus usuelles et les plus nécessaires. Plus tard, les légistes de la royauté en firent leur Évangile, et encore aujourd'hui il forme la plus grande partie de notre Code civil.

Quant à la religion, nous sommes encore romains, la religion catholique étant précisément celle que les Romains avaient adoptée et constituée avant l'invasion germanique.

Notre civilisation tout entière est fille de la civilisation romaine, qui est elle-même fille de la civilisation grecque. Aussi, malgré les modifications innombrables qu'apporte encore le cours des siècles dans cette partie si mobile de l'existence d'un peuple, beaucoup de nos habitudes de

---

(1) Voici quelques-uns de ces mots doubles :

Advocatus *(avoé)*, avoué et avocat.
Captivus *(caitif)*, chétif et captif.
Heres *(heir)*, hoir et héritier.
Hospitalis *(hostel)*, hôtel et hôpital.
Monasterium *(monstier)*, moûtier et monastère.

mœurs et de pensées sont tirées d'une source latine, de même que notre langue, nos lois civiles et notre religion. Aussi il ne faut point s'étonner si notre littérature est devenue, à quelques époques, avec tant de facilité une imitation, une simple contre-épreuve de la littérature romaine.

Pour tout résumer en une seule phrase, on peut dire que nous ressemblons plus à nos vainqueurs italiens, qu'à nos ancêtres celtes et à nos vainqueurs germains.

CHAPITRE IV.

LES INVASIONS GERMANIQUES, OU LA PÉRIODE MÉROVINGIENNE.

Pendant long-temps les tentatives des barbares contre les provinces gauloises ne furent point des invasions, mais seulement des incursions. Il fallut un grand déplacement de population pour jeter sur l'empire une partie des nations de la Germanie. La migration d'Asie en Europe de la horde innombrable des Huns (375) ayant refoulé les nations germaniques les unes sur les autres, plusieurs de ces nations, par une migration parallèle à celle des Huns, résolurent de s'établir dans les provinces de l'empire romain. Le 31 décembre 406, les Suèves, les Vandales, les Alains et les Bourguignons passèrent le Rhin, traînant dans des chariots leurs femmes, leurs vieillards et leurs enfants. Les légions romaines se trouvaient alors en Italie pour défendre le centre de l'empire; mais les Francs, autre nation germanique, alliés et pensionnaires de l'empire, défendirent avec courage le passage du fleuve. Ils tuèrent le roi des Vandales et une grande partie de son peuple, mais il leur fallut céder à la supériorité du nombre.

Les Francs, qui devaient plus tard conquérir toute la Gaule et lui donner son nom, étaient une confédération des tribus germaniques qui habitaient vers la partie inférieure du cours du Rhin. Leur nom paraît pour la première fois dans les historiens en 241. Probus, Constantin et Julien remportèrent sur eux des victoires sanglantes et disputées, sans pouvoir mettre fin à leurs brigandages continuels. Pourtant une partie d'entre eux consentit de bonne heure à s'enrôler dans les armées impériales, et deux colonies de Francs repeuplèrent, du consentement des Romains, la Toxandrie (Brabant) et la province de Cologne, sous la condition de défendre les frontières de la Gaule. Quelques-uns de leurs chefs ou rois brillèrent à la cour des empereurs, pendant que leurs guerriers formaient la principale force des armées d'Occident. Et récemment l'un d'entre eux, Arbogaste, sous le nom de son secrétaire qu'il avait fait empereur, avait disputé l'empire à Théodose-le-Grand. Tels étaient les douteux défenseurs auxquels la Gaule se trouvait réduite. Contents d'avoir courageusement défendu la frontière, ils ne jugèrent pas à propos de continuer la lutte dans l'intérieur de la Gaule.

Les envahisseurs en ravagèrent toutes les provinces sans éprouver pendant deux ans aucune résistance; puis ils passèrent en Espagne, à l'exception pourtant des Bourguignons (409). Ce peuple résolut de se fixer en Gaule, et s'établit dans les provinces de l'est, pour être sans doute voisin de la Germanie en cas de revers, et de l'Italie en cas de succès. Bientôt après (412), les Wisigoths, qui avaient été également chassés de leur pays par les Huns, et qui avaient déjà parcouru en vainqueurs la Thrace, la Grèce, l'Illyrie et l'Italie tout entière, vinrent s'établir en Gaule comme alliés de l'empire, pour combattre à la fois les usurpateurs qui s'étaient élevés, et les barbares qui continuaient à le ravager. Les plus heureux succès couronnèrent d'abord ce pacte dangereux. Mais les Wisigoths ne demeurèrent pas long-temps alliés des Romains; ils leur firent bientôt la guerre et s'agrandirent à leurs dépens en

Gaule et en Espagne, tandis que les Francs songeaient à prendre aussi leur part dans le démembrement de l'empire.

Il y avait alors deux tribus principales de Francs : la tribu des Saliens, qui occupait les bords de la *Sala*, et probablement aussi les bouches de la Meuse et de l'Escaut, et la tribu des Ripuaires, établie sur les deux *rives* du Rhin, du côté de Cologne et de Mayence. Clodion, roi des Francs-Saliens, surprit en 437 la ville de Cambray et y établit sa résidence. On lui donne pour successeur Mérovée. « Sa race devint l'objet d'un culte superstitieux, nous dit un ancien historien franc : car on raconte que la femme de Clodion allant à la mer pour laver, un jour d'été, fut attaquée par la bête du dieu de la mer, qui avait la forme du minotaure, et qu'elle en eut un fils nommé Mérovée. » Il est évident qu'il y a ici confusion entre le Mérovée de l'histoire et un demi-dieu du même nom, auquel les Francs devaient faire remonter l'origine de la race sacrée des rois; car les rois des Germains, comme ceux des anciens Grecs et de tant d'autres peuples barbares, étaient partout enfants des dieux.

Tous les Germains établis en Gaule se réunirent une dernière fois (451) comme auxiliaires sous les étendards de l'empire, pour repousser la terrible invasion des Huns, qui eux-mêmes avaient pour auxiliaires tous les Germains restés en Germanie. Le premier ban de barbares, uni à l'armée romaine, vainquit les nouveaux envahisseurs à la bataille de Châlons-sur-Marne. Selon toute apparence, le roi franc qui y combattit sous les ordres d'Aétius était Mérovée, le successeur de Clodion.

(456-481) Childéric, fils et successeur de Mérovée, fut chassé par ses sujets parce qu'il séduisait leurs filles. Sa tribu ne reconnut à sa place aucun roi; ce fut Ægidius le gouverneur romain des Gaules qui leur en tint lieu. On voit par ce fait remarquable combien était encore étroite l'alliance des Francs et des Romains au temps même de la destruction de l'empire. Après un long exil Childéric revint parmi les Francs, et fut rétabli par eux. Bazine, femme du roi des Thuringiens chez lequel il avait trouvé un asile, vint le trouver quelque temps après son rétablissement, et lui dit : « Si j'avais trouvé un guerrier plus brave que toi, je serais allée le chercher encore plus loin. » De leur union naquit Clovis le véritable fondateur de la monarchie.

A l'avènement de Clovis (481), il ne restait plus aux Romains que quelques provinces du centre. L'empire romain d'Occident venait d'être détruit ; et ce qu'on appelait encore province romaine, était un petit état indépendant, gouverné par un général romain, et défendu par une armée de mercenaires barbares. Les provinces de l'ouest s'étaient rendues indépendantes. Dès le commencement de l'invasion, elles avaient chassé les magistrats et les garnisons romaines, et formaient sous le titre de *cités Armoricaines* c'est-à-dire maritimes, une confédération anarchique. La péninsule qui forme l'extrémité de cette contrée, était occupée par une petite colonie de Bretons amenés comme auxiliaires par l'usurpateur Maxime en 383, et qui s'augmentait dès-lors des fugitifs chassés de leur pays par la conquête des Anglo-Saxons. Au midi se trouvaient d'un côté entre la Loire et les Pyrénées, les Wisigoths qui de plus étaient maîtres de presque toute l'Espagne. Les Bourguignons occupaient le sud-ouest, de la Loire aux Alpes.

Clovis, qui n'avait que Tournay et une armée de six mille hommes, devait abattre successivement toutes ces dominations qui paraissaient bien plus puissantes que la sienne. Il commença par la conquête de la Gaule romaine. Son *roi*

Syagrius, fils d'Ægidius, fut vaincu près de Soissons (486), et son armée passa aussitôt sous les étendards du vainqueur, selon la coutume habituelle des mercenaires barbares, qui ne se piquaient guère d'être fidèles à l'infortune.

Les évêques du pays, traités avec ménagement et respect, préférèrent la domination de Clovis païen, à celle des Bourguignons ou des Wisigoths, chrétiens il est vrai, mais hérétiques. Dès-lors commença cette alliance étroite qui fut si utile à Clovis. Saint Remi, archevêque de Reims, lui fit épouser Clotilde, fille de Gondemar, roi d'une partie des Bourguignons, qui avait été vaincu et mis à mort par son frère Gondebaud. Clotilde était catholique comme son père, et se trouvait alors la seule princesse barbare qui ne fût pas ou païenne ou arienne. Clovis consentit à faire baptiser le fils qui naquit de cette union, mais sans adopter lui-même le christianisme.

Trois ans plus tard (496), tous les païens et chrétiens de la Gaule du nord se réunirent sous ses ordres pour repousser une nouvelle invasion; c'était celle des Allemanes. Cette confédération, composée principalement des anciennes tribus suéviques, s'était formée au midi de la confédération des Francs, à peu près vers la même époque. Et comme eux, tantôt ennemis, plus souvent alliés de l'empire, ils avaient toujours vécu à ses dépens. Maintenant que cet empire n'existait plus, ils voulaient avoir aussi leur part dans le démembrement. Clovis les rencontra près de Tolbiacum (Zulpich). Le combat qui s'engagea lui fut d'abord défavorable. Il fit vœu de se faire chrétien s'il remportait la victoire. Cette victoire fut complète, et les Allemanes perdirent tout espoir d'envahir désormais la Gaule. Clovis, fidèle à son vœu, se fit sans délai baptiser par saint Remi.

Dès qu'il eut adopté le christianisme, tout ce qui restait de cités gauloises encore indépendantes se soumit à lui. Les rois francs, ses égaux, reconnurent également sa supériorité ; et dès-lors il fut le roi supérieur, selon l'expression des Germains, dans toute la Gaule du nord et une partie de la Germanie. Ce ne fut pour Clovis qu'un encouragement à tenter de plus grandes entreprises. Tout le clergé voit en lui le champion des catholiques, l'ennemi des ariens. C'est une conspiration universelle en sa faveur contre les Bourguignons et les Wisigoths. Un évêque lui écrit : « Quand tu combats, c'est à nous qu'est la victoire. » Il attaque d'abord Gondebaud et les Bourguignons, malgré les serments qu'il a faits de ne jamais essayer de venger le père de Clotilde, et il soumet ce peuple à un tribut et à le suivre dans ses guerres.

Il semblait que le grand empire des Wisigoths, qui comprenait, avec toute l'Aquitaine, l'Espagne presque entière, avait plus de chances que Clovis pour conquérir encore, surtout soutenu comme il l'était par l'alliance de Théodoric, roi des Ostrogoths. Les Wisigoths étaient la plus nombreuse de toutes les nations établies dans l'empire; c'était en même temps la moins grossière et la plus disposée à se modeler sur la civilisation romaine. Mais c'était cela précisément qui faisait son infériorité. Le monde romain ne pouvait plus être restauré. Toute tentative pour établir un empire sur le même modèle, surtout en employant les éléments qui restaient encore, devait infailliblement échouer. En outre, le séjour prolongé des Wisigoths dans les Gaules les avait beaucoup amollis.

Les Francs au contraire étaient les protégés de l'Église, bien qu'ils fussent loin de s'être tous convertis au christianisme avec leur roi. Établis dans un pays depuis long-temps ravagé et qui n'avait jamais été très-florissant, ils n'avaient point encore été corrompus par le luxe; aussi, malgré leur petit nombre, ils avaient de grandes chances de succès, lorsque Clovis convoqua les Francs dans un champ de Mars et leur tint ce discours qui mérite d'être conservé dans sa forme rude et naïve : « Il me déplaît que ces ariens possèdent la meilleure partie de la Gaule; allons avec l'aide de Dieu; soumettons leurs terres à notre pouvoir. Nous ferons bien, car elles sont très-bonnes. »

Clovis battit complètement les Wisigoths à Vouillé, près de Poitiers, tua de sa main leur roi Alaric II, et réduisit en quelques mois toute l'Aquitaine (507). Théodoric parvint à sauver aux Wisigoths seulement une partie de la Narbonnaise; mais il n'essaya même pas de rentrer en Aquitaine.

Clovis paraît aussi avoir évité de se mesurer une seconde fois avec celui qui avait mis une borne à ses conquêtes. Il s'occupa, pendant les dernières années de sa vie, de faire périr successivement toutes les familles de rois des autres tribus. Les peuples germains avaient la liberté de choisir pour roi celui des hommes de leur race royale qui semblait le plus digne. Clovis, en ne laissant exister que ses propres enfants, rendit le choix impossible.

A sa mort (511), ses quatre fils Théodoric I, Clodomir, Childebert et Clotaire I furent proclamés rois par les Francs. Ils se partagèrent l'empire d'une manière singulière et qui nous présente cette royauté sous son véritable aspect. Ces rois francs étaient des chefs de bande, bien plutôt que des monarques. Chacun, au lieu de prendre plusieurs provinces réunies et groupées entr'elles de manière à former un état bien arrondi, prenait une province au nord, dans les pays de population toute germanique, pour recruter sa bande, une province au centre pour avoir du blé, une autre au midi pour avoir du vin, des étoffes et les autres produits du sol et de l'industrie du midi.

Les fils de Clovis continuèrent les conquêtes de leur père. Ils contraignirent toutes les nations restées en Germanie, excepté les Saxons, à se soumettre aux Francs, c'est-à-dire à leur payer un léger tribut et à les suivre dans leurs guerres. Du côté de la Gaule, ils poursuivirent les succès de Clovis sur les Wisigoths, et détruisirent entièrement le royaume des Bourguignons. Théodebert I, fils du fils aîné de Clovis, tenta la conquête de l'Italie, et rêva celle de Constantinople ; mais la mort l'arrêta au milieu de ces projets gigantesques.

Peu de temps après, tout l'empire se trouva réuni sur la tête de Clotaire I, le plus jeune des quatre fils de Clovis, qui avait toujours songé à tendre des embûches à tous les rois francs ses parents, pour augmenter sa puissance à leurs dépens. Il mourut sans avoir rien fait de bien digne de sa puissance, dont il avait la plus haute idée, à en juger d'après ses dernières paroles. « Hélas ! qu'il est donc grand ce Roi du ciel, puisqu'il fait périr ainsi les plus grands rois de la terre (561). »

Après sa mort, il y a encore un nouveau partage entre ses quatre fils Sigebert, Chilpéric, Caribert et Gontran. C'est l'époque des guerres civiles plus célèbres qu'elles ne méritent de l'être de Frédégonde et de Brunehaut.

Ces guerres amènent la décadence de l'empire franc. Elles finissent par une seconde réunion de l'empire sous Clotaire II (613).

La décadence des Mérovingiens est extrêmement rapide. Une partie de la Gaule et les Germains tributaires échappent à leur empire.

Les Francs divisés en Neustriens et Ostrasiens, c'est-à-dire en Occidentaux et Orientaux, continuent de se faire la guerre. Les Ostrasiens, plus barbares et moins amollis que les Neustriens, c'est-à-dire plus Germains, font en quelque sorte une nouvelle invasion de la Gaule sous la conduite de Pepin d'Héristal leur duc ; ils gagnèrent la bataille de Testry (687), et l'empire des Francs fut réuni de nouveau sous un même chef. Des minorités multipliées et la jalousie des *leudes* ou seigneurs avaient depuis long-temps détruit la puissance royale et amené même la déchéance des Mérovingiens en Austrasie. Pepin se contenta pourtant du titre de maire du palais, c'est-à-dire de chef des leudes; mais il fut en réalité aussi puissant qu'aucun des rois francs.

(715-741) Charles Martel, son fils naturel, fut un second Clovis. Il reconquit la Gaule méridionale et la Germanie. Son plus célèbre exploit est la bataille de Tours, où il sauva l'Europe, sinon de la domination, du moins de l'invasion des Arabes d'Espagne; mais pour subvenir à ses guerres aussi multipliées que difficiles, il fut obligé de dépouiller le clergé et de distribuer ses biens à ses guerriers. Son fils Pepin, qui transporte enfin la royauté dans la race carolingienne, suivit une tout autre politique, et commence ainsi une période nouvelle, celle de l'influence ecclésiastique.

Pendant ces invasions, l'aspect de la Gaule est considérablement modifié. Les nations germaniques qui sont venues s'y établir y ont apporté avec elles leurs lois, leurs mœurs, leur gouvernement, tout opposé à celui des Romains qu'ils venaient remplacer. Voici les principaux traits de cette société germanique, qui a campé si long-temps dans la Gaule romaine.

Cette société, au lieu d'avoir pour principe, comme celle des Romains, le pouvoir absolu de l'état sur les particuliers, et l'anéantissement des forces individuelles devant la force générale, était fondée au contraire, comme toute société héroïque, sur l'indépendance de chaque guerrier en état de porter les armes. Le guerrier libre est roi chez lui et ne reconnaît aucun supérieur. A peine se regarde-t-il comme obligé de se soumettre à la loi, aux anciennes et générales coutumes de sa nation. En voici un exemple des plus frappants. La loi des Francs-Saliens déclarait qu'aucune partie de la terre salique (on n'est pas d'accord sur ce qu'était cette terre salique) ne pouvait passer aux filles; cependant, quand un Franc-Salien ne voulait pas se soumettre à cette loi, il n'avait qu'à dicter un testament à-peu-près dans ces termes : « Une loi ancienne, mais impie, me défend, ma chère fille, de vous donner votre part de mon héritage; mais je veux et j'ordonne que vous partagiez avec vos frères. »

On comprend qu'une société fondée sur un principe d'indépendance individuelle aussi exagéré, ne pouvait pas prétendre à former un empire un peu étendu et durable. L'anarchie devait le faire périr de suite, si le principe n'était pas modifié. Tout, dans l'établissement nouveau des Germains, leur faisait une loi de changer quelque chose à leurs coutumes barbares. Établis par détachements à une grande distance les uns des autres, entourés d'une nombreuse population de vaincus civilisés qu'il fallait contenir et gouverner, il semble que le sens commun et la nécessité devaient les engager à donner à leurs rois et à ses magistrats un pouvoir beaucoup plus étendu. Clovis et ses fils semblent en effet avoir profité un instant de la gloire et des profits de la conquête pour augmenter leurs prétentions; mais leurs sujets, et surtout l'aristocratie des *leudes* ou seigneurs s'opposèrent de toutes leurs forces à cette usurpation. Il était convenu en principe que rien n'était changé aux vieilles coutumes de la patrie germanique; et les rois, malgré leurs efforts, ne purent les modifier notablement.

En principe, le pouvoir des rois était nul. En temps de paix, il se réduisait à la charge de présider l'assemblée nationale appelée Champ-de-Mars, parce qu'elle était ordinairement convoquée à cette époque. On y délibérait sur toutes les affaires qui intéressaient la nation entière : procès importants, interprétations des lois, traités, trèves et déclarations de guerre. L'assemblée était en même temps une armée ; chacun y venait avec ses armes. Si une expédition militaire était approuvée, tout se trouvait prêt pour l'entreprendre.

Chaque canton, de même que l'empire entier, avait ordinairement ses divisions intestines, causées par des haines héréditaires entre les familles puissantes. Le droit de souveraineté, dans chaque famille de guerriers libres, allait presque jusqu'au droit de guerre : c'est ce qu'on appelait *faidœ* ou guerre privée. Le canton, la tribu, l'empire n'avaient rien à punir dans un tel désordre; mais on voulait bien reconnaître le droit à la communauté lésée d'intervenir et de contraindre les deux parties belligérantes à un traité. Un *mahl* ou assemblée déterminait qui avait tort, et imposait une amende dont une partie était payée aux offensés. Les peines afflictives ou infamantes étaient inconnues pour les crimes privés. La société ne se croyait le droit de mort ou d'exil que contre les impies et les traîtres à la nation. Quand le coupable n'était pas massacré dans le premier moment de fureur, on se contentait ordinairement de l'exil : c'était une peine assez dégradante et assez dure. L'exilé ou *tête de loup* pouvait être tué par tout homme qui le rencontrait dans le territoire qui lui etait interdit. On ne pouvait, sous la même peine, lui donner ni le feu, ni l'eau, ni le pain, ni aucune espèce de secours.

Outre cette société de la tribu entièrement fondée sur le principe de la liberté individuelle, et livrée par sa nature à une anarchie continuelle et irrémédiable, il y en avait une seconde un peu plus forte, mais essentiellement temporaire : c'était la bande germanique, composée de guerriers réunis volontairement sous la conduite d'un chef illustre, les uns pour la vie, les autres pour une seule expédition militaire. Chacun était obligé, sous peine de honte, et c'était la seule peine qui fût rarement bravée, de suivre le chef qu'il avait choisi tout le temps convenu, de lui obéir, et de mourir pour lui dans le combat. Le chef, en retour, nourrissait ses *leudes* (ses gens), partageait avec eux les fruits de la victoire, et les attachait à sa fortune par des présents honorables.

Cette société, d'abord toute temporaire, s'établit sur la terre conquise concurremment avec l'autre, et prit naturellement un tout autre caractère en devenant permanente. Les Mérovingiens, qui avaient fait la conquête avec le double caractère de rois nationaux et de chefs de bande, distribuèrent à leurs leudes une partie des terres qu'ils s'étaient réservées, exigeant seulement le serment de fidélité. Les chefs principaux imitèrent cet exemple. Ce fut l'origine d'une foule de querelles sous les rois de la première race. Ceux qui avaient reçu ces terres voulaient qu'elles fussent héréditaires. Les rois prétendirent au contraire que ces concessions étaient révocables au moins à la mort du premier qui les avait reçues, et surtout lorsque les possesseurs manqueraient à leurs devoirs de *leudes*, devoirs devenus bien plus onéreux par leur qualité nouvelle de propriétaires. Il y eut un grand nombre de transactions entre ces deux prétentions si opposées ; mais grâce à des circonstances favorables qui continuèrent l'anarchie, ce furent toujours les *leudes* qui gagnèrent du terrain.

Nous allons présenter un tableau sommaire de la Gaule sous la domination de cette société barbare, superposée pour ainsi dire à la société romaine ; car les envahisseurs se gardaient bien de rien établir à la place de ce qu'ils trouvaient établi dans les pays conquis par eux, et ils laissaient tout périr en croyant tout conserver. Bien différent en cela des conquérants civilisés, le Germain laissait au vaincu ses lois, ses usages, ses magistrats, sa religion; mais il lui prenait ses trésors, sa maison, ses biens de toute espèce quand ils étaient à sa convenance. En outre, il mettait entre les vaincus et lui une distance injurieuse. Ainsi, pour celui qui tuait un Romain, l'amende était moitié moins forte que pour celui qui tuait un barbare, et la même différence était en tout observée. On conçoit que les violences de l'invasion et les désordres de l'anarchie durent considérablement modifier la société gallo-romaine. Ces violences, il est vrai, ne furent jamais universelles. Les Germains, peu nombreux en comparaison des vaincus, n'occupaient pas en force tous les cantons à la fois; mais on ne peut douter que des invasions partielles n'aient eu lieu pendant toute la période mérovingienne. Chaque année des barbares venaient de Germanie en Gaule s'établir dans les cantons négligés jusqu'alors, en prenant pour prétextes de leurs invasions continuelles les différentes guerres civiles qui s'élevaient dans l'empire.

De là l'abandon complet de la civilisation, du commerce, des études littéraires. Vainqueurs et vaincus étaient livrés à la barbarie la plus profonde. L'Eglise catholique restait seule fortement organisée au milieu de cette décadence générale. Mais ni les barbares, ni les Romains vaincus, ni l'Eglise elle-même malgré tous ses efforts, ne pouvaient parvenir à rien mettre en remplacement de la société romaine, et de la société germaine qui périssaient l'une contre l'autre par des chocs violents ou par un frottement plus destructif encore. Le gouvernement des rois francs était à peu près nul. Les barbares étaient incapables, même sous les meilleurs maîtres, d'aucune administration. Ils se contentaient de lever quelque tributs mal répartis, levés infidèlement quand c'était pour le compte du roi. Les présents extorqués ou corrupteurs étaient, avec les produits des domaines et la part du butin fait à la guerre, toutes les ressources de la royauté. La royauté de son côté, malgré toutes les inspirations et tous les conseils ecclésiastiques, ne s'occupait guère des sujets et de leur bien-être. Point de police, point de travaux publics, point de marine, point d'armée régulière, point de relations suivies avec les puissances voisines. Le droit de rendre la justice était vendu à prix d'argent avec les autres attributions des ducs et des comtes; ceux-ci vendaient en détail ce qu'ils avaient acheté en gros. Le fisc ou trésor royal n'était pas comme nous l'entendons de nos jours un ministère, mais tout simplement un grand coffre dont le roi avait la clé, des greniers et des magasins dont il ne laissait à personne la surveillance immédiate. C'était là tout le gouvernement des Mérovingiens.

Du reste, les principes les plus contraires divisaient le pays sans qu'ils daignassent s'en occuper. Parmi les villes romaines, les unes obéissaient à un chef de bande; d'autres, par ce qu'elles avaient conservé de leurs institutions municipales, étaient de véritables républiques; d'autres étaient gouvernées presque uniquement par leurs évêques ; d'autres enfin obéissaient à peu près au roi par l'intermédiaire de comtes à eux dévoués et n'ayant par eux-mêmes aucun crédit dans le pays. Ainsi monarchie, théocratie, démocratie, aristocratie, tout cela existait dans un pêle-mêle, dans un chaos inextricable. L'état n'avait point de règles fixes, de principes certains, c'est-à-dire qu'il n'existait pas à proprement parler. Si la société des hommes entre eux n'était pas d'une nature indestructible, elle eût été détruite par cette incroyable anarchie de plusieurs siècles.

Il nous faut dire un mot du caractère et des mœurs des conquérants de la Gaule. Ils présentent les défauts et les qualités des autres peuples héroïques, des Grecs d'Homère, et des Arabes de Mahomet. Leurs défauts sont l'ignorance, l'indiscipline, l'esprit de brigandage, l'avarice, l'emportement, la mobilité, défauts rachetés par la bravoure, l'hospitalité, le dévoûment de l'homme à l'homme, un sentiment d'honneur grossier mais très-vif. En outre, la race germanique qui a fait de si grandes choses possédait des qualités qui lui étaient particulières entre tous les barbares. Ainsi ils avaient pour les femmes un respect presque superstitieux. Les barbares ne considèrent ordinairement les femmes que comme des esclaves. Les Germains au contraire, ainsi que les Ibères, croyaient voir dans la femme quelque chose de divin, lui attribuaient une intelligence supérieure, et le don de prophétie. Les Germains étaient aussi moins cruels que ne le sont ordinairement les nations qui se trouvent dans le même degré de civilisation. Ils avaient souvent, malgré tout l'enivrement de la victoire et la cupidité, un certain penchant à la pitié. Quand ils avaient commis quelque mal irréparable, ils en montraient un repentir sincère qu'ils n'avaient pas honte de manifester. Enfin, on trouve chez eux une tendance religieuse et poétique très-marquée. Ils passaient, chez les Romains, pour les plus pieux des hommes; et après leur conversion ils ont en général une dévotion sincère quoique peu éclairée. Leurs anciennes traditions nationales présentent un caractère poétique et grand qu'il est impossible de méconnaître, bien qu'elles n'atteignent pas à la perfection de la mythologie et de l'épopée hellénique. En un mot, sous une écorce grossière nous trouvons une ame tendre et pieuse, qui semble un des caractères de cette race.

Les hommes de cette époque étaient bien douloureusement broyés, mais selon la magnifique expression d'un Père de l'Eglise, c'était pour être mêlés. Et de ce mélange devait sortir la civilisation moderne si supérieure à tout ce qui l'a précédée.

Nous devons, en effet, beaucoup à la présence prolongée des Germains sur notre sol, et ce n'est point tout-à-fait à tort que nous portons le nom des conquérants définitifs de la Gaule. La société féodale qui nous a gouvernés si long-temps, et à laquelle nous tenons encore plus qu'on ne pense, fut formée de la combinaison des deux sociétés germaniques de la bande et de la tribu. Elle était sédentaire, comme la tribu, et en même temps hiérarchique et disciplinée comme la bande.

C'est aux distributions de terres accordées aux leudes que remonte l'origine des fiefs. Mais, de cette origine au véritable établissement féodal, il y a plus de trois siècles.

C'est encore au respect des Germains pour les femmes que nous devons la galanterie chevaleresque et l'importance légitime que nous leur accordons dans la société moderne.

Les hommes qui nous ont gouvernés pendant toute la période féodale, furent en grande partie d'origine germanique, comme les institutions. Des familles germaniques et surtout des familles franques ont formé l'aristocratie du IXe siècle, qui a non seulement gouverné, mais fondé la nation française.

Du reste, ces étrangers adoptèrent bien vite et bien complètement la langue des vaincus, car sous le rapport de la langue, nous devons peut-être encore moins aux Germains qu'aux Celtes. Il ne nous est resté de l'idiome tudesque qu'un bien petit nombre de mots exprimant pour la plupart des choses à l'usage exclusif de la noblesse, comme guerre, haubert, ban, épée, jardin.

Mais le principe peut-être le plus important que les Germains aient introduit parmi nous, c'est ce respect pour les droits de l'individu tout-à-fait inconnu aux sociétés antiques. Chez les républicains de la Grèce et de Rome, l'homme n'avait que des devoirs envers l'état, et l'état tous les droits. Sans pouvoir adopter entièrement l'idée exagérée que les Germains se faisaient des droits de l'individu, nos croyances politiques et morales les admettent pourtant, et leur font une honorable part, qui, malgré quelques inconvénients, tourne au profit de la dignité et de la liberté humaine.

LISTE DES ROIS MÉROVINGIENS.

Clodion, élu roi vers 427.
Mérovée, 448.
Childéric I, 456.
Clovis I, fils de Childéric, 481.

Théodoric I, roi de Metz; Childebert, roi de Paris; Clodomir, roi d'Orléans; Clotaire I, roi de Soissons : succèdent à leur père Clovis, 511.

Théodebert I, succède à son père Théodoric, 534.

Théodebald, succède à son père Théodebert, 548.

Clotaire I, seul roi, 558.

Sigebert I, roi d'Austrasie; Caribert, roi de Paris; Gontran, roi d'Orléans et de Bourgogne; Chilpéric I, roi de Soisons, succèdent à leur père Clotaire I, 561.

Childebert II, succède à son père Sigebert, 575.

Clotaire II, succède à son père Chilpéric I, 584.

Théodebert II, roi d'Austrasie; Théodoric II, roi d'Orléans et de Bourgogne : succèdent à leur père Childebert II, 596.

Clotaire II, seul roi, 613.

Dagobert I, succède à son père Clotaire II, 628. (Son frère Caribert lui dispute le royaume d'Aquitaine, 628-631.)

Sigebert II, roi d'Austrasie; Clovis II, roi de Neustrie : succèdent à leur père Dagobert, 638.

(Usurpation de Childebert, fils du maire du palais Grimoald, à la mort de Sigebert II, 659.)

Clotaire III, succède à son père Clovis II, roi de Neustrie, 659.

Childéric II, second fils de Clovis II, roi d'Austrasie, 660.

Théodoric III, troisième fils de Clovis II, roi de Neustrie, 670, détrôné par son frère Childéric II, 671, rétabli, 673.

Dagobert II, fils de Sigebert II, succède à Childéric II, 674.

(Abolition de la royauté en Austrasie, 679; Martin et Pepin d'Héristal, ducs des Francs-Austrasiens, 680.)

(Pepin d'Héristal s'empare du royaume de Neustrie, et conserve le titre de roi à Théodoric III, 687.)

Clovis III, fils de Théodoric III, est placé par Pepin sur le trône de Neustrie, 691.

Dagobert III, fils de Childebert III, est placé par Pepin sur le trône de Neustrie, 711.

Chilpéric II, fils de Childéric II, est opposé à Charles-Martel par les Francs-Neustriens, 715.

Thierry IV, fils de Dagobert III, règne sur tous les Francs, sous la tutèle de Charles-Martel, 720.

(Interrègne 737-742.)

(Carloman, duc d'Austrasie, et Pepin-le-bref, duc de Neustrie, succèdent à leur père Charles-Martel, 741.)

Childéric III, fils de Chilpéric II, roi de Neustrie, 742, détrôné par Pepin, 752.

CHAPITRE V.

L'ÉGLISE CHRÉTIENNE PENDANT LA PÉRIODE MÉROVINGIENNE.

Ce n'est pas sans raison qu'on emploie indifféremment ces deux expressions : civilisation moderne; civilisation chrétienne.

Nous avons dit que le respect pour les femmes, et la liberté individuelle étaient d'origine germanique. Il faut de plus reconnaître qu'au-dessus des idées germaniques viennent se placer les idées chrétiennes, pour les épurer et les ennoblir. On pourrait même attribuer au christianisme le principal honneur de ces deux principes, tant ils semblent en dériver naturellement, s'ils n'étaient point restés inconnus des chrétiens qui n'ont point été soumis à la domination germanique.

Du reste, l'élément chrétien ou ecclésiastique n'en a pas moins une part très-importante dans la formation de la société moderne et par conséquent de la société française. C'est la religion chrétienne qui, la première a proclamé comme la grande loi morale, que tous les hommes sont frères, qu'ils sont tous égaux devant Dieu. Ces deux principes, en amenant la destruction de l'esclavage, vont modifier tout l'ordre social de l'antiquité, soit barbare, soit civilisée. L'Eglise ne cessera jamais de les prêcher; elle fera tous ses efforts pour les réaliser, toutes les fois qu'elle ne sera pas infidèle à la loi divine qu'elle représente sur la terre. Cette immense révolution sociale a eu lieu par voie de réformes successives et pacifiques, jamais par le moyen de commotions subites et violentes. Elle n'en a été opérée que plus sûrement et plus justement au milieu d'obstacles en apparence insurmontables. L'invasion des barbares, en multipliant les guerres, la conquête et les déplacements de population, avait multiplié aussi le nombre des captifs et par conséquent des esclaves. Il ne faut pas s'imaginer que les barbares vainqueurs, parce qu'ils n'avaient en Germanie que des serfs attachés à la glèbe (*liti*), ne voulussent point avoir en Gaule des esclaves domestiques. Une fois qu'ils furent établis dans la *villa* du sénateur municipal, ils ne manquèrent pas de vivre comme ceux qu'ils remplaçaient, et plus d'un héritier de famille sénatoriale dut servir sous un maître barbare, en qualité de palefrenier, ou dans tout autre emploi domestique, comme celui dont Grégoire de Tours nous a conservé les aventures. Ce qui dans les mœurs des barbares a dû contribuer à rendre plus facile l'abolition de l'esclavage, c'est que la plupart des emplois domestiques auprès du chef de bande et du roi, loin d'être déshonorants, étaient chez eux des titres d'honneur.

L'Eglise, malgré la confusion et l'anarchie de la période mérovingienne, n'eut jamais la pensée d'ordonner au nom de Dieu l'affranchissement de tous les hommes. Elle s'abstenait d'imposer une loi toute politique; c'eût été, après tout, une contradiction choquante avec cette parole: *Mon royaume n'est pas de ce monde*. Du reste ces deux lois: Tous les hommes sont frères, tous sont égaux devant Dieu, sont bien la condamnation indirecte de l'esclavage, mais non sa destruction. Il peut y avoir encore des maîtres et des serviteurs, il n'y a rien d'ordonné positivement à ce sujet. Seulement l'Eglise ne cessa de recommander toujours la douceur et l'équité envers les esclaves; elle protégeait ceux qui cherchaient un refuge dans le sanctuaire contre la colère ou la cruauté du maître; une des œuvres les plus méritoires était d'affranchir ses esclaves; et l'affranchissement ne se faisait plus qu'aux pieds des autels. Tout homme ainsi affranchi passait sous la protection immédiate de l'Eglise, qui le défendait de tout son crédit temporel et de ses anathèmes spirituels souvent plus redoutés. C'était un scandale qu'un membre du clergé eût des esclaves domestiques. En moins de deux siècles après l'invasion des barbares le véritable esclavage n'existe plus. Il ne reste que la servitude de la glèbe qui existait concurremment avec l'autre chez les Romains. C'était déjà un grand pas de fait, car cette servitude qui consiste à cultiver un champ à perpétuité, et à livrer au propriétaire une quantité déterminée de ses produits, est beaucoup moins dégradante pour l'individu, beaucoup moins dangereuse pour la société; tandis que l'esclave domestique, livré sans droits et sans recours possibles à tous les caprices du maître, vendu d'un lieu à un autre, n'a plus d'un homme que la figure, et devient l'agent ou la cause de tous les désordres.

Je ne sais jusqu'à quel point la fraternité universelle entre les hommes prêchée par la religion, s'accorde avec le droit de les retenir attachés perpétuellement au même champ, mais il faut reconnaître que sous aucun rapport le servage ne peut être confondu avec l'esclavage, et qu'il se rapproche beaucoup plus de l'état de sujet que de l'état d'esclave. L'Eglise conserva ses serfs, et continua à exercer sur eux les mêmes droits que les seigneurs laïques. Était-ce un mal, dans un temps où l'affranchissement complet était impossible, où des hommes libres échangeaient souvent une liberté précaire et menacée, contre la servitude ecclésiastique?

D'ailleurs, la destruction de la servitude de la glèbe elle-même fut préparée indirectement pendant cette période des invasions barbares par une institution de l'Eglise. Le sol français est pour la première fois cultivé par des mains libres. C'est en 529 que commence ce changement si important dans l'ordre social, par la fondation de l'ordre monastique de St-Benoît. La règle de cet ordre impose le travail de la terre aux cœnobites, de préférence à tous les autres travaux. On s'était accoutumé depuis si long-temps à considérer l'agriculture comme une occupation servile, que, pour détruire ce préjugé, il fallait que l'exemple fût donné non seulement par des mains libres, mais encore par des mains sacrées.

Les moines s'attachèrent de préférence à défricher les lieux incultes et dépeuplés, dans le double motif de se placer hors d'un commerce trop fréquent des laïques, et de faire pénétrer le christianisme dans les recoins les plus obscurs et les plus négligés. Du reste les monastères eurent bientôt des serfs, comme tous les autres domaines ecclésiastiques. L'administration était, d'après tous les indices qui nous en restent, un modèle de sagesse et de prévoyance. Ainsi on a trouvé dans les titres du monastère de St-Germain-des-Prés, que le village de Palaizeau, qui appartenait à ce monastère, produisait, sous Charlemagne, avec la même population et la même étendue que de nos jours, la même somme de produits agricoles. Ce fait, aussi singulier qu'honorable, a été démontré par une comparaison rigoureuse, faite d'après des documents également authentiques et irrécusables.

Si nous tenons compte de tant de services et d'une si grande supériorité de lumières, nous ne devons pas nous étonner, encore moins nous affliger, des immenses progrès de la richesse et de la puissance du clergé sous les premiers successeurs de Clovis. Déjà Clotaire I, son fils, s'écriait avec dépit: « Qu'est devenue la puissance des rois, les évêques possèdent tout, et notre fisc royal n'a plus rien. »

Du reste, au siècle de l'invasion barbare qui n'était pas un siècle d'or, le clergé n'a pas toujours empêché le mal ; il n'était pas tout puissant, et en outre, il n'est pas toujours sans reproches. Les immenses richesses, qu'il avait acquises par ses services, par ses vertus, et quelquefois par la faiblesse des bienfaiteurs ou par des fraudes pieuses, lui sont souvent fatales ; la discipline se relâche, les mœurs se corrompent ; les monastères eux-mêmes, qui eurent d'abord à si juste titre la confiance et la vénération générale, oublièrent quelquefois la règle de saint Benoît, quand ils se virent maîtres par des donations successives de provinces presqu'entières. Devenus aussi riches que les rois, ils cessèrent naturellement de travailler. C'est cette décadence du clergé qui finit par amener la grande spoliation de Charles-Martel au profit de ses guerriers. Tout riche qu'il était, il se trouva moins puissant contre l'usurpation, qu'au temps de sa pauvreté et de ses vertus.

Après tout, il n'y a dans cette corruption rien de bien étonnant. Les lois étaient nulles, et les hommes encore plus faibles que les lois. Il faut seulement considérer si la part du bien a été plus grande que celle du mal. Or, la destruction de l'esclavage, la réforme de la servitude, sont des bienfaits qui surpassent de beaucoup le mal quelque grand qu'on puisse le supposer.

Ce ne sont pas d'ailleurs les seuls services que l'Eglise a rendus, bien que ce soient les plus importants. Les derniers restes des sciences et de la littérature antique, sont conservés à l'ombre du cloître ; une partie des moines doivent s'occuper à en transcrire les monuments. Les seules écoles qui existent, sont des écoles monastiques ou épiscopales. En un mot, tout ce qui nous reste de la civilisation romaine, n'a été sauvé que par la puissante intercession de l'Eglise.

Tous les hommes distingués aussi bien sous le rapport moral que sous le rapport intellectuel, appartiennent sans exception au clergé pendant toute la période mérovingienne. Les évêques et les abbés sont le seul lien moral entre les vainqueurs barbares et les vaincus jadis civilisés. Ils sont les interprètes de leurs souffrances; ils opposent leur intervention courageuse et quelquefois efficace, à l'avidité effrénée, aux fureurs capricieuses des rois et des chefs barbares.

C'est encore l'Eglise qui a conservé seule, après l'invasion, le souvenir des traditions et des maximes du régime impérial, c'est-à-dire d'un gouvernement monarchique, d'une centralisation forte et obéie; c'est elle qui a toujours maintenu les souverains dans l'idée qu'ils étaient les légitimes héritiers de l'empire romain, et par là ils empêchaient, autant qu'il était en eux, une complète dissolution de l'état, et préparaient la grande tentative de Charlemagne pour rétablir l'empire et la civilisation des Romains.

CHAPITRE VI.

L'EMPIRE CAROLINGIEN.

A partir de la mort de Charles-Martel (741), la famille Carolingienne change complètement de conduite. Pepin-le-Bref, son fils, est un élève et un protecteur de l'Eglise. L'alliance de Pepin avec l'Eglise lui donne d'abord la royauté. Appuyé d'une décision du Pape et de la faveur de tout le clergé, il peut braver le mécontentement des chefs francs autrefois ses égaux, et détrôner Childéric III, le dernier roi de la race des Mérovingiens (752). Pepin témoigna sa reconnaissance par son zèle à reformer le clergé et à lui rendre son ancienne opulence, par ses deux expéditions pour délivrer le pape des Lombards, et par le don qu'il lui fit d'une grande et riche province d'Italie, l'exarchat de Ravenne.

En même temps, Pepin étendait les limites de la chrétienté si bien défendue par son père. C'est sous son règne que la Septimanie (Bas-Languedoc) fut enlevée aux Sarrazins d'Espagne qui l'avaient conquise sur les Goths, et que des missionnaires, Anglais pour la plupart, mais soutenus de toute la puissance des Francs, parvenaient à convertir la plus grande partie des autres Germains, chez lesquels le christianisme avait fait peu de progrès jusqu'alors.

Son fils Charlemagne (768) ne fit que continuer son œuvre, mais avec plus de génie et sur de plus larges proportions. Il est aussi dans toutes ses actions un élève docile, un protecteur dévoué de l'Eglise, mais il se montra en même temps général infatigable et grand conquérant.

Ses guerres se réduisent presque à une seule, la conquête complète et définitive de la Germanie. Pendant trente ans il conduisit ou envoya son armée contre les Saxons au moins une fois tous les ans (772-803). Enfin, après une lutte aussi sanglante que longue, il les soumit complètement à sa domination, les contraignit d'embrasser le christianisme, et les livra au gouvernement du clergé. En même temps il soumettait plus complètement les deux grandes nations des Thuringiens et des Bavarois, qui jusqu'alors avaient été simplement tributaires sous leurs ducs, chefs nationaux et héréditaires. Ces chefs ne lui étant pas assez soumis, il les fit déposer, écrasa leurs partisans, et divisa le gouvernement entre plusieurs comtes de son choix.

Quant à ses autres guerres, elles ne furent que des promenades militaires. En une campagne il détruisit le royaume des Lombards et conquit l'Italie (774). En quelques jours, toute la partie de l'Espagne qui s'étend jusqu'à l'Ebre, fut enlevée aux mahométans. C'est à son retour de cette expédition, que les Vascons (Basques) lui firent éprouver la seule défaite qu'il ait reçue, à l'embuscade de Roncevaux, plus célèbre dans les romans que dans l'histoire (778).

Quant à ses expéditions contre les peuplades Slaves sur les frontières de la Germanie, elles furent toujours fort peu importantes et en même temps peu difficiles.

L'empire de Charlemagne s'étendait depuis la mer Baltique jusqu'à l'Ebre, et depuis la frontière actuelle du royaume de Naples jusqu'à l'Oder. Il résolut de mettre à exécution le projet qu'il avait formé depuis long-temps, de faire placer sur sa tête la couronne impériale, et de renouveler ainsi l'empire d'Occident. S'étant rendu à Rome aux fêtes de Noël (800) il fut couronné par le Pape comme à l'improviste, pendant qu'il assistait à la messe dans l'église de Saint-Pierre. Il voulut faire croire qu'il n'avait pas été averti, il craignait sans doute quelque opposition de la part des Francs; car, à leurs yeux comme aux siens propres, ce nom d'empereur conservait encore un prestige de puissance absolue et arbitraire. Il eut soin néanmoins de se faire prêter un nouveau serment comme empereur romain, par tous les hommes libres de son empire. Mais ce serment ne rétablissait ni l'administration, ni les lois, ni surtout la merveilleuse unité de l'empire; il ne faisait pas que l'Italien et le Germain, ni même le Bavarois et le Franc, crussent appartenir à la même nation. Il ne détruisait pas les anciennes coutumes de l'indépendance germanique, ni la différence entre les vainqueurs de race teutonique et les populations conquises. Une telle révolution ne pouvait se faire si brusquement; Charlemagne la voyait peut-être dans l'avenir, mais il était encore, sauf le titre, le chef d'un empire tout Germain, d'un gouvernement à peu près barbare. Il avait bien l'intention, nous dit son biographe, de réunir en un seul code de lois toutes les coutumes de son empire, et sans doute par conséquent d'imposer à ses sujets une certaine unité de législation, mais il ne mit pas ce projet à exécution. Du reste, il tenait à honneur d'être né Germain, et de rester Germain; il portait constamment le costume national que plusieurs de ses leudes avaient abandonné pour la saie rayée et garnie de fourrure des Gaulois; il faisait une grammaire de la langue franque et ordonnait de recueillir leurs anciens chants nationaux. Il n'en était pas moins le zélé protecteur de tous les débris de l'ancienne civilisation. Il protégea avec amour les lettres latines, fonda des écoles jusque dans son palais, et appela à sa cour les hommes célèbres par leur science, de tout l'Occident. Car son esprit d'une activité incroyable savait comprendre et embrasser à la fois tous les genres de gloire, toutes les directions utiles.

A sa mort (814), il ne lui restait de ses trois fils que le plus incapable de tous, Louis-le-Débonnaire. Louis était trop faible pour gouverner convenablement l'empire le mieux affermi; et il est même fort douteux que le génie d'un nouveau Charlemagne eût pu empêcher la révolution qui se préparait.

Charlemagne par un règne vigilant et sévère de quarante années, avait enfin détruit l'habitude assez commune à beaucoup d'hommes puissants et de simples guerriers, de changer sans cesse de résidence, et de se transporter à la faveur de tous les désordres, de toutes les guerres, d'une province dans une autre. De grands domaines s'étaient fondés et affermis en se conservant dans les mêmes familles pendant plusieurs générations ; il avait été défendu aux guerriers de passer sans motifs et à leur gré d'un seigneur à un autre; en outre, Charlemagne avait eu soin de donner autant que possible au fils les emplois et les honneurs du père. Mais au lieu de fonder une tradition de hiérarchie et d'obéissance monarchique, il n'avait fait que donner des chefs naturels et héréditaires aux tentatives d'indépendance provinciales. Chaque peuple et chaque fraction de peuple de son empire, se pliaient fort mal à l'action, aux exigences d'un pouvoir central ; un tel gouvernement était contraire aux habitudes, aux souvenirs, aux affections diverses de toutes les parties de l'empire. Et pour rendre la défection encore plus rapide, il arriva que le successeur de Charlemagne ne put défendre l'empire contre les misérables incursions des pirates scandinaves ou Northmans (hommes du Nord) : il arriva aussi que les parents même de l'empereur, après avoir reçu des royaumes à gouverner, aspirèrent à se rendre indépendants et se révoltèrent sur les moindres prétextes.

La première révolte fut celle du roi d'Italie, Bernard, contre Louis-le Débonnaire, son oncle (820). Il fut fait prisonnier, et l'empereur le condamna, après quelque hésitation, à perdre la vue. Il mourut des suites de l'opération; et bientôt Louis tourmenté par les remords, se résolut à faire une pénitence publique de ce meurtre; cette humiliation volontaire lui valut le mépris de ses peuples, plutôt que leur admiration.

Peu de temps après, les fils de sa première femme se révoltèrent contre lui et le déposèrent (830), mais il fut rétabli par les Germains. Bientôt il fut déposé une seconde fois avec toutes les solennités que purent imaginer les chefs militaires et les prélats qui s'étaient déclarés contre lui (833). Rétabli une seconde fois, il mourut en allant combattre son second fils, Louis-le-Germanique. A son lit de mort, ses prêtres l'exhortaient à pardonner au révolté; il répondit avec douceur : « Hélas ! je lui pardonne volontiers ; mais qu'il sache qu'il a conduit au tombeau les cheveux blancs de son père. » (840)

Il lui restait trois fils et deux petits-fils : Lothaire, roi d'Italie et empereur; Louis-le-Germanique, roi de Germanie; Charles-le-Chauve, roi de la France Neustrienne; et les deux fils de son fils Pepin, qui avait été roi d'Aquitaine. Il avait déshérité ses petits-fils pour augmenter la part de son fils bien-aimé, Charles, le seul qu'il eût eu de Judith sa seconde femme.

Lothaire voulait exercer sur ses frères la suprématie impériale, dont le nom était odieux au peuple et les limites mal définies. Il paraît que les Austrasiens se souvinrent qu'ils avaient été les fondateurs du grand empire, et qu'ils voulurent se conserver la gloire et les avantages d'une population conquérante ; car ils se déclarèrent en sa faveur. Les Aquitains, voulant avant tout former un royaume indépendant, mirent à leur tête Pepin-le-Jeune, qui s'allia avec l'empereur. Louis et Charles s'allièrent intimement et résistèrent par les armes aux prétentions opposées de Lothaire et de Pepin. Une grande bataille fut livrée à Fontanet, près des sources de la Seine (841). Le nombre des morts s'éleva à quarante mille hommes environ, et tous les documents contemporains s'accordent à dire que la puissance militaire de l'empire fut abattue à ne plus pouvoir se relever, par la perte d'un si grand nombre de guerriers. Il fallait que la race des hommes libres eût été déjà considérablement réduite par les gloires du grand règne, et les misères du règne suivant. Lothaire complètement vaincu devait perdre tout espoir de dominer jamais sur ses frères ; il refusa pourtant la paix qu'on lui offrait. Tout en continuant la guerre, il espérait séparer les deux alliés et les accabler l'un après l'autre. Mais ils se réunirent une seconde fois, après de nouveaux avantages, à l'entrevue de Strasbourg, et jurèrent solennellement eux et leurs peuples, de ne jamais trahir la cause commune (842). Lothaire fut bientôt réduit à renoncer à ses prétentions par le traité de Verdun (843). Il obtint outre l'Italie, toute la partie de la Gaule qui est comprise entre le Rhin, l'Escaut, la Haute-Meuse, la Saône, le Rhône, et les Alpes. Louis-le-Germanique garda la Germanie ; Charles-le-Chauve devait avoir le reste de la Gaule, y compris l'Aquitaine ; car

Lothaire, pour augmenter sa part, abandonnait son allié Pepin.

A cette époque, la fusion des conquérants germaniques et des populations gallo-romaines, sans être complète, est au moins très-avancée ; déjà leur langage habituel et commun est l'idiome dérivé du latin, que nous parlons encore avec quelques modifications, et le premier monument écrit de cet idiome remonte à l'année qui a précédé le traité de Verdun ; c'est précisément deux des quatre serments prononcés à l'entrevue de Strasbourg. En outre, les limites entièrement nouvelles, fixées au royaume de Charles-le-Chauve par le traité de Verdun, sont aussi celles du royaume de France pendant tout le moyen-âge. Aussi, tout en reconnaissant ce qu'il y a d'inexact et d'un peu arbitraire dans un point d'arrêt aussi précis, c'est ici que nous mettrons fin à l'histoire des Francs, et que nous commencerons celle des Français.

HISTOIRE DE FRANCE.

PREMIÈRE PARTIE.

HISTOIRE DE FRANCE.

PREMIÈRE PARTIE.

FÉODALITÉ.

CHAPITRE PREMIER.

RÉVOLUTION FÉODALE.
De Charles-le-Chauve à Hugues-Capet. 843-987.

Nous avons vu de quels éléments s'est formée la nation française : nous savons que nous devons aux Celtes, les principaux traits de notre caractère national au moral comme au physique; aux Romains, notre langue, notre Église, une bonne partie de nos lois, de notre littérature; aux Germains, les principes de la société féodale, c'est-à-dire, nos lois politiques et en particulier le respect des droits de l'individu; enfin, nous avons montré comment le christianisme et l'Église chrétienne avaient conservé les traditions de la civilisation antique, aboli l'esclavage, et préparé par là l'égalité devant la loi.

Nous allons maintenant arriver à la révolution féodale, révolution longue et mémorable, pendant laquelle la nation française, encore au berceau, lutte à la fois avec beaucoup de courage et de succès contre la monarchie carolingienne, et contre les dernières attaques des barbares. Cette révolution doit constituer définitivement notre nation, en lui donnant une forme nouvelle de gouvernement et d'organisation sociale. Ce laborieux enfantement d'une société nouvelle s'opère lentement, pendant une durée de plus d'un siècle, par le sang et les larmes : car une loi inexorable semble imposer à l'humanité, d'acheter les grands résultats par des souffrances proportionnelles, et toujours la récolte est faite par ceux qui n'avaient pas semé.

A l'époque du traité de Verdun (843), l'influence de l'Église agrandie et consolidée par Charlemagne se trouve un moment supérieure à celle des rois qui s'en va, et à celle des seigneurs qui commence. Au milieu de la décadence rapide et irrémédiable de l'empire carolingien, le haut clergé, sans aucune trahison ni ingratitude contre ses souverains et ses bienfaiteurs, s'était trouvé appelé par la force des circonstances à devenir l'héritier du pouvoir monarchique. Tout ce qui reste de force gouvernementale est momentanément entre les mains d'une aristocratie d'évêques et d'abbés. Le sceptre royal s'incline avec humilité devant la crosse et la mitre. Parmi un grand nombre de faits, deux principaux suffiront pour donner une idée exacte du degré de soumission où en sont réduits « les descen- « dants augustes de l'invincible empereur. »

Voici d'abord un capitulaire publié par Charles-le-Chauve, après avoir déjoué une tentative de son frère Louis-le-Germanique pour le détrôner : « Après avoir été, par la vo- « lonté, le consentement et l'acclamation des évêques et « des autres fidèles de ce royaume, oint du Saint-Chrême « et placé sur le trône royal, le diadème en tête et le scep- « tre en main, je ne pouvais plus être supplanté ni rejeté

« par personne, *si ce n'est par le jugement des évêques*
« qui m'ont consacré roi, qui sont les trônes de Dieu, en
« qui Dieu réside, et par qui il rend ses sentences : ils
« savent que je fus toujours disposé à me soumettre à leurs
« corrections paternelles, à leurs sentences castigatoires ;
« *et j'y suis encore prêt.* » Telles sont les propres paroles d'un roi victorieux, et qui certes, n'a jamais manqué ni d'orgueil ni d'ambition.

L'autre événement est plus décisif encore. Pendant que le roi de Paris s'humilie ainsi devant l'épiscopat, le roi de Metz est obligé de s'humilier devant le Pape, prince des évêques. Lothaire-le-Jeune, fils de l'empereur Lothaire, et qui avait eu dans le partage des états de son père les pays situés entre le Rhin et l'Escaut, appelés de son nom Lotharinge (Lorraine), répudia sans motif sa femme légitime Teutberga, pour épouser Valdrade sa concubine. Lothaire, poursuivi par les anathèmes d'un pieux et sévère pontife, se voit forcé à plusieurs reprises de chasser Valdrade et de reprendre Teutberga. En pareille circonstance Caribert, fils de Clotaire I, s'était ri des reproches d'un saint et l'avait durement éconduit. C'est en vain que le roi, appuyé par une faible partie de son clergé, essaie plusieurs fois de lutter contre la loi du mariage chrétien, que pour la première fois un roi se voyait contraint d'observer. C'est en vain que Teutberga ne voulant point d'une réconciliation forcée, implore auprès du Pape la faveur de ne plus être reine; c'est en vain que Lothaire suivi de ses *fidèles*, fait le voyage de Rome et vient se jeter aux pieds de l'inflexible pontife pour obtenir, tout au moins, une simple séparation : Nicolas I s'obstine à exiger que le roi d'Austrasie habite avec une femme qu'il abhorre, qu'il la traite avec respect, et même avec amour. Lothaire, à ces conditions, est admis à recevoir la communion des mains du pontife, qui a soin de lui demander à l'improviste de prêter serment sur l'hostie, qu'il remplira toutes ses promesses. Surpris et troublé, il jura tout ce qu'on voulut ; mais il paraît que ce pauvre prince mourut de la douleur qu'il ressentait d'avoir juré, et de l'effroi qu'il avait de ne pas pouvoir tenir son serment; tant était grande sa répugnance contre sa femme légitime. Il quitta Rome tout malade, et expira dans les environs, « juste punition, dit un contemporain, de la résolution « qu'il avait prise de fouler sous ses pieds le plus saint des « serments » (855-869).

Cette domination de l'Église n'est qu'un pouvoir de transition, et elle doit bientôt faire place à un pouvoir plus capable de défendre le pays contre les attaques étrangères. Si notre pays avait été alors en paix et en sécurité, sans doute le clergé qui avait et méritait le pouvoir, aurait continué de gouverner ; mais la France était continuellement dévastée par des ennemis contre lesquels il fallait une organisation, un gouvernement tout militaire ; et l'esprit militaire était encore une exception assez rare parmi les évêques et les abbés. Il ne s'était conservé que parmi les seigneurs laïques, et c'est là ce qui explique et légitime parfaitement la révolution féodale.

Il semble d'abord que la société va se dissoudre. Car si les rois et le haut clergé ne pouvaient déjà plus suffire au gouvernement, l'aristocratie eut besoin d'un long et pénible apprentissage pour établir un nouvel ordre de choses, qui la satisfît elle-même et fût compatible avec l'existence d'une société régulière.

Ce ne furent d'abord que désordres sans fin ; il semblait que la noblesse ne trouvait d'autre avantage à l'affaiblissement du pouvoir royal, que celui d'exercer impunément

le brigandage, et de ne plus prendre part à la défense du pays. Charles-le-Chauve ne peut plus réunir d'armées, aussitôt que le démembrement de l'empire est consommé. L'empressement de ses comtes et de ses autres leudes, lorsqu'il s'agissait d'abattre la suprématie impériale, a fait place à des sentiments d'hostilité ou de parfaite indifférence. Quant au brigandage et à l'anarchie, un seul fait pourra en donner une idée. Charles-le-Chauve ordonne dans un de ses capitulaires que tous les centeniers (les magistrats du *pagus* ou canton) prêteront le serment suivant :
« ***Je ne commettrai point*** cette attaque, cette mauvaise
« action qui consiste à assommer et à voler, et je ne con-
« sentirai pas à ce que d'autres la commettent : si je con-
« nais quelqu'un qui l'ait fait, *je ne le tairai pas*.
« Ainsi me soient en aide Dieu et ces saintes reliques. »
Je ne crois pas qu'il soit possible de trouver en aucun temps un texte de loi plus tristement significatif.

Heureusement, grâce aux efforts gigantesques de Charlemagne pour la conversion et la conquête des Saxons, les invasions de barbares ne pouvaient plus être que des incursions. Il n'y avait plus autour de l'empire aucune grande nation païenne ; les Mahométans d'Espagne étaient en pleine décadence ; les nations Slaves n'étaient encore que des peuplades mal organisées. Il n'y eut donc que des pirateries et des brigandages. Mais l'anarchie rendant tout possible, ces incursions étaient toujours couronnées de succès, et la France en souffrit cruellement. Ses plus dangereux ennemis étaient les pirates Scandinaves ou Northmans (hommes du Nord). Déjà, dans les dernières années de Charlemagne, ils avaient fait quelques descentes timides.

Sous Louis-le-Débonnaire, leurs tentatives avaient continué. Elles ne se multiplièrent pourtant et ne devinrent seulement menaçantes que pendant la guerre civile entre les trois frères. Ne trouvant nulle part les côtes en état de défense, ils accoururent en foule, et pénétrèrent par toutes les rivières navigables jusqu'au cœur du pays. Bientôt même, de marins ils se firent cavaliers, pour pouvoir pénétrer partout où il y avait quelque chose à piller. Après le traité de Verdun ils prirent, deux fois en douze ans et sans résistance (845 et 857), la ville déjà si importante de Paris, capitale de Charles-le-Chauve, et que la force de sa position eût dû pourtant rendre imprenable. D'un autre côté, le petit peuple des Bretons, ces derniers descendants de la race celtique pure, ravageaient toutes les provinces du centre sous la conduite de leur roi Nomenoé. Enfin les pirates mahométans rivalisaient d'avarice et de cruauté, si ce n'est d'audace, avec les Northmans, sur toutes nos côtes de la Méditerranée. Il n'y eut pas jusqu'aux habitants dégénérés de l'empire grec, qui ne vinssent insulter le grand empire franc à l'agonie. En 848, Marseille, la principale ville du midi, fut prise et brûlée par des pirates grecs; « personne ne résista, et ils firent re-« traite impunément. »

Ces dévastations n'atteignirent pas, il est vrai, tous les cantons de la France; elles n'en atteignirent peut-être pas la moitié : mais tous les pays fertiles, tous les centres de population étaient périodiquement envahis tous les ans ; mais toute sécurité était détruite, tout commerce impossible, presque toutes les relations de la vie sociale et politique continuellement interrompues. Dans quelques provinces la désolation fut au comble. Trois ans seulement après la paix de Verdun, une partie de l'Aquitaine était déjà si dépeuplée que les bêtes féroces en prirent possession, comme aux temps où les hommes vivaient dans l'état sauvage. Les loups y voyageaient triomphalement, par bandes de trois cents à la fois, dévorant sur leur passage habitants et voyageurs. Il va sans dire que la culture des terres fut réduite au plus strict nécessaire. Il y eut même quelques villes désertées par leurs habitants, et qui depuis ce temps ont cessé d'exister.

Au milieu de toutes ces misères, de toute cette confusion, Charles-le-Chauve cherche partout des appuis à son pouvoir détruit. Ce prince semble avoir été doué d'une grande activité, de beaucoup d'ambition, et de quelques talents politiques. Mais il ne peut pas même lutter, et sans cesse il est emporté par la puissance irrésistible des événements. On voit qu'il ne comprend rien, pas plus que ses contemporains, à la grande révolution, à la rénovation sociale dont il est témoin. Il n'a et ne peut avoir d'autres vues que de refaire et continuer les traditions de son aïeul « le magnanime empereur d'Occident. Aussi tombe-t-il de méprises en méprises, de mécomptes en mécomptes. Ainsi, il s'adresse à ses frères (851) et contracte avec eux une étroite alliance, rendue plus intime par de fréquentes entrevues. Les rois Carolingiens s'engagent à se prêter secours dans toutes les occasions, et menacent d'écraser toutes les résistances, comme toutes les attaques, de tout le poids du grand empire. Mais les trois frères étaient dans la même position misérable; c'était unir trois forces négatives, et faire paraître plus au grand jour l'impuissance de chacun d'eux. Les Bretons n'en conquirent pas moins les comtés de Rennes et de Nantes, et le pays de Retz que depuis ils ont toujours conservé. Charles-le-Chauve voit un élément de force dans ce petit peuple autrefois si méprisé par les Francs. Aussitôt il traite avec lui, il reçoit à Angers le chef « de ces mangeurs de lait, de ces sauvages velus, de ces affreux hérétiques. » C'était alors le fils de Nomenoé, Herispoé. Il lui donne de sa main les ornements royaux ; et plus tard il lui demande sa fille pour son fils aîné, en lui cédant une partie du duché du Mans (851). Et le malheur, qui semble poursuivre Charles-le-Chauve, veut qu'aussitôt après cette dernière humiliation, Herispoé soit assassiné, et que son meurtrier lui succède.

Il eut bien dû montrer la même résignation à l'égard de l'Aquitaine. Mais, à ses yeux, c'était là l'affaire capitale, celle pour laquelle il fallait faire tous les sacrifices. Il poursuit le jeune Pepin avec acharnement; et, comme les seigneurs Aquitains et Goths se dégoûtèrent de sa lâcheté et de ses vices, et trouvèrent plus commode de se confédérer sous un de leurs égaux, il le réduisit facilement aux dernières extrémités, tellement qu'à la fin le roi d'Aquitaine se réunit aux Northmans. Une chronique nous dit en quatre mots ce que Charles-le-Chauve y gagna : « *Fastidiverunt Pippinum, fastidiverunt Karolum* » (ils dédaignèrent Pepin, ils dédaignèrent Charles).

En même temps, les Provençaux se soulèvent contre Lothaire sous la conduite d'un chef national, le comte Folcrat. Et lorsque Charles, troisième fils de l'empereur, devint roi de Provence, il fut un « roi inutile » suivant l'énergique expression d'un contemporain.

Comme si l'indépendance provinciale déjà coonsommée dans une partie de l'empire, ne menaçait pas de s'établir partout ailleurs, Charles-le-Chauve n'en persistait pas moins à s'occuper surtout d'étendre les limites de son royaume, c'est-à-dire d'augmenter le nombre de ses vassaux ingouvernés et ingouvernables. Il ne néglige jamais l'occasion de le faire, même aux dépens des autres princes carolingiens. Ce fût lui qui rompit le premier les traités et les serments d'alliance, en voulant usurper tout l'héritage de Lothaire-le-Jeune. De là, des hostilités ouvertes ou cachées, des complots et des trahisons entre les princes carolingiens, sans autre résultat possible que de diminuer le peu de pouvoir qui leur restait encore. Louis-le-Germanique se ligue, pour se venger de son frère, avec la féodalité naissante, et il s'en fallut de bien peu qu'il ne le détrônât.

Bientôt deux enfants de Charles-le-Chauve imitent cet exemple, et conspirent pour détrôner leur père avec des seigneurs mécontents (851). Son fils aîné, Louis-le-Bègue, était impatient de régner, n'importe à quel prix ni à quelles conditions, s'imaginant sans doute que, par amour ou par force, un roi tel que lui finirait par rester le maître : sa fille Judith, deux fois veuve, voulait se remarier encore, et être mise en possession des trésors qu'elle avait rapportés d'Angleterre, et confiés à son père. La conspiration échoua, grâce à l'intervention d'un vassal fidèle, le fameux Robert-le-Fort, ancêtre des capétiens. Mais le jeune comte de Flandre, Baudouin-Bras-de-Fer, avait enlevé Judith, et l'épousa malgré les protestations de son père. Charles-le-Chauve, ne pouvant se venger autrement, fit excommunier le ravisseur, en vertu du canon, *si quis viduam in uxorem furatus fuerit, et consentientes ei, anathema sint* : mais l'Eglise alors si forte contre les rois, fut bravée impunément par un simple comte. Et bientôt, pour mettre fin au scandale de ce double mépris pour la royauté et l'Eglise, Charles-le-Chauve dut se réconcilier avec son gendre et sa fille.

Trois ans après (864), Charles-le-Chauve tint dans sa *villa* de Pistres une grande et solennelle assemblée, un

Champ-de-Mai extraordinaire pour la réforme des abus, la destruction du brigandage, et la défense du pays contre les Northmans. Charles y trôna avec plus de magnificence que son grand-père Charlemagne n'en avait jamais étalé. Et à en juger par l'affluence des hommes puissants, par les hommages dont la majesté royale était encore entourée, on aurait pu croire que jamais la royauté n'avait été mieux affermie. Mais dans ce moment même, Bernard, marquis de Gothie (Bas-Languedoc), préparait une des preuves les plus éclatantes du peu de crainte et de respect qu'inspirait la royauté. Bernard était fils d'un seigneur du même nom, favori de Judith et de Louis-le-Débonnaire. Après avoir soutenu le parti de Charles-leChauve qui passait généralement pour son fils, ce premier Bernard chercha, aussitôt après la paix de Verdun, à se rendre indépendant dans le midi de la France. Il fut mis à mort à Toulouse. C'est la seule tentative d'usurpation que Charles-le-Chauve soit parvenu à punir, et encore Bernard-le-Jeune n'en resta pas moins puissant dans les mêmes lieux ; Charles-le-Chauve fut contraint à le reconnaître marquis de Gothie. Il vint à l'assemblée de Pistres sous prétexte de rendre hommage au roi et d'achever la réconciliation, mais avec la résolution de venger son père. Après avoir pris congé du roi, il alla s'embusquer dans une forêt sur son passage, pour le tuer lui et Robert-le-Fort. Le projet échoua, mais Bernard put se retirer dans sa province, et y brava les condamnations et proscriptions lancées contre lui.

Charles-le-Chauve n'en disait pas moins dans le préambule de l'édit consenti et juré à Pistres : « Nous vous som-
« mes très-reconnaissant de votre fidélité et de votre bonne
« volonté, que vous nous avez toujours montrées en nous

« aidant et nous obéissant, étant en un mot pour nous
« ce que vos ancêtres étaient pour nos ancêtres. » Ce langage flatteur et faux, dernière ressource de la faiblesse, n'empêcha point l'édit de Pistres de tomber dans le même mépris que les autres lois. Il contenait, entre autres dispositions, la défense d'établir des fortifications, sans commission du roi, et l'ordre de détruire celles qui existaient déjà. Ces fortifications particulières étaient, il est vrai, une usurpation flagrante des droits de l'état ; il fallait, pour qu'un seigneur se permît dans son canton un tel acte de souveraineté, que la révolution féodale fût déjà bien avancée. Beaucoup de ces châteaux naissants étaient de vrais repaires de brigands. Mais c'était leur multiplication qui seule rendait possible la défense du pays contre les Northmans. Aussi on pense bien que la féodalité ne songea nullement à abattre les forts qui commençaient à la protéger elle et le pays.

En effet, c'est seulement depuis qu'une prohibition solennelle nous apprend l'existence en France des châteaux féodaux, que nous voyons commencer contre les barbares une résistance sérieuse et quelquefois couronnée de succès. C'est à peu près pour la dernière fois que nous voyons, en 864, les habitants de deux grandes villes, Toulouse et Albi, abandonner leurs demeures à l'approche des Northmans, pour fuir dans les montagnes et dans les bois. Et pourtant les murailles de Toulouse étaient si hautes et en si bon état, que les Northmans n'osèrent les escalader bien qu'ils ne vissent personne pour les défendre, et qu'ils fussent accoutumés à voir de semblables émigrations. Bientôt, grâce aux châteaux, le *pays* (pagus), le comté résistèrent là où le royaume avec toutes ses convocations et son *hériban* n'avait pas résisté. La résistance fut donc partielle, selon les tendances de la révolution qui s'opérait.

Cependant au milieu de toutes ces petites guerres que couvre une obscurité profonde, un nom brille par-dessus tous les autres ; et notre première guerre nationale nous donne aussi notre premier grand homme. Une noble vie, une grande puissance se consacre tout entière à la défense du territoire contre les païens, au lieu de se partager comme les autres entre cette guerre sacrée et les désordres de toute espèce.

Il s'agit de Robert-le-Fort, ce fidèle vassal de Charles-le-Chauve. Il appartenait, suivant toute apparence, à la colonie saxonne des environs de Bayeux. Nous connaissons à peine le nom de son père, et nous ignorons par quels exploits et par quels services, il devint le second personnage du petit royaume de Neustrie. Charles-le-Chauve lui donna les provinces entre Seine et Loire à défendre et à pacifier, avec le titre de marquis ou duc de France. Dans ce vaste gouvernement, il ne s'occupa que des Northmans et des Bretons; il remporta sur eux quelques avantages mélangés de revers. Mais dans la mauvaise comme dans la bonne fortune, bien ou mal accompagné, il montrait toujours un courage sans pareil, une fermeté inébranlable. On admira surtout, vers la fin de sa lutte héroïque, un grand combat dans lequel plus de cinq cents Northmans perdirent la vie. Comme ces barbares ne combattaient que par bandes, c'était une éclatante victoire, et à laquelle la nation naissante des Français était encore peu accoutumée. Il mourut au sein même d'une nouvelle victoire contre les païens, en prenant d'assaut une église dans laquelle ils s'étaient réfugiés. Sa mort fut un deuil universel, et la reconnaissance du clergé lui décerna le surnom si bien mérité de Machabée, et l'auréole du martyre. Un tel souvenir fortifia et fit grandir sa race au milieu des vicissitudes de la révolution féodale, et maintenant encore, c'est un de ses descendants qui préside à nos destinées, et à celles d'une révolution non moins grande que la révolution féodale.

Depuis la mort de Robert, la guerre contre les Northmans n'eut plus ni chef, ni direction; car Charles-le-Chauve dédaignait de s'occuper d'un tel soin. Mais les petites puissances féodales qui s'élèvent de toutes parts, luttent, chacune de son côté, contre les envahisseurs, toujours avec opiniâtreté, quelquefois avec succès. En même temps, le pouvoir royal va toujours s'affaiblissant de plus en plus. Charles-le-Chauve se trouve trop faible contre un simple comte du Berry. Il voulut enlever cette province à un seigneur nommé Gérard, pour la donner à un certain Acfrid, qui, pour l'obtenir, lui offrait de riches présents. Sans accuser Gérard d'aucun crime, sans le citer en sa présence, c'est-à-dire sans remplir aucune des formalités qui semblaient déjà nécessaires en pareil cas, il lui enleva son comté pour le donner à son compétiteur. Bientôt Acfrid fut surpris et assiégé dans une de ces demeures fortifiées, que les Germains appelaient *hériberg* et qu'il ne faut pas confondre avec le château féodal; les assaillants le contraignirent à sortir en mettant le feu, le tuèrent, lui coupèrent la tête, et rejetèrent son corps dans les flammes (868). Le roi accourut aussitôt pour punir les rebelles; il dévasta si complètement la province du Berry, que, selon le plus exact et le mieux informé des contemporains, plusieurs milliers d'hommes moururent de faim l'année suivante; mais Gérard resta maître de son comté, et ni le roi, ni les seigneurs voisins ne purent jamais parvenir à le déposséder.

Quelques années après, Charles-le-Chauve eut à réprimer la révolte d'un de ses fils, nommé Carloman. Il l'avait contraint à embrasser l'état ecclésiastique. Il craignait son caractère turbulent et ambitieux, et il voulait, sans doute, éviter que son royaume fût partagé après sa mort, comme l'avait été l'empire de Louis-le-Débonnaire, et celui de son frère Lothaire. Carloman saisit la première occasion de quitter le monastère où il était renfermé. Il trouva de nombreux partisans avec lesquels il entreprit de détrôner son père. Il fut fait prisonnier, et un concile s'assembla pour le juger. Il fut dégradé de la prêtrise et condamné à une pénitence perpétuelle. Cette sentence, loin de décourager ses complices, ne fit que ranimer leurs espérances ; car ils prétendaient que, n'étant plus prêtre, il pouvait être élu roi légitimement par les seigneurs français. Charles n'hésita point entre l'affection paternelle et les intérêts de son pouvoir. Il fit condamner son fils à la perte des yeux, et, depuis cette exécution sanglante, il ne fut plus question du malheureux Carloman (873).

Au milieu de tant d'embarras et d'humiliations, Charles-le-Chauve s'occupait avec plus d'ardeur que jamais, d'étendre les limites de son royaume qu'il ne pouvait plus ni gouverner ni défendre. Lothaire-le-Jeune étant mort sans enfants, il parvint à se faire reconnaître roi à sa place ; mais l'année suivante (870), il fut obligé de partager avec son frère Louis-le-Germanique. Quelques années après, Louis, empereur et roi d'Italie, fils aîné de l'empereur Lothaire, mourut aussi sans postérité. Aussitôt Charles-le-Chauve se rendit à Rome en dévastant tout sur son passage, et se fit couronner solennellement empereur par le pape Jean VIII (876). Il ressentait une joie puérile d'être revêtu enfin de la dignité impériale. Il pensa sans doute que ce nom auguste et la bénédiction pontificale l'avaient rendu invincible. Louis-le-Germanique venait de mourir en partageant son royaume entre ses trois fils ; Charles-le-Chauve songea aussitôt à les dépouiller. Il envahit les provinces du Rhin, qui appartenaient au roi des Saxons, nommé Louis comme son père. Il fut complètement vaincu près d'Andernach.

L'année suivante (877), Charles-le-Chauve se rendit une seconde fois en Italie. Il voulait y rétablir un peu son autorité, et faire couronner sa seconde femme par le pape. Comme les seigneurs montraient beaucoup de répugnance à le suivre, il promit solennellement de donner les comtés de leurs pères aux fils de ceux qui mourraient dans cette expédition lointaine, et dans le même article (assez obscur sans doute à dessein) il semble reconnaître l'hérédité des charges comme un droit général. Le fait avait déjà souvent précédé le droit ; mais ce capitulaire n'en est pas moins de la plus haute importance. La révolution féodale est désormais victorieuse, puisque les rois eux-mêmes sont forcés de la reconnaître.

Charles ne rencontra d'abord aucune résistance en Italie. Il parcourait l'Italie avec le pape Jean VIII, lorsqu'il apprit que Carloman, fils de Louis-le-Germanique, et roi des Bavarois, venait lui disputer la couronne impériale. Il se rapprocha aussitôt des frontières de la Gaule, en attendant l'arrivée de ses plus puissants vassaux, Hugues de Neustrie, Bozon de Provence et Bernard de Septimanie. Mais ils avaient formé une conspiration pour le détrôner, de concert avec presque tous les seigneurs laïques de ses états. A cette nouvelle, Charles s'enfuit en toute hâte vers la France. Carloman, de son côté, sur la fausse nouvelle que tout le baronnage de son oncle avait passé les Alpes pour le secourir, s'enfuyait précipitamment jusqu'en Bavière. Charles tomba malade au passage des Alpes, et mourut sur le mont Cenis.

Sous ce règne si tourmenté et si malheureux, les lettres restaurées par Charlemagne, font de nouveaux progrès à la cour de Charles-le-Chauve, et à celle du fameux Hincmar, archevêque de Reims, mais pour retomber presque aussitôt pendant un siècle dans l'abandon le plus complet.

Par l'édit de Kiersy, Charles-le-Chauve avait reconnu et consacré la révolution féodale. Dès ce moment, la monarchie carolingienne n'existe plus, telle du moins que Charlemagne l'avait établie ; mais la lutte n'est pas encore entièrement finie. Malgré leur faiblesse, les derniers Carolingiens essaieront sans cesse de reprendre cette puissance monarchique que Charlemagne avait rêvée et commencé d'établir. Ainsi la révolution toute victorieuse qu'elle est, trouve encore des ennemis ; il reste à la consolider et à détruire, en expulsant la famille carolingienne, les dernières prétentions et les dernières espérances hostiles.

A la mort de Charles-le-Chauve (877), la royauté inspirait encore tant d'inquiétude, que les seigneurs voulurent aussitôt l'abolir. Mais le crédit du clergé l'emporta une dernière fois, et Louis-le-Bègue fut reconnu et sacré. Il régna dix-huit mois, dans un état constant de maladie, au milieu d'un redoublement d'attaques de la part des Northmans, se résignant à son sort et s'abandonnant en quelque sorte à la tutèle de l'archevêque Hincmar.

Conformément aux derniers traités, ce prince exerçait une suzeraineté, du reste bien illusoire, sur toutes les provinces de l'ancienne Gaule dans lesquelles on parlait la langue romane-française. Sa mort fut le signal d'un double démembrement. A l'avènement de ses fils Louis et Carloman (879), les seigneurs du nord-est (outre Meuse et Escaut), se déclarèrent vassaux du roi de Germanie, et les provinces du sud-est (outre Saône et Rhône), virent s'élever un roi étranger à la race de Charlemagne. Ce roi était Bozon, l'un des seigneurs les plus riches et les plus puissants de toute la France. Il avait épousé Hermengarde, fille unique de l'empereur Louis, fils de l'empereur Lothaire. On prétend que cette fille d'empereur, ne pouvant supporter d'avoir pour époux un autre qu'un roi, finit par décider Bozon, à force d'instances et d'importunités, à tenter cette entreprise. Bozon rassembla les évêques de toute la province, et les contraignit à le reconnaître roi et à le sacrer. Cette première usurpation du titre de roi, inquiéta les Carolingiens, beaucoup plus que tous les autres succès de la révolution féodale. Ils se réunirent tous de nouveau contre l'usurpateur. La lutte que Bozon soutint sous Louis et Carloman, et sous les princes suivants, est un témoignage bien éclatant de la préférence que les provinces accordaient à leurs souverains féodaux, c'est-à-dire à leur indépendance provinciale. Bozon n'éprouva jamais une seule défection, même quand il était vaincu et réduit presque à l'extrémité, ce qui lui arriva plusieurs fois. Ce fut en vain que les rois carolingiens faisaient jurer à leurs comtes et à leurs barons, de poursuivre jusqu'à la mort les usurpateurs de la royauté, ceux-ci avaient en général d'autres affaires et surtout des intérêts contraires ; aussi le second royaume de Bourgogne survécut à Bozon et a subsisté pendant tout le moyen-âge.

Après la mort des deux rois Louis et Carloman, les seigneurs au lieu de songer encore à détruire la royauté, songèrent au contraire à se donner un roi le plus puissant possible, espérant qu'il les délivrerait enfin des terribles Northmans. Charles-le-Gros, fils de Louis-le-Germanique, réunissait à la couronne impériale, les royaumes d'Italie, de Germanie et de Lohéraine. Ils ne doutèrent pas que la puissance ne dût être en raison directe de l'étendue de la domination, tandis que, dans l'état où se trouvait l'empire, elle était, au contraire, en raison inverse. Ainsi ils faisaient précisément le même raisonnement et la même faute que Charles-le-Chauve lorsqu'il ne songeait qu'à entasser provinces sur provinces. Charles-le-Gros fut élu (884), et se crut un nouveau Charlemagne parce qu'il était reconnu roi dans les mêmes limites que son illustre aïeul. Mais mal obéi, et d'ailleurs peu capable de gouverner, il montra en outre une lâcheté qui n'était pas ordinaire dans sa famille. La France que Louis III et Carloman avaient défendue avec plus d'ardeur que de succès, fut entièrement abandonnée à son sort par le nouveau roi; mais elle ne s'abandonna pas elle-même. La lutte continua plus vive que jamais; et Eudes, comte de Paris, digne fils de Robert-le-Fort, trouva dans le siége de sa ville par les Northmans, une grande et belle occasion d'égaler les exploits de son père.

Cette fois ce n'était plus une bande de pirates, c'était une véritable armée, qui venait, non pour piller, mais pour conquérir; et Paris renfermé dans une île de la Seine étant la position la plus forte et la plus importante du royaume, c'est à cette ville qu'ils s'attaquèrent d'abord. La défense fut courageuse, opiniâtre, comme d'ailleurs elle l'était à-peu-près partout; et toute la population, le clergé lui-même que la nécessité commençait à rendre belliqueux, y prit une part active. L'évêque de Paris combattit à plusieurs reprises sur la brèche. Du reste, ce siége ressembla à tous les siéges des époques barbares et héroïques. C'est une suite de combats près des murs, de tentatives d'escalade, sans aucune connaissance des principes de l'attaque, ni de la défense. L'abbé de Saint-Germain s'en va, comme un autre Diomède, au milieu de la nuit dans le camp des Northmans; il n'a avec lui que six chevaliers revêtus d'armes et d'habits scandinaves, et égorge pendant leur sommeil les sept chefs qui commandaient du côté de la Seine où il avait pénétré; une grande quantité de Northmans y périt avec eux, soit sous les coups des sept assaillants, soit en combattant les uns contre les autres au milieu des ténèbres. Une autre fois le comte Eudes, qui était sorti furtivement de la ville pour intéresser les seigneurs voisins à sa défense, et qui revenait seul, personne n'osant quitter sa demeure fortifiée, traversa les lignes des Northmans, qui, prévenus de son arrivée, l'attendaient aux approches du pont, et pénétra dans la ville, sain et sauf, aux acclamations de tout le peuple. En vain les assiégeants essayèrent du bélier, et ruinèrent les murailles sur plusieurs points, Paris résista pendant une année entière. Charles-le-Gros vint enfin à son secours avec une armée formidable, qu'il avait rassemblée avec beaucoup de peine; mais au lieu de livrer le combat, il eut la lâcheté de consentir à payer un tribut aux Northmans pour le rachat de Paris. Dès ce moment la féodalité cessa de compter sur les rois, pour ne compter que sur elle-même. La comparaison du comte Eudes, c'est-à-dire du souverain féodal, avec Charles-le-Gros, c'est-à-dire le souverain monarchique, n'était guère, il est vrai, à l'avantage de la royauté.

Les barons de tout l'empire, réunis l'année suivante à Tribur (Trewer près Mayenne), déclarèrent que Charles-le-Gros, affaibli par la débauche et les excès de table, n'avait plus l'usage de sa raison. En conséquence, ils le déposèrent solennellement, et lui enlevèrent même ses domaines privés (887). Il fut réduit à un tel degré de misère, qu'il lui fallut mendier auprès du bâtard Arnolf, qui le remplaça en Germanie, les secours nécessaires pour ne pas mourir de faim.

A la déposition de Charles-le-Gros, chaque nation, on pourrait même dire chaque fragment de nation, se donne un roi de son choix. Pour ne parler que des provinces françaises, il y a un roi de France à Paris, un roi d'Aquitaine à Poitiers, un roi de Bourgogne cisjurane à Vienne, un roi de Bourgogne transjurane à Saint-Maurice en Valais, et bientôt après, un roi de Lohéraine à Metz, c'est-à-dire, en tout, cinq rois. Il y en aurait eu deux de plus si les Bretons et les Wascons avaient été alors réunis sous un chef unique.

Ce fut le comte Eudes qui fut élu à Paris en récompense de la défense de cette ville (888). Mais à peine eut-il été reconnu par ses égaux, qu'il s'efforça avec son courage accoutumé de recouvrer tous les droits que prétendait la famille déchue. Ainsi il fit la guerre aux Aquitains, il voulut commander à ses grands vassaux autrefois ses *pairs* et ses compagnons d'armes. Aussi on lui opposa un rival, le troisième fils de Louis-le-Bègue, Charles, que son jeune âge avait empêché jusqu'ici d'arriver au trône. Il est connu dans l'histoire sous le nom de Simple, et nous voyons que ses contemporains l'appelaient habituellement *le roi sot*. Pendant cette guerre civile qui dure presque sans interruption jusqu'à la mort du roi Eudes, les Northmans sous la conduite du terrible Hastings ravagent le petit royaume de France et les autres royaumes français. Il fit même transporter ses barques de la Loire à la Saône pour piller aussi les provinces du midi, et pénétrer jusqu'à Rome. On prétend qu'il prit et pilla la petite ville de Luna près de Lucque, et que d'abord il la prit pour la grande et mystérieuse cité vers laquelle ce chef du dernier ban de barbares se sentait attiré invinciblement comme tous ses prédécesseurs; mais ayant reconnu son erreur, il interrogea un pélerin qui sauva Rome par un mensonge singulier: « Voyez, lui

« dit-il, cette paire de fortes sandales qui est déjà tout
« usée, j'en ai usé déjà trois autres depuis que j'ai quitté
« cette ville. » Les Northmans découragés retournèrent aussitôt à leur station du Rhône. Un chroniqueur assure que ce Hastings était un paysan d'un petit village près Troyes, qui s'était fait païen par amour de la guerre et du brigandage. Hastings finit par accepter le vaste comté de Chartres et le baptême ; puis, il disparut tout-à-coup pour reprendre sans doute sa première vie.

Après la mort de Eudes, le règne de Charles-le-Simple nous présente un événement très-important. C'est le dernier établissement d'une colonie teutonique sur le sol français, par la cession de la Neustrie proprement dite aux Northmans. Depuis la disparition de Hastings, le plus célèbre de ces pirates était un Norwégien de race royale, Rollon, surnommé dans son pays le Marcheur. C'était un guerrier d'une taille si gigantesque, qu'il ne pouvait combattre à cheval sur les petits chevaux de son pays, car ses pieds traînaient à terre. C'est de là que lui venait son surnom, parce qu'il faisait toujours la guerre à pied. Exilé de sa patrie pour une infraction à la paix publique (il avait piraté sur les côtes de son propre pays), Rollon réunit autour de lui presque tous les aventuriers Northmans, charmés de suivre un chef si noble et si courageux. Le pillage était devenu moins abondant. Il ne restait à prendre que la terre ; encore n'était-elle pas facile à conquérir, pour peu qu'il y eût des habitants.

Rollon, dont l'intelligence était supérieure à celle d'un simple pirate, choisit la province la plus ruinée, la plus abandonnée de toutes, y conquit quelques villes dépeuplées et quelques rares châteaux ; puis au lieu de songer à conquérir toute la France, à remplacer les Francs par les

Northmans, il demanda seulement au roi et aux seigneurs de reconnaître les conquêtes qu'il avait pu faire, promettant une alliance éternelle, et sa conversion au christianisme. Sa demande lui fut accordée à l'entrevue de Clair-sur-Epte (911). Il épousa une fille du roi de France, reçut la belle province qui prit dès-lors le nom de Normandie, et mettant sa main nue dans la main du roi carolingien, debout, et l'épée au côté, il prononça la formule du serment féodal : « Dorénavant, je suis votre fidèle et votre homme, et je jure de conserver vos membres, votre vie et votre honneur royal. » Ensuite les seigneurs français dirent à Rollon qu'après avoir reçu un si magnifique présent, c'était l'usage de baiser les genoux du roi. Telle était en effet le signe le plus ordinaire de l'investiture gratuite. Rollon chargea un de ses plus farouches guerriers de remplir cette cérémonie qu'il trouvait trop humiliante. Celui-ci saisit rudement la jambe du roi, sans se baisser, et le renversa à terre. Au lieu d'être sensibles à l'outrage fait à leur chef, les barons français éclatèrent en ris immodérés « et le seigneur roi se releva sans mot dire. » Cette anecdote représente bien tout ce qu'il y avait de dérisoire dans le serment d'hommage de ces puissants ducs de Normandie aux faibles rois de France.

Du reste, un demi-siècle après, les Northmans étaient devenus Français. C'est le premier exemple d'un changement aussi complet et aussi rapide dans la langue et les mœurs d'une population conquérante. Un tel fait prouve tout ce qu'il y avait de force et de vie dans la jeune société féodale.

A partir du traité de Clair-sur-Epte, il y a bien encore quelques tentatives des Northmans. Mais ils se rebutent promptement; car ils sont constamment repoussés et détruits.

Cependant, Charles-le-Simple ayant essayé depuis la mort d'Eudes, de réduire la féodalité, fut renversé du trône et bientôt enfermé dans la grosse tour du château de Péronne, après avoir été arrêté en trahison par Héribert comte de Vernandois. Lorsqu'il alla se remettre entre les mains de ce vassal perfide, le fils du comte dédaigna de le saluer. Son père, d'un coup de pied, le jeta sur ses genoux, en lui disant : « Est-ce ainsi qu'on aborde son seigneur et son roi ? » Puis il fit immédiatement conduire Charles-le-Simple dans sa prison, où il mourut après une longue captivité.

On lui avait opposé successivement le frère d'Eudes, le duc de France Robert, qu'il tua de sa main dans une bataille, et ensuite Raoul duc de Bourgogne. Raoul se contenta du titre de roi, et ne s'occupa que de son fief.

A la mort de Raoul, les barons appelèrent Louis d'Outremer, fils de Charles-le-Simple (936). Nouvelles prétentions de la royauté, nouvelles résistances féodales. Louis engage par la ruse et la dissimulation, une dernière lutte qu'il soutient avec une opiniâtreté invincible. Il meurt trahi par sa propre mère, et ne possédant plus que la ville de Laon.

Son fils Lothaire, et son petit-fils Louis V le Fainéant, régnèrent sous la protection des empereurs d'Allemagne de la maison de Saxe, et par la tolérance des ducs de France, Hugues-le-Grand et Hugues Capet.

Enfin à la mort de Louis V, Hugues Capet enlève le titre de roi au dernier carolingien, Charles-de-Lorraine oncle de Louis V (987). Il se fait proclamer à Noyon, par ses vassaux, et consacrer à Reims par l'archevêque, et réunissant ainsi les deux principes de l'élection et de la consécration religieuse, il mit fin à l'hérédité carolingienne. Déjà du reste, deux de ses parents avaient porté avant lui le titre de roi.

A l'avénement de Hugues Capet, il n'y a certainement plus dans notre pays, ni Germains, ni Gallo-Romains, il n'y a plus que des Français. C'est au moment où la France est partagée en une foule de petits états indépendants, et presque étrangers les uns aux autres, qu'elle devient une véritable nation, en ayant soin d'entendre ce terme dans le sens que nous lui donnons quand nous parlons des anciens Grecs et des anciens Gaulois, et sans y joindre les idées fort distinctes d'empire ou de patrie. Les hommes du moyen-âge ne voyaient la patrie que dans les limites étroites d'un canton, d'une province tout au plus. Le *pays* (pagus), le canton des Romains, subdivision de la cité, prend et conserve à toujours dans notre langue le sens de *patrie*. A côté de cette petite patrie, ils n'en avaient d'autre plus générale que la chrétienté tout entière. Mais l'identité, ou tout au moins la ressemblance du langage, des lois et du gouvernement suffisent avec la communauté de race pour constituer une véritable nation. Il y a en outre, communauté de souffrance et de lutte pendant les dévastations des Northmans, et, dans les siècles suivants, communauté de traditions épiques et de chants nationaux.

CHAPITRE II.

EXPOSÉ DU SYSTÈME FÉODAL.

La révolution féodale avait été un bonheur pour la France, en ce qu'elle eut pour résultat de repousser la dernière invasion des barbares, et d'assimiler très-promptement au reste de la nation la colonie scandinave établie en Normandie. Pour ne citer que quelques exemples des services rendus par les premiers souverains féodaux, nous voyons la population angevine délivrée par ses comtes des Northmans et des Bretons, le pays presque désert, repeuplé, les villes et villages rebâtis. Certes, il est impossible d'avoir plus de droits à gouverner un pays, qu'après l'avoir en quelque sorte créé une seconde fois. Il en fut ainsi des comtes de Provence qui chassèrent les Sarrazins et firent enfin descendre dans la plaine les restes de l'ancienne population réfugiée dans des rochers stériles où elle se mourait de faim sans oser les quitter. La maison capétienne ou des ducs de France avait rendu, comme nous l'avons vu, des services encore plus généraux et plus importants.

Chaque seigneur ayant fondé sa seigneurie par sa force, sa prudence, par les services rendus au canton, à la province, ils voulurent naturellement rester à-peu-près aussi indépendants qu'ils l'avaient été en établissant leur pouvoir. Cette prétention fut long-temps couronnée de succès; et du ixe au xiiie siècle partout l'indépendance fut la règle générale, et la dépendance une exception assez rare.

Alors chaque village à-peu-près formait une petite société à part, chaque province une confédération d'états ordinairement rivale et ennemie de la province voisine. Chaque seigneurie s'efforçait de s'isoler des autres en se fortifiant de tous les obstacles naturels et artificiels qu'elle pouvait leur opposer. Partout les gués des rivières, les bacs, les ponts, les chaussées, les défilés, les lieux de débarquement étaient défendus par une tour ou par une maison fortifiée, et soumis à un droit de péage le plus souvent arbitraire. Selon l'importance du poste, ces péages étaient inféodés à des chevaliers, ou à des vilains robustes et courageux. Ils étaient si multipliés et si rigoureux que la famine et l'abondance pouvaient régner dans la même province sans que l'équilibre fût rétabli. C'était pour les pauvres une cause continuelle d'oppression et de misère. Mais dans le principe, ces fortifications avaient été une des nécessités de la révolution féodale ; il fallait avant tout rendre impossibles les émigrations et la vie errante, réprimer les brigandages des aventuriers indigènes, et repousser ceux des barbares étrangers. Quand les hommes furent fixés sur le sol aussi fortement qu'auparavant ils l'étaient peu, les maîtres ne comprirent pas de long-temps qu'un autre état de choses fût possible ni même désirable. Les péages donnaient un revenu important, ils servaient de postes aggressifs et défensifs. Ils ne s'adoucirent et ne tombèrent que bien lentement.

Cet obstacle suffisait déjà pour rendre les communications bien difficiles et bien irrégulières. Mais ce n'était pas tout. Le brigandage à poste fixe avait succédé à celui des bandes errantes. Là c'était un seigneur qui abusait de son indépendance pour dépouiller ceux qui traversaient ses domaines, sous un prétexte ou sous un autre ; et les péages surtout en fournissaient un grand nombre. Plus loin c'était un autre seigneur qui s'était fait chef de brigands et qui ne vivait que du pillage de ses voisins. Cette seconde espèce de brigandage n'étant qu'une extension du droit de guerre privée, était généralement considéré comme une guerre fort régulière, lorsqu'il ne s'exerçait pas sur les biens ecclésiastiques. On disait pour peindre un chevalier accompli : « C'était un guerrier brave et infatigable, un excellent voleur, un espion meilleur encore. Mais il était de trop haut lignage pour entasser les trésors qu'il enlevait aux vieux barons avares et aux riches marchands ; il donnait tout à ses braves compagnons, aux bons moines, et aux jongleurs qui savent de belles chansons. »

On comprend sans peine que pendant la période féodale, le commerce dût rester à-peu-près aussi nul que du temps des invasions barbares. Les marchands n'étant protégés par aucun pouvoir supérieur, par aucune institution générale, ne pouvaient sortir de leur pays sans s'exposer au pillage. Hormis quelques marchés protégés, tant bien que mal, par la sainteté des plus grandes fêtes de l'année, et par les reliques des plus grands saints, tout le transport de terre se bornait à-peu-près à quelques colporteurs qui portant toute leur fortune sur le dos, ne s'aventuraient qu'avec défiance et précaution, et se glissaient pour ainsi dire inaperçus au milieu du désordre. Les pèlerins eux-mêmes n'étaient pas toujours épargnés, bien qu'ils fussent protégés par toute la puissance des anathèmes ecclésiastiques.

Voici un trait qui donne une idée aussi vive qu'exacte

de la difficulté des communications. Au temps du roi Hugues-Capet, un comte de Corbeil voulant fonder un monastère et le soumettre à la règle la plus sévère, résolut d'appeler à son aide l'abbé Mayol qui s'était rendu célèbre par la réforme de Cluny. Lorsque Mayol reçut à Cluny le messager du comte, il s'écria : « N'avez-vous pas « dans votre pays un assez grand nombre de monastères ; « pourquoi n'y cherchez-vous pas ce que vous désirez ? « Combien il me sera pénible d'aller chercher au loin des « nations étrangères et inconnues, d'abandonner mon pays « et d'atteindre le vôtre. » Il s'agissait d'une distance d'un peu moins de cent lieues sur la route de Lyon à Paris.

Les difficultés n'étaient pas moins grandes pour changer de résidence que pour voyager. Tout homme, quelle que fût sa condition, qui, sans avoir été appelé, venait s'établir dans une autre seigneurie que celle où il était né, subissait de droit la plus dure variété du servage féodal ; il devenait serf de main-morte, lui et ses descendants, c'est-à-dire, qu'il ne pouvait rien posséder en propre, tout ce qu'il gagnait ou acquérait appartenait non pas à lui, mais à son seigneur. Dans cette loi cruelle il ne faut pas voir seulement l'abus de la force sur un malheureux fugitif, mais plutôt une répression de la désertion et du vagabondage des serfs. C'était la seule possible en l'absence de toute police générale, et, dans une société fondée sur le servage du plus grand nombre, elle était de la plus absolue nécessité. Plus tard les lois sur les *aubains* s'adoucirent peu-à-peu, et ne laissèrent enfin d'autres traces que le droit d'*aubaine* exercé par les rois de France sur l'héritage des étrangers.

Les navigateurs n'étaient pas mieux traités, et les côtes n'étaient pas plus hospitalières que l'intérieur des terres.

Tout vaisseau naufragé qui n'appartenait pas au canton devenait la proie du seigneur du lieu, de son suzerain, et de ses sujets suivant certaines règles, et dans des proportions diverses. On voit que tous les efforts de la société semblent avoir été employés avec soin pour rendre partout les communications plus difficiles.

Quant à l'intérieur de chacune de ces petites souverainetés féodales, il était infiniment mieux réglé, sans présenter pourtant une sécurité aussi profonde que celle dont nous jouissons aujourd'hui, comme d'une chose toute naturelle, et sans nous douter que c'est un des plus beaux, un des plus difficiles résultats de la civilisation moderne.

Voici de quels éléments se composait la seigneurie. D'abord le seigneur et ses hommes d'armes habitaient un château fort, bâti, toutes les fois que les lieux le permettaient, sur une roche escarpée à la place de quelque nid d'aigle ou de vautour, ou tout au moins sur un point dont l'accès présentait des difficultés. A l'ombre du château féodal se plaçait presque toujours la population du fief avec son église et son curé, qui formaient le principal lien social entre le maître et les serfs. Quand le seigneur au lieu d'habiter la campagne était possesseur d'une ville, ou même d'un quartier de ville, comme cela arrivait quelquefois, il résidait dans une tour des murailles qui avait une double issue. Les seigneurs ecclésiastiques, c'est-à-dire presque tous les évêques et abbés avaient aussi des demeures fortifiées, mais qui pourtant n'avaient point un aspect aussi menaçant que celles des seigneurs laïques.

La puissance du seigneur sur ses sujets était à-peu-près absolue. Il réunissait en ses mains tous les pouvoirs : le pouvoir législatif, c'était lui qui interprétait et modifiait la coutume locale : le pouvoir judiciaire, c'était lui qui jugeait tous les délits, toutes les contestations : le pouvoir militaire, c'était lui qui était le seul chef et le seul général : le pouvoir administratif, car il n'avait aucun compte à rendre à personne sur les travaux et les impôts auxquels il soumettait les habitants de ses domaines ; ils étaient, suivant la forte expression du droit féodal, « taillables et corvéables à merci et miséricorde. » les diverses conditions du servage et même de la liberté des « hommes de poëste » (homines de potestate), conditions qui variaient à l'infini, n'avaient de sauve-garde et de garantie que dans la bonne foi et la justice du maître.

Ce pouvoir, tout aussi absolu que le despotisme, était considérablement adouci par la surveillance et l'intercession continuelle du clergé, et peut-être encore plus par l'intérêt privé des seigneurs. Ils avaient souvent besoin d'armer leurs serfs en totalité ou en partie ; et de plus, rien n'était plus facile aux sujets maltraités que de s'enfuir. Quand ils préféraient la misérable condition de bandit fugitif ou d'aubain à une oppression intolérable, il leur suffisait d'aller dans une seigneurie voisine pour être à l'abri de toute atteinte. Du temps de l'empire carolingien, comme à l'époque des invasions germaniques et de la domination romaine, les classes inférieures étaient également en état de servitude et leur condition était certainement plus misérable encore. En outre, l'établissement de la féodalité augmenta considérablement le nombre des hommes libres. Une seule bataille, la bataille de Fontenay, avait suffi pour diminuer notablement cette classe importante, tous les contemporains sont d'accord pour le dire, et tout nous démontre que la France était couverte de guerriers, moins d'un siècle après ; or, le droit de porter habituellement les armes était précisément inséparable de la condition d'homme libre.

C'est qu'il avait fallu et qu'il fallut long-temps après un grand nombre d'affranchissements, pour garder ces milliers de postes fortifiés, depuis le château du seigneur jusqu'au moulin du village, que la féodalité élevait sur tous les points du territoire. Ces fils de serfs, devenus hommes d'armes, donnaient naissance à des familles qui pouvaient peu-à-peu par la force de leurs bras arriver à leur tour à la noblesse. Bien des indices nous prouveraient, si le simple bon sens ne suffisait pas, que les rangs de l'aristocratie n'étaient pas plus fermés à cet anoblissement progressif, qu'ils ne le furent plus tard aux lettres-patentes de nos rois. La féodalité ne devint oppressive que lorsqu'elle cessa d'exister dans son organisation complette et véritable. Elle devint alors, comme toutes les institutions vieillies, un obstacle au bien, après avoir été long-temps un mobile puissant du progrès social.

Il nous reste maintenant à parler des vassaux proprement dits, compagnons d'armes du seigneur, qui formaient ce qu'on appelait sa *maisnie* (maisonnée). Les uns étaient soldés en argent ou en nature, les autres étaient des enfants envoyés par des parents, par des amis pour faire loin de la maison paternelle, sous une direction plus dure et plus sévère, leur éducation militaire. Ces hommes d'armes devaient à celui « dont ils mangeaient le pain » un dévoûment absolu. Un meurtre, un sacrilége était commandé par l'honneur même, quand il était commandé par le seigneur. Seulement ce n'était point cette chaîne de fer qui liait à la cité le citoyen des républiques antiques. Un vassal pouvait sans honte quitter le service de celui dont il était mécontent, après lui avoir rendu ses bienfaits, et porter le même dévoûment à un voisin, à un ennemi.

Jusqu'à présent nous n'avons parlé que des souverainetés

féodales, isolées et prises chacune en leur particulier ; nous allons maintenant nous occuper des rapports qui établissent entre elles un lien d'union. Ces rapports se réduisent à deux , qui sont diversifiés à l'infini dans les circonstances accessoires ; car le droit féodal est aussi obscur et compliqué dans ses détails, qu'il est simple et facile dans les principes fondamentaux. Les rapports entre les diverses souverainetés féodales sont l'hommage et le parage.

L'hommage féodal, dans son origine et dans sa véritable acception, n'implique aucune idée de sujétion. Il faut bien se garder de donner à ce mot l'acception qu'il a maintenant dans notre langue. C'est une association entre le faible et le fort dans laquelle les droits sont presque égaux entre les deux parties contractantes. Le faible, c'est-à-dire le vassal, promet d'aider le fort, c'est-à-dire le suzerain, loyalement et de tout son pouvoir, non-seulement de son bras (c'est le service de l'armée, du camp, *servise de l'ost*), mais aussi de ses conseils (c'est le *servise du plaid*). à la condition d'en être protégé à son tour contre toute injure. Chacun des deux petits souverains liés ensemble par l'hommage , conserve la plus grande indépendance sur tous les points qui n'ont pas été expressément convenus dans le contrat primitif. Mais si ce contrat est violé par le vassal celui-ci *forfait son fief*, c'est-à-dire mérite d'en être privé par la confiscation ; et d'un autre côté, comme pour tenir toujours égale la balance des droits et des devoirs, le vassal peut à son tour porter son hommage à un autre seigneur , si le sien n'a pas suivi les conditions fixées par leur traité. Telle était la règle générale, universelle ; on peut voir que l'état de guerre privée qui a existé en fait pendant tout le moyen-âge, était légitimé par le droit en une foule de cas , même de la part du vassal contre son seigneur.

Le parage était la relation qui s'établissait entre les vassaux du même suzerain, qui étaient *pairs*, c'est-à-dire, égaux l'un par rapport à l'autre. Les pairs d'une grande baronnie, comme les pairs du royaume, vassaux immédiats de la couronne, se devaient amitié et assistance fraternelle. Mais si le vassal a quelquefois le droit de guerre contre son suzerain, à plus forte raison les *pairs* peuvent se faire la guerre entre eux quand il y a des outrages, des griefs réciproques. Le suzerain ne peut les engager dans aucune entreprise, dans aucun acte qui les intéresse sans avoir pris d'abord leur avis dans une réunion générale. Là, tout se traite de vive voix, en public et en plein air, comme dans les républiques démocratiques de l'antiquité. Les pairs se rassemblent dans la *cour* du suzerain et sous sa présidence pour délibérer sur les intérêts communs, pour donner des conseils au seigneur, pour concilier à l'amiable les contestations survenues entre eux, et enfin pour juger les causes de *forfaiture*, de fief et de succession contestée. Dans les premiers cas, ils sont seulement conseillers et arbitres bénévoles; dans le dernier, ils sont juges souverains. Leurs jugements sont irrévocables; on ne peut en appeler à aucun suzerain supérieur, pas même au roi. Il est vrai que presque toujours leurs jugements sont des *jugements de Dieu*, comme ils le disaient et le croyaient, avec leur naïve confiance dans l'intervention continuelle de la Divinité en faveur du bon droit. Ces jugements étaient, comme tout le monde le sait, des combats singuliers. Le combat devait être presque toujours accordé; le juge accusé de *faux jugement* devait lui-même descendre dans l'arène, et prouver l'épée à la main la justice de sa sentence. D'ailleurs, chaque vassal ne doit connaître et suivre que son suzerain immédiatement supérieur, et il n'a aucune espèce de devoir à remplir envers le seigneur de son seigneur. Les établissements de Saint-Louis qui ne parurent qu'à une époque où la véritable organisation féodale n'existait plus, déclarent expressément « qu'appel est félonie », c'est-à-dire trahison contre le seigneur ; et reconnaissent en outre (ce qui paraîtrait encore plus singulier) qu'en cas de déni de justice le vassal doit combattre sous les étendarts de son seigneur contre le seigneur supérieur, même « contre le seigneur roi. »

C'est précisément cette grande liberté d'action laissée à la volonté arbitraire de chaque seigneur, qui fait des institutions féodales un dédale d'usages et de coutumes innombrables et contradictoires, aussitôt qu'on veut descendre dans les détails. Rien ne semble fixé, pas même le droit de succession des fiefs, qui pourtant était d'un intérêt si grand et si général. Les exemples sont rarement d'accord dans le même temps, dans la même province, dans la même famille. Et pour le dire en passant, rien de moins absolu que le droit d'aînesse, qui n'a pourtant d'autre cause et d'autre origine que l'établissement de la féodalité. Il en était ainsi pour toutes les autres lois civiles et politiques. « Il y a en France autant de coutumes que d'églises, » dit notre plus ancien jurisconsulte qui vivait du temps de Saint-Louis. Et pourtant ce gouvernement est au fond, et dans ses masses générales, le mécanisme le plus simple, c'est-à-dire le plus conforme à l'esprit grossier des temps où il a prévalu. On peut le résumer tout entier en deux principes : despotisme dans l'intérieur de chaque seigneurie ; indépendance dans toutes les relations des seigneurs entre eux. Selon qu'on le considère sous l'un ou l'autre de ces points de vue, c'est le plus absolu, ou le plus libre de tous les gouvernements.

CHAPITRE III.

DES PRINCIPALES DYNASTIES FÉODALES.

L'histoire de la France féodale se divise naturellement en deux parts fort distinctes : l'histoire locale et l'histoire générale. En effet, chacune des souverainetés indépendantes qui ont existé sur notre territoire, a eu ses révolutions, ses gloires et ses revers, et par conséquent son histoire politique à part, qui appartient incontestablement à notre histoire nationale; mais aussi chaque époque, même celle du triomphe le plus complet de la féodalité, a toujours eu, par un certain nombre d'événements généraux, une grande communauté de destinées.

Bien que cette seconde histoire soit beaucoup plus importante que la première, nous ne pouvons pourtant nous dispenser de jeter un coup d'œil rapide sur les destinées des principales de nos dynasties féodales. Nous comprendrons dans cette énumération, non seulement les provinces qui devaient l'hommage féodal à nos rois de France du moyen-âge, mais aussi celles des provinces voisines qui, parlant la même langue, ayant le même gouvernement, et les mêmes mœurs, ont eu en général les mêmes destinées, et sont aujourd'hui pour la plupart réunis à l'empire français.

Les limites du royaume de France, telles qu'elles ont existé pendant tout le moyen âge, étaient l'Escaut, ensuite la haute Meuse, depuis les environs de Mézière jusqu'à sa source, et enfin la Saône et le Rhône. Ce royaume se subdivisait lui-même en deux autres : la France et l'Aquitaine (ou Guyenne, en langue vulgaire). La Loire formait à-peu-près la limite de ces deux grandes divisions du territoire.

Dans le royaume de France proprement dit, se trouvait encore une province qui portait plus spécialement ce nom, et autour de laquelle doivent se réunir successivement toutes les parties de l'empire français. Cette province de France, dont une fraction a conservé jusqu'à nos jours le nom d'Ile-de-France, s'étendait depuis la Somme jusqu'à la Loire. On disait alors les Normands et les Français, les Angevins et les Français, les Bourguignons et les Français, malgré une ressemblance presque entière de langage, de mœurs et de lois. La France, province, n'était pas même réunie sous une seule domination. Trois dynasties principales s'y partageaient l'influence : la première est celle des capétiens, d'abord ducs, ensuite rois des Français, dans la France la plus centrale. C'étaient les protecteurs des quatre grands monastères de Saint-Denis, Saint-Riquier, Saint-Fleury-sur-Loire et Saint-Martin. Les richesses, l'influence morale et les vassaux de l'Eglise faisaient leur principale puissance. Leur nom même vient de la *chappe* ecclésiastique qu'ils avaient le droit de porter en qualité de protecteurs de ces abbayes. Saint-Denis surtout était lié d'une manière si étroite à la maison capétienne, que toutes nos vieilles poésies chevaleresques donnent habituellement aux rois de France, le nom de *roi de Saint-Denis*. Les possessions personnelles, les domaines directs des capétiens, comme ceux de presque tous les autres souverains féodaux, étaient peu considérables ; elles se bornaient presque aux trois villes de Paris, d'Orléans et d'Etampes.

Les comtes de Vermandois, seconde dynastie de la France proprement dite, descendaient de Charlemagne en ligne masculine, par le roi d'Italie Bernard. Leurs domaines s'étendirent considérablement par des mariages; ils possédèrent à la fois l'Amiénois, le Vermandois et la Champagne. Mais ensuite cette domination fut divisée par des partages, et les trois branches souveraines de cette famille s'éteignirent successivement.

La Champagne passa, par succession féminine, de la famille de Vermandois dans la troisième des grandes dynasties *françaises*, celle des comtes palatins de Chartres et de Blois. Le fondateur de cette dynastie était Thibaut-le-Tricheur, contemporain de Charles-le-Simple et de Louis d'Outremer. Une chronique versifiée nous fait de son caractère un portrait assez vif et qui peut s'appliquer à un certain nombre de souverains féodaux :

> Thibaut fut plein de feinte, et trompeur, et rusé;
> A homme, ni à femme ne porta amitié;
> De grand ni de petit n'eut merci ni pitié;
> Et ne craignit jamais ni crime, ni péché.

Les comtes de Blois, devenus doublement puissants par la possession de la Champagne (1019), enveloppaient de toutes parts les domaines des rois capétiens, et ils furent des derniers à plier sous la puissance royale; ils restèrent entièrement indépendants jusqu'au règne de saint Louis. La Champagne fut réunie à la couronne en 1284, par le mariage de Jeanne de Navarre et de Philippe-le-Bel; deux ans après, le comté de Chartres fut vendu à prix d'argent au même souverain; le comté de Blois, après être entré dans une branche cadette de la maison de France, fut réuni à la couronne par l'avénement de cette branche en la personne de Louis XII (1498).

Les ducs de Normandie étaient les plus riches et les mieux obéis de tous les grands vassaux de France ; aussi leur province, en général plus paisible que les autres, devint promptement la plus populeuse et la plus riche, sans cesser d'être la plus belliqueuse.

La dynastie d'Anjou qui, sous le nom de Plantagenets, régna sur l'Angleterre et une moitié du royaume de France, était loin d'avoir, dans son origine, autant de puissance. C'était pourtant une des principales puissances féodales, par le nombre et le courage de ses chevaliers.

La petite province du Maine, continuellement broyée pour ainsi dire, entre la Normandie et l'Anjou dont la puissance était bien supérieure à la sienne, essaya en vain de conserver son indépendance et ses souverains particuliers. Après avoir été tributaire de l'Anjou, elle fut conquise par les ducs de Normandie (1063).

Ces trois provinces, la Normandie, l'Anjou et le Maine, furent conquises par Philippe-Auguste sur Jean-sans-Terre (1204).

Les Bretons qui avaient eu long-temps la prétention de donner à leur chef le titre de roi, continuaient à se considérer comme une nation indépendante. Mais les progrès menaçants qu'ils avaient faits sous le règne de Charles-le-Chauve, avaient été entièrement arrêtés par des discordes intestines et le partage de la province entre plusieurs souverains. Charles-le-Simple ayant cédé la Bretagne aux Northmans en même temps que la Neustrie, ce peuple eut à défendre son indépendance contre les invasions des ducs de Normandie ; les Bretons furent à plusieurs reprises forcés de reconnaître leur suzeraineté, mais cette sujétion ne fut jamais que passagère. La Bretagne, après avoir été long-temps gouvernée par plusieurs familles de comtes et de ducs, ne fut réunie à la monarchie que sous Charles VIII (1491). Cette province se divisait, comme maintenant encore, en deux parties fort distinctes, l'une française, l'autre celtique ; cette dernière partie était la Basse-Bretagne ou Bretagne primitive, qui a conservé jusqu'à nos jours un idiome gaulois et des mœurs particulières. Mais la noblesse bretonne, au lieu de conserver intactes les traditions de ses ancêtres, subit complètement l'influence de ses voisins, et devint française, probablement dès le temps des derniers Carolingiens, en adoptant la langue romane et les institutions féodales.

A l'orient de la France proprement dite, se trouvait le duché de Bourgogne qu'il faut bien se garder de confondre avec les deux royaumes et le comté du même nom. Ce duché eut pour premier duc héréditaire sous Charles-le-Chauve, Richard le justicier (877). Il fut ensuite successivement gouverné par trois branches de la famille capétienne, et ne fut réuni définitivement à la monarchie que sous le règne de Louis XI (1477).

Le comté de Flandre qui pendant long-temps comprit aussi le comté d'Artois, eut pour premier comte héréditaire, Baudouin Bras-de-Fer, gendre de Charles-le-Chauve ; Baudouin était, dit-on, arrière-petit-fils d'un comte institué par Charlemagne. Après une longue suite de souverains indépendants, la Flandre passa dans la maison d'Autriche (1477), et François I reconnut en 1528 l'entière indépendance de la Flandre et de l'Artois, en renonçant à exiger désormais l'hommage féodal de ces deux provinces. De même qu'une partie de la Bretagne est de race et de langue celtique, une partie de la Flandre est aussi de race et de langue germanique.

Le royaume d'Aquitaine était considéré par les Français

comme une province de France. Mais les Aquitains furent long-temps sans vouloir entendre parler de cette prétention. De même que les Bretons, ils renoncèrent à avoir leurs rois particuliers ; mais ils se refusèrent long-temps à reconnaître les titres de ceux qui régnaient à Paris. Des derniers Carolingiens aux premiers Capétiens, beaucoup de seigneurs d'Aquitaine dataient leurs diplômes *sous le règne de Dieu,* ou *sous le règne de personne.* Vers le milieu du xie siècle, quelques-uns, se considérant comme entièrement indépendants, firent hommage de leurs fiefs à la papauté ou au roi de Bourgogne. Cinq grandes dynasties se font remarquer en Aquitaine au milieu d'une foule d'autres moins importantes.

La première est celle des comtes de Poitiers, qui commence sous le règne de Charles-le-Chauve, et dont la succession passa par deux mariages successifs, d'abord aux Capétiens (1137), et ensuite aux Plantagenets (1152). Les comtes de Poitiers prenaient en général le titre de ducs d'Aquitaine, parce qu'ils étaient les plus puissants souverains du pays. Célèbres par leurs richesses, leur courtoisie et leur esprit chevaleresque, ils étendirent considérablement leurs conquêtes et leur influence, sous plusieurs ducs du nom de Guillaume. L'un d'entre eux, Guillaume IX, est notre plus ancien troubadour.

Le comté d'Auvergne, après avoir été quelque temps aussi puissant que celui de Poitiers, vit s'éteindre la dynastie qui le gouvernait (918), et fut long-temps disputé par les comtes de Poitiers et les comtes de Toulouse. Ces derniers finirent par l'emporter, mais ils furent obligés d'y établir des comtes particuliers, qui formèrent une nouvelle dynastie indépendante (979), qui fut réduite par Philippe-Auguste à quelques domaines sans importance (1213).

Le comté de Toulouse devint à l'extinction de la maison de Poitiers la souveraineté féodale la plus considérable de la France. La famille qui le gouvernait fut détrônée, ainsi que toutes celles des pays voisins, à l'époque de la guerre des Albigeois (1229), et quelque temps après le comté de Toulouse fut réuni à la couronne (1270).

Le comté de Barcelonne qui appartient à l'Espagne par sa position, fut fondé et gouverné long-temps par les descendants des Francs, qui avaient conquis au temps de Charlemagne tous le pays situé entre l'Ebre et les Pyrénées. Cette province se considéra comme française, et resta sous la mouvance du royaume d'Aquitaine, jusqu'au temps de saint Louis (1258).

Tous ces fiefs aquitains, même la Catalogne, appartenaient à la grande division de la nation française, qui se donnait à elle-même le nom de Provençaux; mais les Gascons dont il nous reste à parler, formaient un petit peuple à part. Leur idiome, dérivé de la langue latine, se séparait nettement du provençal; ce qui s'explique fort bien par leur descendance des anciens Aquitains, qui étaient de race ibérienne. Les Gascons primitifs ou Basques avaient même conservé, dans un petit coin de la Gascogne, au milieu des Pyrénées, la langue, et jusqu'à un certain point les mœurs, les institutions et les traditions de leurs ancêtres. La Gascogne fut d'abord gouvernée par la dynastie des Loups, qui descendait des anciens ducs mérovingiens d'Aquitaine et du vainqueur de Roncevaux. Cette dynastie s'étant éteinte (1052), la Gascogne passa sous la suzeraineté des ducs d'Aquitaine, qui n'y exercèrent jamais qu'une autorité purement nominale. Ensuite elle resta sans interruption sous la mouvance des rois d'Angleterre, jusque sous le règne de Charles VII (1451).

La France orientale ou impériale comprend une étendue de pays beaucoup plus longue que large, entre la Meuse et le Rhin, le Rhône et les Alpes. Elle se divisait en trois royaumes, qui eurent leurs rois particuliers avant d'être réunis à l'empire germanique. Ces trois royaumes n'étaient habités qu'en partie par des populations françaises; les cantons les plus voisins de l'Allemagne étaient devenus entièrement germaniques, comme ils le sont encore aujourd'hui.

Le royaume de Lorraine prenait son nom de Lothaire-le-Jeune ou Lohier son premier roi. Son sort fut indécis pendant quelque temps; tantôt il avait ses rois particuliers, tantôt il hésitait entre la mouvance de la France, et celle de la Germanie. Enfin il fut réuni définitivement, en 923, à ce dernier empire. Toute la partie française avec quelques cantons allemands, ne formait que deux duchés, le duché de Basse-Lorraine ou de Brabant, et le duché de Haute-Lorraine ou Lorraine proprement dite, dont relevaient tous les autres seigneurs féodaux du pays. Une petite partie de la Basse-Lorraine (Hainaut-Français) et presque toute l'ancienne Haute-Lorraine ont été réunies à la monarchie par Louis XIII, Louis XIV et Louis XV. L'Alsace, province toute Allemande, relevait du duché de Souabe, et non du royaume de Lorraine.

Les royaumes de Bourgogne cisjurane, fondé par Bozon (879), et de Bourgogne transjurane, fondé par Rodolphe Welph (888), furent réunis par Rodolphe II en 923, et formèrent un seul royaume, connu dans l'histoire du moyen-âge, sous le nom de royaume d'Arles. Le dernier roi d'Arles, Rodolphe III, légua ses états à l'empereur Conrad II, qui fut reconnu roi par les seigneurs du pays (1033). Sous Rodolphe III, l'autorité royale était complètement annulée, et les empereurs ses successeurs ne furent jamais à portée de la rétablir.

Il y avait dans ce royaume quatre dynasties principales : celles de Savoie, du comté de Bourgogne, de Vienne et de Provence; les états des trois dernières font maintenant partie de l'empire français. Le comté de Bourgogne (Franche-Comté), après avoir eu long-temps ses comtes particuliers, fut réuni au duché de Bourgogne, puis conquis par Louis XI, rendu par Charles VIII, et reconquis définitivement par Louis XIV. Les comtes de Vienne ou Dauphins ont donné leur nom à la province du Dauphiné; le dernier souverain féodal de Vienne fut Humbert II, qui fit donation de ses états à la couronne de France (1349).

Les comtes ou marquis de Provence furent pendant long-temps les souverains les plus puissants du royaume d'Arles. Leur pouvoir s'étendait bien au-delà des limites de la province actuelle de Provence. Mais ensuite il y eut un démembrement à la suite duquel les rois d'Aragon succédèrent à l'une des deux familles souveraines (1112); de sorte qu'il y eut quelque temps une France aragonaise, comme il y avait une France impériale. A la suite de la guerre des Albigeois, le comté de Provence entra par un mariage dans une branche capétienne (1246), et après avoir eu pour souverains la première et la seconde maison d'Anjou, il fut réuni par Louis XI à la couronne de France (1482).

Il ne faut pas croire que les grandes dynasties féodales dont nous venons de parler soient seules, à l'exclusion de toutes autres, dignes de l'attention de l'histoire; il y a de petites baronnies, composées seulement d'un bourg et de quelques villages, qui ont aussi joué un rôle dans nos annales. Ainsi, dans le seul duché de France, il y a trois familles de simples barons, les Couci, les Montmorenci et les Montfort, dont l'importance égale presque celle des grands vassaux. Les premiers adoptèrent une devise qui montre bien à quel point la plupart de ces petits souverains poussaient l'orgueil de leur indépendance et leur confiance en eux-mêmes :

<blockquote>
Je ne suis roi, ne duc, ne comte, ne prince aussy,
Je suis le sire de Coucy.
</blockquote>

Les sires de Couci devinrent, par leur courage, leur ambition et leurs talents militaires, la principale puissance de la Picardie, et luttèrent plusieurs fois avec leurs seules forces contre la royauté. Les Montmorenci, aux environs de Paris, bien qu'ils fussent placés aussi au dernier rang de la hiérarchie féodale, furent néanmoins quelque temps aussi puissants que les rois de France; leurs domaines propres étaient presque aussi considérables, leurs alliances tout aussi étendues, leurs chevaliers plus belliqueux. Les Montfort ont attaché leur nom à deux des plus grandes révolutions du moyen-âge : la conquête de la France du midi par la France du nord, et la fondation de la constitution d'Angleterre.

En outre, il y avait d'autres états en France que des états féodaux. L'élément féodal n'a jamais dominé exclusivement, même à l'époque de sa plus grande puissance. Il y a toujours eu, à cette époque comme auparavant, des villes gouvernées par leurs magistrats municipaux; car si les libertés des villes avaient succombé dans tout le nord de la France, les grandes villes du midi, telles que Marseille, Avignon, Montpellier, Bordeaux, Périgueux, ont été pendant toute la période féodale de véritables républiques, très-faiblement rattachées au système dominant par l'*hom*-

mage qu'elles devaient au suzerain de la province. Il y avait aussi dans de vastes seigneuries, dans les domaines ecclésiastiques des évêchés et des abbayes, un gouvernement qu'il ne faut pas confondre avec celui des seigneurs laïques ; car il avait aussi en général un autre esprit et d'autres intérêts, bien qu'il affectât aussi des formes féodales.

CHAPITRE IV.

ISOLEMENT ET INDÉPENDANCE DES SOUVERAINETÉS FÉODALES.

(Hugues-Capet, Robert, Henri I. 987-1060)

L'Église et la civilisation se trouvaient, à l'avénement de Hugues-Capet, dans l'état le plus misérable auquel elles eussent été jamais réduites. L'Église se féodalisait en quelque sorte, et cette révolution se faisait de deux manières. Premièrement les biens ecclésiastiques diminuaient avec rapidité par les usurpations des seigneurs, ou plutôt avaient été déjà réduits presque à rien. L'Église, qui n'avait pas pu et ne devait pas, pour le bien de l'humanité, se donner une organisation militaire, avait été obligée de laisser aux barons la défense et la possession du sol, et dès-lors il avait bien fallu aussi leur abandonner les villes fortifiées et les châteaux susceptibles de défense, que possédaient les dignitaires du clergé. L'Église se féodalisait encore d'une autre manière : les évêques et les abbés abandonnaient leurs principes et leurs anciennes mœurs, pour prendre celles des souverains féodaux; ils étaient pour la plupart des puînés de familles nobles, qu'attirait le seul attrait du pouvoir et des richesses. La violence avait généralement enlevé aux dignités ecclésiastiques la garantie de l'élection; c'était le seigneur le plus puissant du voisinage qui imposait son choix. Les comtes et les ducs étaient si bien accoutumés à regarder les évêchés et les abbayes comme leur patrimoine, qu'ils se permettent quelquefois d'en disposer par testament; l'évêché de Cahors fut même donné en dot par un comte de Querci à une de ses filles. Un grand nombre d'abbayes avaient ce qu'on appelait des abbés laïques; c'étaient ordinairement les souverains féodaux du pays. Ainsi Hugues-le-Grand, père de Hugues-Capet, était aussi surnommé Hugues-l'Abbé, parce qu'il possédait ainsi plusieurs des plus riches abbayes de France. A côté de ces abbés laïques qui possédaient les domaines et le trésor, les moines eux-mêmes continuaient toujours d'élire un véritable supérieur ecclésiastique, et ce fut là probablement la seule cause qui empêcha les monastères de se changer en associations purement militaires.

Un tel état de choses ne pouvait manquer d'entraîner après lui beaucoup de désordres et de scandales. La discipline ecclésiastique était relâchée, tous les liens de la hiérarchie rompus. Non seulement il n'y avait pas de relations régulières avec le pape, chef suprême de l'Église, et par conséquent plus de conciles généraux, mais même plus de conciles provinciaux, c'est-à-dire plus de relations entre les évêques d'un même pays. La plupart des dignitaires du haut clergé étaient tout aussi ignorants, tout aussi turbulents que les seigneurs laïques. L'école fondée par Charlemagne et soutenue par Charles-le-Chauve, avait entièrement disparu, avant la fin de la seconde race, sous les nouveaux progrès de l'ignorance. Toutes les études profanes sont abandonnées; et, ce qui ne s'était jamais vu, même dans les temps les plus tristes de la décadence mérovingienne, il n'y a presque plus de littérature ni d'études ecclésiastiques. On peut citer, il est vrai, un homme supérieur, Gerbert, qui fut le premier pape français sous le nom de Sylvestre II ; mais sa science et son esprit ne font que faire ressortir d'une manière plus éclatante la barbarie profonde de ses grossiers contemporains. D'ailleurs Gerbert s'était formé, non pas en France, mais chez les Infidèles, aux célèbres écoles de Cordoue.

Les dernières traditions de la civilisation allaient se perdre ; la religion elle-même dégénérait rapidement et se réduisait, pour presque tout le peuple et une grande partie du clergé, à quelques superstitions voisines de l'idolâtrie. Ce retour aux ténèbres de la barbarie primitive effrayait au plus haut degré les hommes de ce temps. Ils sentaient tous d'une manière confuse, mais vive, que la tête intellectuelle de la société était attaquée, que la direction religieuse était sans force et sans lumière. Aussi toutes les ames furent prises d'une tristesse sans espoir. Dans toute l'Europe chrétienne, et surtout en France, on annonça pour l'an 1000 la fin du monde et le jugement dernier. Ce fut une croyance si fortement enracinée, que plusieurs actes de cette époque commencent par ces effrayantes formules : *Le soir du monde approchant. — Le jugement dernier étant annoncé.* La société semblait ne pas pouvoir se persuader qu'elle survivrait à tant de bouleversements, à une révolution politique aussi complète que la révolution féodale, et si funeste pour l'Église.

Mais de l'excès du mal, comme il arrive souvent dans la nature humaine, naquit le remède ; l'effroi général fit tourner de nouveau les idées vers la réforme religieuse. Cette réforme se manifesta, dans cette profonde et naïve barbarie, d'une manière toute matérielle. Chacun s'empressa de combler l'Église de biens, et de se dépouiller pour elle, tandis qu'auparavant c'était à ses dépens surtout qu'on s'enrichissait.

Plus l'an 1000 fixé pour la fin du monde approchait, plus la terreur allait en augmentant. Enfin cette terrible année s'écoula tout entière ; elle ne fut remarquable que par une fertilité extraordinaire qui rendit aux ames la confiance qu'elles avaient perdues depuis long-temps. Il y eut alors un mouvement religieux dans toutes les provinces; l'Église et le peuple, réunis dans de communes actions de grâces, exprimèrent leur joie par la construction de nombreux monuments, églises et monastères. « Il semblait, dit un contemporain, que la terre, se dépouillant de ses haillons, prenait plaisir à se parer de la robe blanche des églises. » Cette image peint admirablement l'effet que tous ces édifices, aussi éclatants alors qu'ils sont sombres aujourd'hui, devait produire sur un sol où les Northmans et les guerres féodales n'avaient laissé que des ruines.

Le clergé s'efforça, avec une louable activité, d'entretenir les bons sentiments que cette révolution morale avait fait naître. Mais comme après tout la constitution féodale était incompatible avec l'ordre et la paix, les exhortations des prêtres et la bonne volonté passagère des seigneurs n'eurent que de très-médiocres résultats ; et bientôt on se désola plus que jamais de la corruption et de la méchanceté du siècle. Bientôt même les biens ecclésiastiques ne furent pas plus en sûreté que par le passé. Entre autres exemples, on voit un seigneur, après s'être emparé par surprise des reliques d'un monastère, se saisir ensuite par force de tous ses domaines ; puis il légitimait ses usurpations en disant que, puisqu'il possédait le propriétaire, il était bien juste qu'il possédât les propriétés. S'il était de bonne foi, comme un grand nombre de traits tout aussi bizarres doivent le faire supposer, on voit à quelles proportions matérielles et grossières se réduisait la religion chrétienne pour certains esprits.

Cependant une famine telle que les hommes ne se souvenaient pas d'en avoir jamais éprouvé, vint désoler toute la France. Les récoltes manquèrent entièrement plusieurs années de suite. Dans cette famine sur laquelle nous avons de nombreux détails, il y eut une foule d'exemples d'anthropophagie ; il y eut même des villes où l'on exposa publiquement en vente de la chair humaine. Les églises firent fondre les vases sacrés, même les plus nécessaires au service divin, afin d'acheter des vivres pour les pauvres. Dans quelques cantons, on fut réduit à les réserver pour ceux seulement à qui il restait assez de force pour cultiver et ensemencer les terres. Cette plaie fut considérée généralement comme une preuve de la colère divine. Partout les populations, aussi bien les nobles que les pauvres, se juraient mutuellement, s'ils échappaient à tant de misères, d'obéir à toutes les lois du christianisme, de mettre fin à toutes les haines, à la guerre, à l'égoïsme. L'Église s'efforça d'assurer à jamais la réalisation de toutes ces promesses, en célébrant solennellement le millième anniversaire de la passion. En 1033, des conciles provinciaux furent partout rassemblés ; partout on jura de ne plus se faire la guerre entre chrétiens. Ce fut ce qu'on appela la paix de Dieu. Jamais certainement tentative aussi grande et aussi belle ne fut tentée par aucun corps, en quelque temps et à quelque époque que ce soit. Etablir la paix perpétuelle dans une société qui semble uniquement constituée pour l'état de guerre, c'est sans contredit quelque chose de hardi et de gigantesque. Il est à peine besoin d'ajouter que malgré tous les serments, les haines et la guerre n'en continuèrent pas moins. Le clergé n'ayant pu parvenir à établir la paix de Dieu, comme il l'entendait, c'est-à-dire à toujours et d'une manière absolue, au lieu de se décourager et de renoncer entièrement à ses projets, employa trois moyens indirects d'entraver et de réduire les guerres privées.

L'Église tint conciles sur conciles pour rétablir par de nouveaux serments une partie de ce que la violation des premiers avait détruit. On jura la *trève de Dieu*, d'abord pour cinq jours de la semaine, ensuite pour trois seulement, le vendredi, le samedi et le dimanche, en mémoire de la passion et de la résurrection du Sauveur. La trève de Dieu, bien que souvent violée, fut pourtant reconnue en principe pendant long-temps pour les guerres privées, mais sans jamais s'étendre aux guerres de nation à nation.

En second lieu, l'Église étant appelée naturellement à intervenir dans toutes les cérémonies de famille, elle eut soin de ne pas négliger le baptême militaire des nobles, la *chevalerie*. Le jour où un jeune noble recevait pour la première fois l'armure complète et le cheval de guerre, jour consacré déjà dans les coutumes germaniques, et considéré comme le plus solennel de la vie, le prêtre bénissait l'armure, en observant certaines cérémonies mystiques, et faisait jurer au nouveau chevalier de ne jamais employer son épée qu'à la protection du faible, à la défense du bon droit ; serment souvent violé, il est vrai, mais souvent présent à l'esprit de ceux qui l'avaient prêté, et qui donnait à quelques-uns une direction toute morale, et convenable en même temps à l'esprit belliqueux de la noblesse.

Enfin le clergé essaya de détourner sur l'infidèle ces passions guerrières qui faisaient naître tant d'hostilités privées, et qui étaient une cause éternelle de troubles et de misères pour « tout le peuple chrétien. » La guerre contre les païens fut déclarée la plus sainte de toutes les expiations ; et de là, cet esprit de croisade ou de guerre sacrée, si contraire, il est vrai, au véritable esprit de la religion chrétienne, mais qui a produit de si grandes choses.

En même temps que l'Église reprenait sur la société laïque son influence toute bienfaisante, toute pacificatrice, elle devenait aussi plus forte pour lutter contre les dangers intérieurs qui la menaçaient. La discipline et les traditions ecclésiastiques reprenaient une partie de leurs droits, et repoussaient peu à peu l'invasion si dangereuse de l'esprit féodal ; mais la réforme avait encore besoin de se compléter et de s'affermir. Cette gloire devait appartenir à la papauté qui, précisément alors, se relevait d'une longue et honteuse décadence.

Ce mouvement général de régénération chrétienne ne pouvait manquer d'être accompagné d'un certain progrès intellectuel. En effet, c'est aussi depuis l'an 1000 que les études se rétablissent, que les lettres commencent à être cultivées de nouveau. Ces premiers efforts sont, il est vrai, suivis de résultats bien médiocres ; les meilleurs esprits du xie siècle se ressentent encore beaucoup de la barbarie profonde de l'époque précédente. Mais à défaut d'écrivains, l'enthousiasme religieux qui animait cette génération, parvient à s'exprimer dignement par l'architecture et la musique ; car c'est à cette époque que commencent à briller les deux grandes écoles chrétiennes qui ont élevé si haut ces deux arts.

Maintenant que nous avons une idée sommaire et générale de la marche de la société et de la civilisation jusqu'au milieu du xie siècle, nous allons compléter ce tableau par la biographie des souverains les plus importants de cette période.

(987-996) Les Capétiens qui se présentent dans l'histoire comme si puissants, comme entourés d'un si grand nombre de vassaux fidèles avant leur avénement définitif à la royauté, semblent aussitôt après, par une contradiction bizarre, tomber dans la nullité la plus profonde. C'est qu'ils étaient puissants plutôt comme chefs de parti, que comme souverains. Une fois le but de la révolution féodale atteint et assuré, chacun laisse les Capétiens dans le même isolement où se trouvaient les autres maisons féodales, les autres familles de grands suzerains. Hugues-Capet semble avoir lui-même parfaitement compris qu'il ne pouvait rester roi et assurer la couronne à ses descendants, qu'en évitant tout ce qui pouvait inquiéter la féodalité jalouse; il se fait aussi petit et aussi humble que possible. Il ne voulut même jamais porter la couronne de roi, objet de tous ses vœux et de toute son ambition. Il ne manqua qu'une seule fois à cette politique ; mais c'était dans une guerre plutôt contre une nation rivale que contre des vassaux révoltés; c'était en essayant de maintenir l'Aquitaine sous la mouvance du royaume de France. Ayant à combattre un petit prince du pays, Adalbéron de Périgord, il lui fit dire par un messager: « Qui t'a fait comte ? » lui rappelant sans doute qu'il l'avait confirmé dans cette dignité ; Adalbéron répliqua aussitôt : « Qui t'a fait roi ? »

L'histoire de ce temps-là nous parle obscurément de la vaillance et des succès de Hugues-Capet, dans de nombreuses expéditions militaires ; mais aucun souvenir ne nous en a été conservé, car ce règne est peut-être celui sur lequel nous avons le moins de détails. Selon toute apparence, ces exploits de Hugues-Capet n'étaient que la répression des hostilités commises contre les grands monastères dont il avait la protection. A son lit de mort, il ne donna pas d'autres recommandations à son fils Robert, que de bien défendre les églises, et de ne pas permettre à des individus indignes, d'occuper des abbayes et des évêchés. C'est cette alliance avec l'Église qui a préparé le rétablissement de l'autorité monarchique en France.

(996-1031) Robert élevé au milieu du clergé se montra toujours son disciple soumis et fidèle, et fut par conviction et par faiblesse de caractère, ce que son père Hugues-Capet avait été peut-être surtout par politique. C'était un homme d'une bonté, d'une douceur sans pareille, mais en même temps d'une faiblesse presqu'incroyable, et d'une naïveté tout-à-fait enfantine. Il est sans contredit le représentant le plus parfait du souverain ecclésiastique, de même que nous verrons un de ses plus célèbres vassaux, être en quelque sorte la féodalité incarnée. Robert passait à peu près tout son temps (car alors les soins du gouvernement étaient nuls) à remplir dans les églises l'office de chantre; revêtu de la chape de soie de laquelle les Capétiens ont pris leur nom, il restait des journées entières dans l'église de l'abbaye de Saint-Denis, *chantant mieux et plus fort que les autres*, dit son biographe, *et les excitant gaîment à chanter l'office de toutes leurs forces*. Lui-même était grand musicien, et composait les paroles et la musique des chants d'église, qu'ensuite il exécutait. Quelques-unes de ses proses sont encore en usage aujourd'hui. Du reste, il semble toujours avoir été parfaitement conseillé dans l'intérêt de la royauté, et son excessive déférence pour l'Église ne l'entraîna jamais dans aucune démarche fâcheuse pour son pouvoir. Robert ayant entrepris le pélerinage de Rome, le pape qui s'attendait à une donation magnifique de la part d'un souverain si pieux, le vit avec joie déposer sur l'autel de Saint-Pierre un parchemin roulé mais ce parchemin ne contenait que sa prose *Cornelius Centurio*, qu'il regardait comme son chef-d'œuvre. Ce prince, si dévoué à l'Église, eut pourtant de fâcheux démêlés avec l'autorité ecclésiastique. Il avait épousé une princesse nommée Berthe qui était à la fois sa parente à un degré prohibé, et qui avait tenu avec lui un enfant sur les fonts baptismaux. Robert fut excommunié par le pape, et au lieu de braver l'excommunication comme le pouvaient encore les souverains de cette époque, il se soumit malgré son amour pour Berthe, et épousa une princesse de Provence qui lui fit plusieurs fois regretter sa première femme. Cette seconde reine nommée Constance, le tourmenta sans cesse par son avarice et sa tyrannie. Elle lui enlevait tout ce qu'il avait de précieux, de peur que, selon son habitude, il n'en fît présent au premier pauvre qu'il rencontrerait, de sorte qu'il était réduit à donner les franges d'or de son manteau impérial ou les ornements de sa lance. Un jour qu'il était à table, il donna à un pauvre une coupe d'argent, en lui disant : « Prenez garde que la reine ne vous voie. » Il lui vint par hasard deux héritages fort importants, qui furent réunis sans beaucoup d'opposition à la couronne ; c'est une preuve bien évidente des progrès que la royauté avait faits par elle-même dans l'opinion, et indépendamment de la capacité politique du roi. Ces héritages étaient le comté de Sens et le duché de Bourgogne. Le premier fut réuni par déshérence au duché de France ; et le duché de Bourgogne fut réuni par héritage, après l'extinction d'une branche de la famille capétienne.

(1031-1060) Henri I, fils et successeur de Robert, fut couronné du vivant de son père, de même que tous les rois capétiens jusqu'à Philippe-Auguste, et cependant il eut à combattre les prétentions de son plus jeune frère.

Celui-ci soutenu par Constance, la reine-mère, s'empara un instant du trône, mais Henri I fut rétabli par la puissante intervention des Normands, qui s'étaient déclarés en sa faveur. Cependant il fut contraint de démembrer ses états, et de céder la Bourgogne en apanage à ce frère qui s'était révolté contre lui. Le reste de son règne est dénué de toute importance; le seul événement qui attire un peu l'attention des contemporains, mérite à peine d'être mentionné. Ce sont les recherches que l'on fit pour savoir si l'abbaye de Saint-Denis possédait les véritables reliques de ce martyr, qu'une ville d'Allemagne prétendait avoir. Un chroniqueur angevin traite ce roi avec les expressions du plus profond mépris; nous le connaissons si mal qu'il est impossible de décider si c'est justice ou passion. On doit faire sur ce prince une remarque assez importante, c'est qu'il n'était pas l'aîné des enfants de Robert; l'aîné qui se nommait Eudes, fut écarté du trône à cause de son caractère farouche et de ses mœurs dissolues. L'hérédité monarchique et le droit d'aînesse étaient encore si mal établis, tellement subordonnés à l'élection et à la consécration religieuse, que ce prince ne fit aucun effort pour recouvrer le trône. Il faut dire, du reste, que grâce à l'obscurité des monuments de cette époque, on a contesté avec beaucoup de force l'exactitude de l'historien qui assure qu'il était l'aîné. Néanmoins, comme ce fait est soutenu par un contemporain qui n'avait aucun intérêt à déguiser la vérité, il est assez difficile d'en douter. Quoi qu'il en soit, le prince Eudes, ayant été privé de son apanage à cause de ses désordres, finit par vivre comme beaucoup de chevaliers, en pillant à la tête d'une bande les marchands et les abbayes.

Maintenant nous allons parler des trois principaux souverains féodaux de cette période, tous les trois beaucoup plus riches et plus puissants que les premiers Capétiens. Nous trouvons sur les limites du duché de France un souverain qui prenait le titre de comte des Français, Eudes II, d'abord comte de Blois, et ensuite comte de Champagne (1004-1037). Par la réunion de ces deux grands fiefs, réunion qui se fit en dépit des efforts du roi Robert, il se trouvait beaucoup plus puissant que les Capétiens. Nous voyons que la cour de ce prince était plus brillante et composée d'un nombre plus considérable de grands seigneurs que celle du roi de France; il suffit, pour en être certain, de comparer les signataires des chartres de l'un et de l'autre. Eudes prétendit successivement à deux couronnes; d'abord à celle d'Arles, dont il fut frustré par l'empereur d'Allemagne Conrad II. Il lui fit la guerre, mais sans succès, n'étant pas soutenu par les habitants du pays, qui préféraient un souverain éloigné, bien qu'étranger, à un souverain trop rapproché et trop puissant. Il prétendit alors à la couronne de Lorraine, réunie depuis long-temps à l'empire germanique. Les Lorrains, qui étaient peut-être la population la plus belliqueuse de l'Europe, s'armèrent contre lui et le défirent complètement dans le premier combat. Il fut tué dans la déroute, et son corps tellement mutilé qu'on ne put le reconnaître. Sa femme fut obligée, pour lui donner la sépulture, de venir examiner les cadavres; elle le reconnut à des marques qu'il avait sur la cuisse.

Le duc de Normandie, Robert (1027-1035), qui replaça Henri Ier sur le trône de son père, a obtenu, aussi bien de l'histoire que de la tradition, une assez grande renommée. La tradition l'a surnommé le Diable, et l'histoire le Magnifique. On l'accuse d'être arrivé au trône de Normandie en empoisonnant son frère Richard II. Les historiens normands ne tarissent pas d'éloges sur sa générosité et son courage, sur l'éclat de ses fêtes et de ses tournois. Il est probable que cette magnificence était due en grande partie aux extorsions qu'il se permettait contre ses sujets, et qu'elle est précisément la cause qui l'a mis si mal avec la tradition populaire. Vers la fin de sa vie, il résolut de faire, comme expiation, le pèlerinage de Jérusalem, dont il était bien rare alors de revenir. Il étonna l'empereur de Constantinople, en rivalisant avec lui de générosité et de profusion. Il fut atteint, avant d'arriver au but, par une maladie mortelle. Comme quatre esclaves maures le portaient dans sa litière, il fut rencontré par un pèlerin de son pays qui retournait en Normandie. « Tu diras aux Normands, lui dit-il, que je vais en paradis porté par quatre diables. » Avant son départ, il avait présenté aux nobles de son duché un enfant qu'il avait eu de la fille d'un tanneur de Falaise. Comme on se plaignait de ce qu'il ne laissât pas de successeur, et de ce qu'il partît pour un voyage si lointain en exposant son pays à toute sorte de dangers, il répondit : « Voici un bâtard que j'ai eu ; il est encore petit ; mais, s'il plaît à Dieu, il grandira et pourra vous être utile et vous gouverner avec gloire. » Cet enfant fut Guillaume-le-Conquérant, qui devait, quelques années plus tard, s'emparer de l'Angleterre.

A cette époque, non seulement les ducs de Normandie étaient incontestablement les souverains les plus puissants de la France, mais la noblesse de cette province était aussi la plus belliqueuse et la plus conquérante de toute la chrétienté. Dans les premières années du xie siècle, les pèlerins normands qui allaient à Jérusalem ou à Saint-Jacques-de-Compostelle, furent des auxiliaires importants dans tous les pays où il y avait des luttes contre les Mahométans.

C'est ainsi qu'en Italie quarante chevaliers normands délivrèrent la ville de Salerne qui allait se rendre (1000 ou 1005). Avec quelques autres de leurs compatriotes, ils formèrent dans ce pays une petite colonie d'aventuriers mercenaires (1016). En Espagne, un certain comte Roger, également normand, remporte de tels succès sur les Maures, que toute la population mahométane fuyait devant lui sans oser l'attendre. Il est vrai qu'il avait su leur persuader qu'il était anthropophage, en faisant saler la chair des Sarrazins qu'il avait tués, et en proposant, comme chose très-naturelle, à ses prisonniers d'en faire leur repas (1018).

Le dernier souverain dont nous allons nous occuper est en tout l'opposé du bon roi Robert. A eux deux ils représentent parfaitement les deux forces rivales qui se disputent la société; l'un la civilisation ecclésiastique, l'autre la barbarie féodale. Foulques Nerra, comte d'Anjou (987-1040), n'en était pas moins un souverain très-attaché au christianisme, mais à sa manière; car il en avait fait, de même que bien d'autres souverains féodaux, une religion réduite aux proportions de l'idolâtrie. Ainsi, il usurpait sans scrupule les domaines d'une foule d'églises, en ayant soin d'en donner toujours une partie au grand monastère de Saint-Martin. Ce saint était à ses yeux un protecteur assez puissant pour racheter tout le mal qu'il pouvait faire aux autres. Il trouvait ainsi le moyen de rassurer sa conscience et d'augmenter son héritage. Monté sur le trône, à peine au sortir de l'enfance, il eut d'abord à combattre l'invasion des Bretons qui venaient de se réunir sous un chef unique, et qui aspiraient à la conquête de toute la France occidentale. Vaincu dans un premier combat par une ruse grossière, il prit une revanche éclatante; ensuite il attaqua tous ses voisins et en triompha successivement. Il soumit d'abord les Manceaux et contraignit leur comte à combattre sous ses étendards ; ensuite il fit des conquêtes sur le grand comte des Français, Eudes II, puis également sur le puissant comte de Poitiers. C'était non seulement un grand conquérant, mais encore, ce qui complétait en lui le souverain féodal, un grand bâtisseur de villes et de châteaux. Il établit au moins dix villages ou bourgs importants dans des terres entièrement désertes avant lui. C'est ainsi qu'il accrut considérablement sa puissance et les richesses de son comté. Les Angevins devinrent à son école une des chevaleries les plus redoutables de France. Ce prince était remarquable tout autant par la violence de son caractère que par ses talents de souverain. Sur un simple soupçon il fit périr sa femme, selon les uns en la jetant dans un précipice, et selon d'autres en la faisant brûler vive. Plus tard, comme tous les grands pécheurs de son siècle, il voulut expier sa vie passée par un pélerinage ; mais tandis que le roi Robert n'allait qu'à Rome, Foulques Nerra choisit Jérusalem et s'y rendit au moins deux fois. Avant de partir pour son dernier voyage, il abdiqua en faveur de son fils Geoffroy Martel, se réservant seulement les ressources nécessaires pour les frais du voyage et les donations qu'il projetait. Mais aussitôt le nouveau comte d'Anjou eut l'audace de s'emparer des trésors de son père. Celui-ci rassembla ses vieux compagnons d'armes, poursuivit l'ingrat de ville en ville, de château en château, et le réduisit à se rendre à discrétion. Il lui imposa la peine la plus humiliante que connût la féodalité envers le vassal félon : c'était de porter une selle, et de marcher sur les mains et sur les pieds jusqu'au trône de son père. Geoffroy Martel, en approchant, tomba évanoui de fatigue et de rage. Foulques Nerra, dont la vengeance n'était pas assouvie, se leva et le foula à ses pieds, en disant : « Eh bien! traître, te voilà donc vaincu? » — « Oui, je suis vaincu, répondit le jeune homme; mais par quel autre pouvais-je l'être que par mon père? » Cette réponse, qui rappelait à Foulques Nerra d'une manière si vive et si inattendue sa gloire militaire et l'orgueil de sa race victorieuse, changea subitement sa colère en pitié. Avec cette mobilité naïve qui est un des caractères des hommes du moyen-âge, il releva son fils en versant des larmes, le fit asseoir à ses côtés, et abdiqua une seconde fois, en lui disant : « Montre-toi plus doux et plus indulgent envers tes vassaux, c'est le mieux pour être fort contre tes voisins et tranquille dans tes domaines. » Ensuite *ce vétéran licencié de la milice du siècle* prit le bâton de pélerin et partit pour Jérusalem. Arrivé dans cette ville, il se fit traîner nu sur une claie à travers les rues, et frapper de verges par deux de ses écuyers, aux yeux des autres pélerins et de tout le peuple. Il supporta ce supplice qu'il s'était imposé, en s'écriant : « Seigneur, ayez pitié de ce misérable Foulques, votre traître, votre parjure. » Il mourut au retour de ce pélerinage, avant d'avoir atteint les frontières de son pays.

CHAPITRE V.

LA FRANCE CONFÉDÉRÉE ET CONQUÉRANTE SOUS LA DIRECTION DE L'ÉGLISE.

(Sous Henri Ier et Philippe Ier, depuis l'arrivée des fils de Tancrède de Hauteville en Italie, jusqu'à la mort de Godefroy de Bouillon, 1050-1100.)

Nous sommes arrivés aux temps héroïques et poétiques de notre histoire ; car, de même que la Grèce, la France a eu aussi une époque à la fois historique et merveilleuse. Nous sommes même doublement supérieurs sous ce rapport aux Grecs anciens. D'abord nos expéditions de la fin du XIe siècle sont encore plus poétiques que la guerre de Troie et l'expédition des Argonautes ; ensuite, au lieu d'être réduits à des traditions mêlées de fables, nous avons le bonheur de posséder sur tous ces faits des récits très-détaillés, de plusieurs auteurs contemporains et par conséquent aussi authentiques que possible. C'est alors seulement que la nation française commence à avoir une véritable histoire générale, dont ces conquêtes lointaines, ces expéditions aventureuses, forment le centre principal et naturel. La royauté est plus annulée que jamais ; c'est au nom de la religion et sous l'étendard de l'Église que s'exécutent toutes les grandes entreprises de ce demi-siècle.

Nous avons vu précédemment quels avaient été les efforts du clergé pour mettre fin à la guerre entre chrétiens, et pour reporter contre les infidèles toute cette ardeur de haine, de pillage, de lutte, de dangers, qui faisait une arène sanglante de tous les cantons de l'Europe féodale. Déjà un siècle avant la première croisade (999), on parlait dans l'Occident d'aller enlever Jérusalem aux infidèles ; et c'est le premier pape français, Gerbert, qui excitait à cette expédition dans une lettre qu'il supposait adressée à l'Église universelle par l'Eglise opprimée de la Terre-Sainte. Mais le temps était loin d'être venu où une entreprise aussi gigantesque pourrait être exécutée. D'ailleurs la guerre sacrée présentait des théâtres plus voisins où les chevaliers étaient conviés à la défense de la foi ; c'était l'Espagne dont l'histoire tout entière n'est qu'une croisade, et l'Italie méridionale, alors infestée et envahie en partie par les Sarrasins.

En 1050, une seconde colonie d'aventuriers normands s'établit dans ce dernier pays, sous la conduite de Guillaume Bras-de-Fer et de ses frères Drogon et Humfroy. Leur père Tancrède de Hauteville, pauvre gentilhomme des environs de Coutance, avait douze fils de plusieurs mariages, qui tous se distinguèrent successivement dans ces lointaines aventures. Ces Normands se mirent d'abord à la solde de l'empire grec, qui possédait encore en Italie, la Pouille et la Calabre. Ensuite, mécontentés par ceux qui les avaient appelés à leur secours, ils s'allièrent à une faction qui voulait rendre le pays indépendant. Vainqueurs des Grecs dans une grande bataille malgré l'énorme infériorité du nombre, ils les chassèrent en peu de temps de toutes leurs possessions d'Italie ; puis ils se partagèrent le pays conquis, et s'y conduisirent en véritables conquérants barbares. « Ils
« n'aimaient personne, et personne ne les aimait, dit un
« contemporain ; ils ne se fiaient à personne, et personne

« ne se fiait à eux. Dès qu'ils désiraient un cheval, une
« maison, un champ, ou une femme, ils ne manquaient
« pas de s'en emparer aussitôt. »

Leurs progrès rapides et la terreur qu'ils inspiraient, réunirent bientôt contre eux l'Italie tout entière, qui fut soutenue par les deux empires d'Occident et d'Orient. Le pape saint Léon IX, qui avant d'être un pontife irréprochable, avait été l'un des meilleurs chevaliers de son cousin, l'empereur Henri-le-Noir, se mit à la tête de la coalition formée contre les Normands. « La religion lui ordon-
« nait, disait-il, de punir la cruauté et la rage inouïe de
« ces étrangers qui se conduisaient envers le peuple chré-
« tien d'une manière plus que païenne. » Les provinces occupées par les Normands, se révoltèrent contre leurs oppresseurs ; l'armée qui venait les délivrer était considérable, et s'appuyait sur le prestige presque irrésistible qui s'attachait à la papauté régénérée. Aussi les conquérants demandèrent-ils grâce ; mais Léon IX fut inexorable, et ne leur offrit d'autre alternative que le combat ou l'abandon de leurs terres et de leurs trésors. Les Normands furent contraints de vaincre et vainquirent en effet. L'armée ennemie fut détruite, et le pape fut fait prisonnier. Les vainqueurs se jetèrent en pleurant aux pieds de leur captif, lui demandant pardon de leur victoire impie ; puis ils entamèrent avec lui des négociations dans lesquelles la finesse politique se trouve mêlée d'une manière singulière à l'enthousiasme religieux. Ils lui demandèrent l'absolution, et lui offrirent de se reconnaître vassaux du Saint-Siége, et de combattre sous sa bannière pour délivrer l'Italie des Grecs schismatiques et des Sarrasins infidèles. Léon IX y consentit, comprenant tout le parti que le Saint-Siége pourrait tirer de pareils auxiliaires.

La domination des Normands, depuis cette bataille décisive de Civitella (1053), ne rencontre plus d'autre obstacle que l'insouciance brutale de leurs chefs et leurs discordes continuelles. Mais bientôt les deux héros de cette histoire s'emparent de la direction des affaires. Ce sont Robert Guiscard et Roger, tous deux enfants de la seconde femme de Tancrède de Hauteville ; Robert était l'aîné et Roger le septième. Le premier devait à son habileté supérieure ce surnom de Guiscard, qui voulait dire alors un homme rusé ou, plus littéralement, un englueur. Il avait deux qualités très-rares en tous les temps et surtout au xie siècle, une connaissance parfaite des hommes qu'il employait, et une grande adresse à les faire servir même malgré eux à ses projets. Peu à peu il supplanta ceux de ses frères que la guerre avait épargnés, et réduisit à rien le pouvoir des pairs ou barons normands qui s'étaient réservé une indépendance encore plus entière que l'indépendance féodale. Il les opposa adroitement les uns aux autres en envenimant leurs rivalités et leurs haines particulières, puis il leur servit d'arbitre en se présentant comme un médiateur désintéressé; en même temps pour s'attacher à lui seul les aventuriers pauvres, il leur donnait jusqu'à sa dernière pièce d'or et son dernier cheval. Aussi il recueillit pleinement les fruits de sa politique, et put bientôt se proclamer impunément malgré le dépit de ses rivaux duc de Pouille, de Calabre et de Sicile, par la grâce de Dieu et de saint Pierre (1057).

La conquête de ce dernier pays qui appartenait aux Sarrazins, n'était encore qu'un projet, mais il ne fut pas donné à Robert Guiscard de l'exécuter. Il fut entraîné dans la grande querelle du sacerdoce et de l'empire par ses devoirs de vassalité envers le Saint-Siége ; et il parvint plus d'une fois à balancer les forces de l'empereur Henri IV, bien qu'il fût à peu près le seul défenseur de Grégoire VII. Ce fut son frère Roger qui fit la conquête de la Sicile, et qui la fit pour son propre compte. Guiscard reconnaissant en lui les plus brillantes qualités, l'avait traité à son arrivée, non pas comme un frère, mais comme un rival. Il avait fait tous ses efforts pour lui rendre à jamais impossible de briller parmi les conquérants de l'Italie; il avait eu soin de le maintenir dans la plus grande misère, de lui refuser même jusqu'à une armure et un cheval de guerre. Roger, devenu plus tard un des princes les plus riches de l'Europe, ordonna à son biographe de raconter comment il avait acquis l'un et l'autre; c'était en volant des chevaux et du bétail chez les seigneurs et les vassaux de la Pouille. Il parvint bientôt, malgré la mauvaise volonté de son frère, à dévouer à sa fortune un petit nombre de compagnons pauvres et désespérés comme lui. Les uns avaient perdu toute ressource par les hasards du jeu ou par leurs profusions extravagantes, les autres nouvellement arrivés en Italie n'avaient pu trouver une part convenable au milieu de conquêtes à peu près finies et de terres déjà partagées. Roger passa avec eux dans l'île de Sicile, pour en chasser la dynastie mahométane qui y régnait depuis deux siècles. Cette guerre n'est qu'une suite d'exploits inouïs et de fatigues incroyables. Roger qui s'était emparé d'abord de plusieurs villes, fut ensuite réduit à se défendre, avec trois cents hommes seulement, dans une petite forteresse. Il repoussa pendant plusieurs mois tous les efforts de l'innombrable armée des assiégeants. Dans une sortie, il eut son cheval tué sous lui et fut entouré par les Sarrasins; mais il parvint à se dégager, et, par un excès d'audace tout chevaleresque, il emporta sur son dos la bride et la selle de son cheval, pour ne laisser aucun trophée entre les mains de ses ennemis. Pendant ce siége, lui et sa femme n'avaient qu'un seul manteau qui leur servait alternativement pour se présenter en public. Robert Guiscard, heureusement pour Roger, suivit enfin une politique plus généreuse à son égard, et le secourut activement. Il y avait une immense supériorité d'armes, de discipline et de courage du côté des Normands; c'est ce qui explique leurs succès constants sur des ennemis bien plus nombreux. Mais il y a d'évidentes exagérations dans cette histoire; ainsi il est bien difficile de croire qu'à la bataille de Céramio, cent trente-six chevaliers normands, même en supposant qu'ils avaient chacun plusieurs écuyers et hommes d'armes, aient pu mettre en déroute cinquante mille Sarrasins. Quoi qu'il en soit, après de nombreuses et singulières aventures, après une foule de victoires des plus complètes et des plus brillantes, Roger parvint à s'emparer de l'île la plus riche et la plus fertile de la Méditerranée (1061-1072).

Après la conquête de la Sicile par Roger, Robert Guiscard entreprit de conquérir l'empire d'Orient. Il s'empara d'une partie de l'Épire et des îles voisines. Deux ans après, il chassa de Rome les Allemands qui l'avaient prise; ensuite il retourna dans l'empire d'Orient, et remporta une victoire qui peut-être aurait été suivie de la conquête de la Grèce, s'il n'était mort aussitôt après, à l'âge de soixante-dix ans (1084). Grégoire VII, à la fois son protégé et son suzerain, ne l'ayant plus pour le défendre, fut chassé de Rome par les Allemands et vint mourir à Salerne; mais, plus tard, ce fut à ces mêmes Normands d'Italie que la papauté dut son avantage définitif sur les successeurs de Henri IV. Un peu plus tard, la famille de Robert devint l'une des plus puissantes dynasties de l'Europe féodale par la réunion de toutes ses possessions sur la même tête. Roger, fils et successeur du conquérant de la Sicile, hérita de l'Italie méridionale (1127), et, trois ans après (1130), dédaignant les titres de comte et de duc, il se fit couronner roi de Sicile à Palerme.

Vers le temps de ce couronnement, il y eut six trônes étrangers occupés par des dynasties françaises : l'Angleterre, la Sicile, la Castille, l'Aragon, le Portugal, et Jérusalem. Jamais la France n'a exercé au dehors une suprématie plus étendue et plus incontestée.

La conquête de l'Angleterre par les Normands est un événement encore plus important pour notre histoire nationale que l'établissement du royaume de Sicile. En effet, la colonie française et la dynastie, également française, qui règnent en Angleterre, se trouvent continuellement mêlées à toutes nos guerres, à toutes nos révolutions, à tous nos dangers comme à tous nos progrès. En outre l'Angleterre a éprouvé l'influence française bien plus long-temps et bien plus fortement que les conquêtes lointaines et isolées des Normands d'Italie. Jusqu'au XIVe siècle, ce royaume n'a été qu'une province française, en entendant par là une possession non pas de l'empire, mais de la nation.

Cette conquête est encore une croisade, une guerre sainte. Les Anglo-Saxons, qui avaient conquis l'Angleterre sur les anciens Bretons, étaient devenus, après leur conversion, le peuple le plus catholique, pour ainsi dire, de tout l'Occident, jusqu'au point de payer à la papauté un tribut volontaire ; mais l'isolement de l'Angleterre et les différences toujours de plus en plus grandes qui séparaient les Anglo-Saxons des peuples du continent, relâchèrent ces liens intimes. De même que la nation anglaise avait conservé, aux portes de l'Europe féodale, l'organisation passablement anarchique des tribus de la Germanie, ainsi le clergé du pays tendait à s'organiser sur les mêmes principes d'indépendance et d'isolement, et ne voulait plus obéir à une église étrangère. Cette tendance devenait de plus en plus marquée, précisément à l'époque où le pouvoir central de l'Église, la papauté, faisait les progrès les plus rapides. Les papes eurent bientôt plusieurs démêlés avec le clergé anglo-saxon ; et les Normands, ou plutôt leur duc qui jetait un regard de convoitise sur ce royaume fertile et populeux, mirent leur épée au service du Saint-Siége, à l'exemple de leurs frères de Sicile. Guillaume-le-Bâtard, fils de Robert-le-Magnifique, était arrivé à l'âge d'homme au milieu des embarras que lui suscitaient plusieurs compétiteurs et la turbulence de ses vassaux. Il avait des prétentions très-peu fondées à la succession d'Angleterre ; voici à quelle occasion. Le dernier roi de la race d'Egbert avait été élevé à la cour de Normandie avec Guillaume, pendant que les rois danois régnaient sur l'Angleterre. Dans une de leurs parties de plaisir, il promit à son ami que, si jamais il devenait roi, il le nommerait son successeur. Cette promesse ne fut jamais ratifiée, ni par un écrit de la main d'Édouard, ni, ce qui était plus important, par le consentement de la nation anglo-saxonne. Chez les nations germaniques, la couronne n'était pas entièrement héréditaire ; le peuple pouvait choisir parmi les membres de la famille royale. Lorsque Édouard mourut, ses sujets élurent pour lui succéder son beau-frère Harold, le plus puissant de leurs chefs nationaux. Guillaume lui avait extorqué, moitié par surprise, moitié par violence, un serment en faveur de ses prétendus droits, dans un voyage que ce prince imprudent s'était avisé de faire en Normandie. Dès-lors, aux yeux des hommes du xie siècle, l'autorité ecclésiastique avait un droit incontestable d'intervenir dans les affaires de la suc-

9

cession d'Angleterre; car il y avait violation d'un serment religieux prêté sur une énorme cuve remplie des reliques de toute la Normandie. Le pape Alexandre II, d'après le conseil du grand cardinal Hildebrand (Grégoire VII), investit Guillaume de la couronne d'Angleterre, à double titre; d'abord comme héritier légitime, ensuite comme vengeur des droits méconnus de l'Église universelle. En même temps il lui envoya un anneau et un étendard béni. Tout cela se fit malgré la violente opposition d'une partie du clergé romain. Hildebrand fut traité en plein concile d'homicide et d'impie, pour susciter ainsi une guerre entre chrétiens; mais les idées de guerre sacrée l'emportèrent en cette occasion comme dans toutes les autres.

Guillaume-le-Conquérant convoqua à cette guerre tous les aventuriers de la France, et ils accoururent en effet de toutes parts, même des cantons les plus reculés du midi et de l'est. Il semblait que toute l'ancienne Gaule voulait fournir son contingent pour prendre une éclatante revanche des invasions germaniques sur l'un des peuples germains les plus célèbres et les plus puissants. Le difficile fut d'obtenir des Normands les ressources nécessaires pour nourrir et transporter cette grande armée. Mais Guillaume, après avoir été refusé de tous en assemblée générale, parvint à faire contribuer chacun en particulier à force d'habileté et de promesses.

Guillaume débarqua sans obstacles sur les côtes d'Angleterre; son rival était occupé, à l'autre extrémité de son royaume, à repousser la dernière invasion des Normands primitifs, c'est-à-dire des Norwégiens. Les envahisseurs eurent ainsi quelques jours pour se reposer et recevoir des renforts, tout en faisant connaissance avec le pays et en amassant des provisions. Harold vint attaquer l'armée normande près de Hastings. Le combat fut très-acharné et un moment douteux. On crut un instant que Guillaume avait été tué; il fut obligé, pour rassurer ses troupes, d'ôter son casque et d'exposer sa tête nue aux archers anglais les plus habiles du monde. Les Anglo-Saxons combattaient à pied avec de longues haches, derrière un rempart de claies que la cavalerie normande ne pouvait parvenir à enfoncer. Guillaume feignit de fuir avec une troupe d'élite. Les Saxons se précipitèrent hors de l'enceinte qui les protégeait; ils furent aussitôt entourés, et ne pouvant ni ne voulant fuir, presque toute leur armée fut exterminée sur le champ de bataille. Le roi Harold fut tué un des derniers (1066).

Dès-lors la résistance nationale cessa d'avoir la moindre unité; chacune des sept tribus, revenant à l'isolement primitif, voulut finir ses affaires par elle-même. Les unes se soumirent aux meilleures conditions, les autres essayèrent de se maintenir indépendantes sur leur territoire. Aussi, en quatre années, Guillaume eut parcouru toute l'Angleterre en la pacifiant entièrement, et en fondant, à mesure qu'il avançait, des forteresses féodales dans les principales villes et dans les postes les plus avantageux. Une des principales causes qui facilitèrent cette conquête, était l'absence de ces châteaux qui, dans toute l'Europe féodale, arrêtaient à chaque pas les envahisseurs. Ce fut seulement lorsque les Anglais furent soumis qu'ils essayèrent une conspiration générale pour chasser les Normands. Guillaume, qui était retourné momentanément en Normandie, revint aussitôt avec de nouveaux aventuriers, et réprima facilement cette tentative. C'est alors que les propriétaires anglo-saxons furent déshérités en masse, à bien peu d'exceptions près; et le nouveau partage des terres entre les conquérants fut inscrit sur une espèce de cadastre que les vaincus nommèrent tristement le *Livre du jugement* (Doomesday book). C'est la fin des conquêtes territoriales du moyen-âge ; c'est la dernière de ces grandes invasions par lesquelles une armée étrangère venait enlever aux vaincus leur patrie et leurs biens, et former par un mélange forcé une nouvelle nation, un nouvel empire. L'Angleterre, malgré quelques efforts dont plusieurs ne furent pas sans gloire, mais qui prirent le caractère de résistances isolées, d'aventures presque individuelles, fut soumise pour toujours à la conquête normande et à ses suites. « Le peuple de Normandie « habite parmi nous, s'écrie un chroniqueur, et il y « demeurera à jamais. » Cette conquête a notablement changé la nation anglaise, qui devint bien différente de l'ancienne nation anglo-saxonne; et si l'élément normand n'y domine pas, il y est au moins très-considérable.

Nous passons maintenant à une guerre qui est la véritable préparation et en même temps l'image la plus parfaite de la croisade proprement dite : c'est la guerre d'Espagne. Les provinces des Pyrénées étaient très-rapprochées du théâtre de cette guerre ; les seigneurs de cette contrée étaient presque tous en relation de parenté ou même de vasselage avec les souverains d'Espagne. Ainsi toutes les probabilités, d'accord avec plusieurs indications précises, nous permettent d'affirmer que cette lutte des chrétiens et des infidèles était continuellement alimentée par les chevaliers de la France méridionale. A mesure que les idées de croisades devinrent plus vives, le nombre des aventuriers français qui combattaient en Espagne devint plus grand ; et les provinces du nord, plus belliqueuses encore que celles du midi, y envoyèrent de puissants renforts. Deux princes français se distinguèrent surtout vers la fin du xɪᵉ siècle. Le premier était Henri de Bourgogne, descendant de Robert-le-Fort, dont les services furent récompensés par son mariage avec la seconde fille du roi de Castille, et par la concession de la province de Porto (1094), que Henri avec ses compagnons avait conquise sur les Maures. Le fils de ce prince augmenta tellement sa puissance, qu'il se fit proclamer roi par ses troupes et fonda ainsi le royaume de Portugal. Raimond, autre prince bourguignon, mais du comté de Bourgogne, rendit, à ce qu'il paraît, des services plus importants encore ; car il obtint la main de la fille aînée du roi, et les enfants issus de ce mariage ont fort long-temps régné sur la Castille (1126-1474). En même temps la puissance des comtes français de Barcelone s'augmentait aussi aux dépens des Maures, et bientôt un mariage, conclu sur la demande des états d'Aragon, fit passer cette couronne dans leur maison (1151). Enfin, un siècle plus tard (1234), la Navarre entra également par un mariage dans la famille des comtes de Champagne; de sorte que les quatre royaumes chrétiens de l'Espagne furent gouvernés par des dynasties françaises. Tous ces faits montrent de la manière la plus évidente l'importance du rôle qu'ont joué les auxiliaires français dans cette lutte contre les Mahométans ; ceci soit dit sans rien diminuer de la gloire légitime et, sans contredit, plus grande encore du peuple espagnol lui-même et de ses chefs nationaux.

Nous sommes enfin arrivés à la grande guerre sacrée qui termine dignement cette suite d'expéditions lointaines dont la seconde moitié du xɪᵉ siècle est remplie. La première croisade n'est pas comme les guerres précédentes exclusivement française, mais les Français y étaient en immense majorité ; aussi les Grecs et les Mahométans n'ont jamais donné depuis d'autre nom que celui de Francs ou Français.

aux chrétiens occidentaux. Le pape Urbain II ayant d'abord convoqué une assemblée en Italie, à Plaisance, pour délibérer sur la délivrance du Saint-Sépulcre, les Italiens ne s'y rendirent qu'en petit nombre et avec répugnance ; mais le concile ayant été transporté, l'année suivante (1094), à Clermont en Auvergne, il y vint une foule innombrable que la ville ne put contenir et qui forma hors des murs un camp de plus d'une lieue. Lorsque Urbain II proposa l'expédition, ses discours furent interrompus à plusieurs reprises par des exclamations unanimes et par les cris de « Dieu le veut ! Dieu le veut ! » Ces mots furent le cri de guerre de la première croisade. La ville ne put fournir assez de drap rouge pour les croix qui devaient former le signe distinctif du pélerin armé pour la délivrance de la Terre-Sainte. Le mouvement se propagea dans toute la France avec le même enthousiasme, et fut commun à toutes les classes sans exception. Les serfs, c'est-à-dire les classes populaires, malgré leur ignorance et leur timidité, marchèrent à la guerre sainte avec encore plus d'ardeur et de confiance que les chevaliers eux-mêmes. Il est vrai qu'ils y allaient sans trop connaître la longueur du voyage, et qu'ils s'imaginaient que chacun de leurs pas serait marqué par des miracles, sans qu'ils eussent besoin d'aucune des précautions de la prudence humaine. C'est en vain qu'on essayait de les retenir, de les guider. Ils voulaient partir à l'instant, sans chefs, sans organisation, sans ressources, et même sans armes. Des provinces entières furent dépeuplées. C'était comme une de ces invasions des barbares du cinquième siècle. Ils emmenaient avec eux leurs femmes, leurs vieillards, leurs enfants entassés dans des chariots avec quelques ustensiles de ménages. Et au bout de quelques jours, nous dit un contemporain, dès qu'ils apercevaient dans le lointain une clocher ou une tour élevée, les enfants s'écriaient aussitôt : « N'est-ce pas là Jérusalem? »

Pierre-l'Ermite dont les prédications avaient été, en quelque sorte, l'étincelle qui décida ce grand mouvement, partageait les persuasions pieusement imprudentes de la multitude, et se mit à la tête de ces bandes indisciplinées. Elles traversèrent l'Allemagne en exterminant les Juifs, et en entraînant une partie des populations ; mais en Hongrie, la famine les ayant forcé de piller et les poussant aux plus grands excès, le plus grand nombre périt sans défense sous les coups de la cavalerie hongroise. Leurs débris arrivèrent à Constantinople dans l'état le plus déplorable ; et l'empereur Alexis qui avait appelé de tous ses vœux et par les supplications les plus pressantes le secours des chrétiens de l'Occident contre l'invasion des Turcs, fut tellement effrayé de la multitude qui restait encore, qu'il s'empressa de les faire transporter en Asie, ne sachant ni comment les nourrir, ni comment les contenir. Presque tous périrent sous les flèches des Turcs ; d'autres devinrent esclaves des infidèles. Pierre-l'Ermite revint à peu près seul, et comme l'empereur le raillait sur la malheureuse issue de son expédition, en lui rappelant combien il était persuadé d'avoir toujours à sa disposition l'intervention divine pour le sauver de tous les dangers, il fut confondu de le trouver tout aussi affermi que jamais dans sa première croyance ; il pensait que l'entière destruction des siens, juste punition de leurs excès, était un miracle aussi éclatant que la plus signalée victoire.

Cependant la véritable croisade, celle des princes et des nobles, après de longs préparatifs se dirigea vers Constantinople par plusieurs routes différentes. Cette armée, à elle seule et sans compter sa tumultueuse avant-garde, était composée, suivant les calculs les plus modérés, de quatre-vingt mille chevaliers et de près d'un million de pélerins armés ou sans armes. Lorsque cette multitude, militairement conduite, fut arrivée à peu près entière à Constantinople, l'empereur Alexis fut beaucoup plus effrayé de ses auxiliaires chrétiens que de ses ennemis infidèles. Il semblait aux Grecs, suivant l'expression de la princesse Anne Commène, que l'Europe entière arrachée de ses fondements se précipitait sur l'Asie (1096).

Alexis employa toutes les ressources d'une politique perfide et raffinée pour semer la division entre les chefs ; il y réussit médiocrement, bien qu'ils fussent complètement indépendants les uns des autres, et qu'ils ne se fussent soumis à aucune direction supérieure. Rien n'aurait pu sauver Constantinople, si, malgré la cupidité de presque tous les croisés, fortement excités par la vue des richesses de cette ville immense, l'enthousiasme religieux n'avait pas encore été plus fort. Aussitôt que leurs derniers détachements les eurent rejoints, les croisés passèrent en Asie. Tous les contemporains parlent avec une admiration probablement méritée du beau spectacle d'union et de piété que présentait cette armée immense, où se trouvaient réunis tant d'hommes de toutes nations, tant de chefs irritables et brutaux. « Qu'elle était belle cette armée, s'écrie
« l'archevêque Baudry, l'un des historiens de la première
« croisade, quand elle posa ses tentes sur la terre des
« infidèles. Tous étaient frères. Les plus nobles comtes
« pleuraient de joie quand ils avaient eu le bonheur de
« sauver la vie au dernier des pélerins ; ils s'offraient
« d'eux-mêmes aux veilles les plus fatigantes, aux travaux
« les plus durs. Elle méritait que Dieu, la regardant avec

« amour du haut des cieux, lui répétât les douces paroles
« de Salomon : *Ma bien-aimée, tu es belle comme les
« tapis du roi, belle comme les tentes de Cédar.* »

Les croisés s'emparèrent d'abord de Nicée dont les Turcs de l'Asie-Mineure avaient fait leur capitale (1097); mais les Grecs parvinrent par adresse à se faire admettre avant eux dans la place, et leur fermèrent les portes. Malgré l'indignation des croisés, le zèle pour la guerre sainte l'emporta encore dans cette occasion. Ils abandonnèrent Nicée aux Grecs et traversèrent l'Asie-Mineure par la route la plus directe, en marquant chacun de leurs pas par des combats furieux, dans lesquels ils perdirent plus des trois quarts de leur armée. Mais en même temps ils faisaient éprouver aux Turcs des pertes considérables. Rien ne pouvait amortir leur impétuosité aveugle, ni diminuer leur confiance dans la protection divine. Arrivés devant Antioche qui était alors la principale ville de l'Asie-Mineure, ils parvinrent à s'en emparer par la trahison d'un de ses habitants. Bientôt ils soutinrent contre la nation tout entière des Turcs un siège et une bataille dont les détails surpassent en poésie tout ce que l'épopée a jamais inventé. Ils étaient alors réduits par la guerre, la famine et les maladies, à moins de soixante mille hommes en tout, parmi lesquels beaucoup n'étaient pas même armés. Vainqueurs par un faux miracle, fraude pieuse que, malgré leur crédulité, ils découvrirent bientôt après, ils se rendirent immédiatement à Jérusalem. Cette ville, fort mal défendue par une garnison du calife d'Egypte, fut prise le vendredi saint de l'année 1099. En mémoire de la passion de Jésus-Christ, les vainqueurs ne firent aucun quartier aux infidèles, surtout aux Juifs. Voici dans quels termes s'exprime un prêtre qui assistait à ce massacre : « On vit

« alors des choses vraiment admirables. A quelques-uns
« on coupait la tête, ce qui était la punition la plus légère;
« les autres servaient de but à nos flèches, ou étaient con-
« traints de sauter du haut des tours; d'autres, après des
« tortures longues et raffinées, étaient jetés dans les
« flammes et brûlés vifs. On voyait par les rues et les places
« des monceaux de têtes, de mains et de pieds ; mais
« tout cela n'était rien en comparaison du temple de
« Salomon; là nous avions du sang jusqu'aux genoux, et
« jusqu'au mors de nos chevaux. »

Aussitôt après ce massacre impitoyable, les croisés trouvèrent des larmes pour célébrer au Saint-Sépulcre la fête de la journée. Rien n'est plus commun dans ces temps féodaux, comme dans toutes les époques héroïques, que de voir ces changements si subits de la cruauté à l'attendrissement. Ainsi quelques années après, on voit un roi de Jérusalem arrêter toute son armée dans un désert pour ne pas abandonner sans secours une captive sarrazine en mal d'enfant. Cette mobilité est la même pour presque tous les sentiments qui paraissent, d'après les faits, avoir animé ces hommes grossiers. Un jour la cupidité et l'orgueil les poussent jusqu'à combattre les uns contre les autres pour le partage des fruits de la conquête ; et le lendemain nous présente les mêmes hommes donnant les preuves de l'abnégation la plus complète et du sacrifice de tous leurs intérêts pour le bien de la guerre sainte. Aussi, si l'on ne voit qu'un côté de cette histoire, on peut à son gré la faire la plus odieuse de toutes ou la plus belle.

L'armée chrétienne n'était plus composée, avant l'assaut, que d'environ douze mille combattants, parmi lesquels il y avait tout au plus treize cents chevaliers montés et complètement armés. Aussitôt après la victoire, ils s'empressèrent pour la plupart de retourner dans leur patrie. Les autres, en fort petit nombre, se partagèrent le pays conquis, c'est-à-dire la plus grande partie de la Syrie. Sous le commandement de Godefroi de Bouillon, que les conquérants avaient nommé roi de Jérusalem, ils taillèrent en pièces l'armée du calife d'Égypte. Un contemporain dit, pour exprimer la multitude des païens et le petit nombre des croisés : « Les ennemis auraient pu nous noyer tous, « si seulement chacun d'eux avait craché dans la plaine. » Pour le malheur de la nouvelle colonie chrétienne, Godefroi mourut presque aussitôt après cette victoire. C'était l'homme le plus fort et le plus doux, le plus brave et le plus modeste de toute l'immense armée des croisés.

Godefroi appartenait au royaume de France par son origine, à la Lorraine française par son fief de Bouillon. Tous les autres rois de Jérusalem, tous les principaux barons de ce nouveau royaume féodal, à part deux ou trois exceptions, furent également français. Qu'il nous suffise, pour l'instant, de constater ce fait; nous aurons l'occasion de revenir sur les destinées de cette conquête lointaine et de l'influence française en Orient. Occupons-nous des destinées intérieures de la France pendant cette période si glorieuse au dehors.

La royauté est réduite au plus grand degré d'abaissement; elle redevient aussi faible et aussi méprisée que sous les derniers Carolingiens pendant le long règne de Philippe I (1060-1108), fils et successeur de Henri I. Ce prince abandonne par sa faute l'alliance de l'Église, précisément à l'époque où cette alliance pouvait avoir les plus importants résultats. Il entre en lutte avec le redoutable Grégoire VII à cause de son mariage avec Bertrade d'Anjou, qu'il avait enlevée à son mari, et qu'il avait épousée du vivant de sa première femme. L'indignation et les anathèmes de l'Église échouèrent contre la force d'inertie de ce prince. Toutes les fois qu'il était menacé d'une sentence de déposition, il renvoyait Bertrade, mais il la reprenait presque aussitôt. En outre, il trafiquait publiquement du peu de bénéfices ecclésiastiques qui se trouvaient encore à sa disposition, et pillait dans l'occasion les marchands et les pélerins, comme aurait pu faire le plus pauvre et le moins qualifié de ses vassaux; il n'avait pas même, pour racheter ses torts envers l'Église et le peuple, une seule des qualités si communes alors parmi les souverains féodaux. Jamais il ne se distingua à la guerre, et resta toujours complètement étranger aux grandes expéditions qui remplissent toute la durée de son règne. Il vivait dans la plus honteuse oisiveté, occupé à peu près uniquement des plaisirs de la table ; ce qui ne l'empêchait pas d'être jaloux de son illustre vassal Guillaume-le-Conquérant, et de le poursuivre de ses grossières railleries. Guillaume étant malade d'hydropisie, il dit un jour publiquement : « Quand donc cette grosse femme accouchera-t-elle ? » Ce fut l'occasion d'une guerre bien inégale que le roi d'Angleterre lui déclara en ces mots : « Quand j'accoucherai, j'irai faire mes relevailles à Saint-Denis avec dix mille lances en guise de cierges. » Heureusement pour la royauté capétienne, Guillaume mourut d'une chute de cheval en incendiant la première ville de la frontière.

Après sa mort, son empire fut partagé (1087). Il laissa à son fils aîné, Robert, la Normandie qu'il ne pouvait lui enlever; mais voulant le punir de s'être révolté contre lui, il donna l'Angleterre à son second fils Guillaume-le-Roux. Ce fut peut-être ce qui sauva Philippe I d'être détrôné par les Normands.

Cette période nous offre le commencement d'une révolution importante ; c'est la révolution communale, c'est-à-dire l'affranchissement des bourgeois de la puissance absolue des souverains féodaux. La ville du Mans donna le premier exemple connu d'une révolte de bourgeois. Les nobles manceaux s'étant soumis, après quelque résistance, à la puissance supérieure de Guillaume-le-Conquérant (1063), les bourgeois de la ville capitale, plus opprimés sans doute, se soulevèrent contre ces étrangers, détruisirent les châteaux des environs, et contraignirent les habitants à se renfermer dans leur ville, en y établissant une sorte de gouvernement républicain (1070). Cette révolte ne fut pas couronnée de succès ; mais elle servit du moins à prouver qu'une ville pouvait résister plus long-temps qu'un château, et que les bourgeois, derrière leurs murailles, pouvaient défendre leur indépendance avec honneur.

La plupart des villes, à l'exception des grandes villes du midi, étaient soumises au même pouvoir absolu et arbitraire que les paysans ou vilains. Aussi, à mesure qu'un peu d'industrie et de commerce augmentait leur population et leur force, il était naturel qu'elles désirassent un autre gouvernement. L'esprit de révolte était à peu près général à cette époque dans la classe des bourgeois ; mais leurs tentatives ne furent que bien rarement couronnées d'un succès complet, parce que jamais elles ne furent générales ni combinées ; car l'esprit d'isolement est encore plus marqué chez les bourgeois que chez les nobles. Quand deux villes étaient rapprochées l'une de l'autre, elles étaient ordinairement divisées par des haines héréditaires et irréconciliables ; en outre, l'infanterie des bourgeois était de beaucoup inférieure en nombre, en discipline et en courage à la cavalerie féodale. Pourtant la plupart des villes obtinrent peu à peu des priviléges qui, sans détruire le pouvoir du souverain, rendaient au moins possibles et paisibles les travaux de l'industrie, et assuraient les propriétés des sujets. On donna à ces institutions concédées les noms significatifs de Paix publique et de Priviléges. Le nom de commune resta long-temps synonyme d'indépendance entière et de révolte ouverte.

Cette époque, qui présente tant d'événements importants, devait naturellement, comme toutes celles qui remuent profondément les hommes, produire un grand mouvement intellectuel. C'est en effet alors, que nous voyons en même temps commencer les littératures populaires en langue nationale, et les études savantes prendre tout-à-coup un grand développement. La réforme ecclésiastique, commencée dans la période précédente, protégée et achevée dans celle-ci par Grégoire VII, concentra plus que jamais la science et les études dans le clergé; aussi le mouvement des intelligences cultivées fut exclusivement théologique et religieux.

Quant aux deux littératures de la langue d'Oc et de la langue d'Oïl, leurs commencements sont exclusivement poétiques. Il ne reste pas un seul indice d'un ouvrage en prose vulgaire antérieur à l'an 1100, si ce n'est quelques fragments d'une traduction de la Bible. Nous savons par plusieurs textes précis qu'il y avait des chants populaires épiques destinés à conserver le souvenir d'événements contemporains, de traditions nationales ou de légendes religieuses; mais il ne nous en reste aucune rédaction qui remonte incontestablement à cette période. Ces chants, dont l'origine et les premiers développements sont inconnus, se conservaient dans la mémoire d'une classe d'hommes qui vivaient de leur composition et de leur récitation, les *jongleurs* ou *amuseurs*, qui les arrangeaient et les modifiaient à leur gré. Le genre épique semble avoir précédé, de même que chez les Grecs anciens, tous les autres genres. La poésie lyrique, moins facile et moins individuelle, n'apparaît que plus tard. Ce n'est que vers le temps de la première croisade que le midi de la France, plus avancé que le nord en littérature comme en civilisation, nous présente ses premiers *troubadours* ou inventeurs.

CHAPITRE VI.

RÉTABLISSEMENT DU POUVOIR ROYAL DANS LA FRANCE CENTRALE.

(Règne de Louis VI depuis son association au trône, 1099-1137.)

La faiblesse du pouvoir royal est à son comble en France à la fin du XIe siècle, au moment même où les Français font au dehors tant de conquêtes importantes, et deviennent incontestablement le premier peuple de la chrétienté. Partout ailleurs dans tout le reste de l'Europe féodale, le pouvoir des rois était pourtant en progrès, et dans la France elle-même le pouvoir des ducs et des comtes s'agrandissait généralement aux dépens de l'indépendance des simples seigneurs. Pendant ce temps, Philippe I était presque à la discrétion des seigneurs de Montléry, qui possédaient, à quatre lieues de Paris, une seule forteresse. Il disait à son fils Louis VI, vers la fin de son règne : « Mes cheveux ont blanchi de la vexation que m'a donnée cette tour. Les tromperies de son maître et sa méchanceté ne m'ont jamais permis de connaître le repos d'une bonne paix. Il corrompait mes vassaux ; il rendait mes ennemis plus acharnés ; il rassemblait tous ceux qui voulaient me nuire, et, dans tous les environs, il ne se commettait jamais un désordre qu'il n'y eût quelque part. Placé à moitié chemin entre Paris et Rochefort, il me rendait impossible d'aller de Paris à Orléans sans avoir une armée pour escorte. » Les Capétiens ne régnaient plus guère que sur ces deux villes de Paris et d'Orléans, grandes et populeuses encore, il est vrai. Quand même ils eussent été obéis dans tout leur duché de France, comme les ducs de Normandie et d'Aquitaine l'étaient de leurs vassaux, ils n'eussent encore eu qu'une bien faible puissance, puisqu'elle se serait bornée à quatre de nos départements actuels.

Tel fut l'état misérable dans lequel Louis-le-Gros, surnommé alors l'Éveillé, reçut, à l'âge de dix-huit ans, les charges et les honneurs de la royauté. Son père n'osait pas depuis long-temps porter la couronne royale, à cause des excommunications lancées contre lui. Son clergé lui ayant souvent prédit toutes les plaies de la colère divine, quelques infirmités très-légères, après de longues années d'une parfaite santé, lui imprimèrent une terreur superstitieuse; c'était, dit un contemporain, une démangeaison de tout le corps et des maux de dents. Aussi, dès qu'il fut possible à son fils de soutenir le poids d'une armure, il s'empressa aussitôt de le faire couronner et sacrer. Cette consécration religieuse était le principal titre des Capétiens à la royauté; car le droit d'hérédité leur était contesté en souvenir de l'usurpation récente de Hugues-Capet. Aussi, tous les rois de la troisième race jusqu'à Philippe-Auguste eurent soin de faire sacrer leurs fils de leur vivant.

Le jeune roi, auquel son père abandonna sur-le-champ tous les soins du gouvernement, n'était encore qu'un enfant, et ne fut jamais ni un souverain habile ni un grand général. Nous savons positivement qu'aux yeux de ses propres chevaliers, tout grossiers qu'ils étaient, il passait pour un homme de peu de sens. Mais il avait de grandes qualités morales, la piété, la bonne foi et l'amour de la justice. Il y joignait une intrépidité personnelle égale à celle des plus braves aventuriers de son temps, et une fermeté inébranlable. Jamais il ne lui arriva d'abandonner ses protégés ni ses alliés, ni de reculer devant les entreprises les plus difficiles, dès qu'il croyait avoir le bon droit de son côté. Telles furent les qualités auxquelles Louis-le-Gros a dû d'être le fondateur de la puissance royale. Nous avons vu dans quel degré de faiblesse se trouvait la puissance royale à son avénement; à la fin de son règne, il jouissait d'une influence incontestée dans toute la France centrale, depuis la Somme jusqu'aux Cévennes. Par quelle cause un si grand progrès a-t-il pu être obtenu dans l'espace de trente-huit ans ? Le principal ministre de Louis VI, l'abbé Suger, qui est aussi son biographe, va nous le dire : « Le roi Louis, « jeune guerrier illustre et courageux, champion du « royaume de son père, s'occupa sans relâche de protéger « les églises et d'assurer la paix des laboureurs, des mar- « chands et des pauvres ; car depuis long-temps le repos « et la paix étaient inconnus au royaume de France. » C'est-à-dire, en d'autres termes, que le principe sur lequel a été fondée la royauté nouvelle, fut l'intervention en faveur du faible et de l'opprimé, la répression des désordres féodaux, l'établissement d'une certaine paix publique. Telle fut la base de la royauté capétienne. Mais par quelles armes, avec quels auxiliaires, quels bras armés pour sa défense, Louis-le-Gros est-il parvenu à imposer ce commencement de paix publique dans l'état de faiblesse où il se trouvait ? « En ce temps, dit un chroniqueur normand, « la communauté populaire fut établie par les évêques et « les abbés, pour que le peuple avec ses prêtres et les « bannières des saints accompagnât le roi aux siéges et « aux batailles. » C'est-à-dire que le roi et les églises de la France centrale donnèrent des armes au peuple de leurs domaines, et se servirent contre leurs ennemis communs de cette force toute nouvelle. Louis VI fut le héros de cette révolution, mais il n'en fut ni le chef ni la cause ; c'est aux évêques et aux abbés, c'est surtout à l'abbé de Saint-Denis, Suger, qu'il faut attribuer tout ce qu'il y a eu de prémédité dans cette restauration du pouvoir monarchique. Les vœux et les besoins du temps furent sans contredit la cause la plus puissante du succès qu'ils obtinrent. L'indépendance et l'isolement féodal, après avoir été une nécessité, un progrès comparatif, étaient devenus, comme il est arrivé souvent à des institutions moins imparfaites, un obstacle à tout nouveau progrès, un mal que chacun sentait vivement.

Louis VI commença la lutte du vivant de son père par une guerre difficile et périlleuse dans laquelle tout se passa dans la banlieue de Paris. Il s'agissait de mettre fin au pillage des terres de l'abbaye de Saint-Denis par quelques seigneurs du voisinage. Bouchard, baron de Montmorency, fut assigné devant la cour des pairs du duché de France avec ses deux principaux complices. Les maîtres de quelques petits villages traitèrent d'égal à égal avec la royauté. Bouchard, condamné par ses pairs, refusa d'amender son tort, et se retira en faisant des menaces. On ne l'arrêta point; c'eût été, aux yeux des hommes de cette époque, une indigne violation du droit des gens et des libertés féodales. Louis VI le laissa donc partir, et commença la guerre dès qu'il le sut arrivé dans son château. Il brûla ses villages et ses fermes, assiégea ses forteresses, combattit une ligue générale de tous les barons du duché de France qui avaient les mêmes habitudes que les Montmorency. Quelquefois vaincu, plus souvent vainqueur, il imposa enfin pour la première fois à ses vassaux le joug qui leur paraissait si intolérable de la paix publique. Cette paix n'arrêtait ni les guerres privées ni les violences de seigneur à seigneur; elle ne concernait encore que les domaines ecclésiastiques.

Quelques années après, à la mort de Philippe I (1108), ce succès n'empêcha point de s'élever aussitôt divers concurrents à la couronne, tous excités et soutenus par la marâtre du roi, l'habile Bertrade d'Anjou. Parmi eux se trouvait, chose presqu'incroyable, un simple comte du duché de Paris, homme étranger à la famille royale. Il possédait la petite ville de Corbeil, maintenant l'une des moins importantes des environs de Paris. On voit quelle était encore la faiblesse du pouvoir royal, malgré le courage et les exploits du jeune roi. Le comte de Corbeil se croyait tellement sûr du succès, qu'en quittant son manoir il disait à sa femme : « Donnez, noble dame, cette épée à votre baron ; il la reçoit de vous comte, il vous la rendra roi couronné. » L'événement ne répondit point à une espérance si hautement proclamée ; ce premier concurrent fut tué d'un coup de lance par Étienne, comte de Blois et de Champagne, qui s'était déclaré l'allié de Louis VI, et dont la famille fut long-temps, par haine et par crainte des Normands, la plus fidèle de toutes à la royauté. Louis triompha ensuite de ses frères Philippe et Florus, fils de Bertrade d'Anjou.

Il avait un adversaire plus redoutable, mais qui ne s'était pas encore déclaré, dans Henri I, roi d'Angleterre et duc de Normandie. Henri était le troisième fils de Guillaume-le-Conquérant. A la mort de Guillaume II, qui avait reçu l'Angleterre au détriment de son frère aîné, Henri s'était emparé du trésor royal et de la couronne en l'absence de ce même frère, qui était à la première croisade (1100). Robert, deux fois déshérité, revendiqua par les armes le royaume qui lui était enlevé; mais, aussi imprudent et négligent que son frère était fin et actif, il perdit jusqu'à la Normandie par la bataille de Tinchebray (1106), et alla mourir en captivité; tandis que son fils, qui s'était réfugié auprès du roi de France, essayait, mais en vain, avec son appui, de s'établir en Normandie. Telle fut l'origine de la lutte entre les Capétiens et les rois d'Angleterre, lutte qui dura presque sans interruption pendant trois cent cinquante ans, jusqu'à l'expulsion des Anglais par Charles VII. Mais sous le règne de Louis-le-Gros, cette guerre ne fut qu'une suite de petites expéditions sans importance comme sans résultats. La principale bataille, celle de Brenneville, dans laquelle les deux rois combattirent en personne et s'attaquèrent même corps à corps, ne coûta la vie qu'à deux chevaliers. Il est vrai qu'un grand nombre de Français furent renversés de cheval et restèrent prisonniers. Louis VI se vengea de l'infériorité de sa chevalerie en faisant ravager tout le plat pays par les milices communales récemment établies, et qui n'étaient guère propres qu'à cette espèce de guerre.

Le plus grand nombre des expéditions militaires de Louis VI furent dirigées, comme la première, contre les petits seigneurs qui pillaient les terres de l'Eglise. Les progrès du pouvoir royal et de la paix publique, malgré l'énergique résistance de ces barons si belliqueux, si intraitables, ne sont jamais arrêtés un instant par une réaction quelque faible qu'elle soit. La royauté marche toujours de succès en succès malgré l'intervention hostile du roi d'Angleterre, et les embarras que lui suscite cet adversaire qui était le plus puissant prince de son temps.

Nous n'essaierons pas de suivre Louis VI dans les petites guerres sans nombre qui remplissent son règne, et par lesquelles, en remportant de très-petites victoires avec de très-petits moyens, il finit par arriver à de grands résultats. Contentons-nous de marquer en quelques mots les progrès constamment réguliers de sa puissance. C'est d'abord le redoutable château de Montlhéry qui tombe en son pouvoir par un arrangement pacifique ; puis il se trouve très-heureux d'acquérir le château de Rochefort et quelques autres des environs de Paris par son mariage avec Lucienne de Rochefort, la fille d'un simple baron. Bientôt devenu plus puissant, il dédaigne ce mariage et obtient qu'il soit cassé pour cause de parenté. Ses succès au-delà de la Loire, pays jusqu'alors totalement soustrait à l'autorité royale, peuvent surtout nous servir d'échelle, en quelque sorte, pour mesurer l'étendue de ses progrès. Chacune des provinces de ce pays lui sert successivement de station pour pénétrer plus loin. C'est d'abord le Berry, vendu du vivant de son père par le vicomte de Bourges partant pour la croisade. C'est ensuite le tour du Bourbonnais ; le sire de Bourbon est contraint de se soumettre à la royauté. Dans la seconde moitié de son règne, il s'établit en Auvergne en protégeant les droits de l'évêque contre ceux du comte, c'est-à-dire de l'Église contre la féodalité. Enfin, vers la fin de son règne, il intervient en Languedoc dans le Velai ; il y avait près de trois cents ans que la royauté française n'avait mis son nom à aucun acte concernant cette province.

Parmi les expéditions entreprises par Louis VI du côté du nord pour protéger l'Eglise, nous devons remarquer la guerre qu'il fit aux bourgeois de Laon et au seigneur de Marle, de la famille de Coucy. Le roi avait accordé, moyennant finance, une charte de commune à cette ville du consentement de l'évêque (IIII) ; l'évêque ayant retiré sa parole, Louis VI, malgré sa loyauté accoutumée, préférant l'intérêt de l'Église à tout autre, retira aussi la sienne ; c'est le seul manque de foi qu'on puisse lui reprocher. Nous voyons que ce n'était pas l'intérêt des bourgeois qui le décidait en faveur des institutions communales. De même que toute la noblesse et le clergé de son temps, il voyait avec horreur les insurrections des villes, lorsqu'elles tendaient à établir des républiques indépendantes ; et il le montra bien par l'acharnement avec lequel il combattit la commune de Laon lorsqu'elle eut massacré son évêque et qu'elle ne reconnut plus ni roi, ni seigneur. Il intervint dans un sens tout contraire dans la révolution communale d'Amiens, où il s'agissait de protéger la *paix publique* établie par l'évêque malgré l'opposition du comte et d'un autre seigneur qui avaient aussi une part dans la souveraineté de cette ville.

On put voir combien la royauté française avait grandi en peu d'années, lorsque l'empire normand et l'empire allemand se réunirent pour la renverser. Toute la noblesse et tous les grands vassaux depuis l'Escaut jusqu'aux Pyrénées se réunirent pour chasser l'étranger et punir la félonie des Normands. Mais l'empereur Henri V mourut avant d'avoir terminé les préparatifs de son invasion, et le roi d'Angleterre fut contraint de faire, presque aussitôt, la paix avec le roi de France, tant ce premier mouvement national lui semblait menaçant et irrésistible (1125). Louis-le-Gros régna encore douze ans, toujours occupé avec succès à affermir l'œuvre qu'il avait si heureusement commencée ; et au moment de sa mort, il venait de doubler par un mariage les états et la puissance de sa dynastie ; c'était le mariage de son fils aîné avec l'héritière de la puissante maison de Poitiers (1137).

CHAPITRE VII.

LUTTE DES CAPÉTIENS ET DE LA FRANCE CENTRALE CONTRE LA FÉODALITÉ, LA MONARCHIE ANGLAISE ET L'HÉRÉSIE ; CONTINUATION DES CROISADES D'ORIENT.

(Louis VII, Philippe-Auguste, Louis VIII, et minorité de saint Louis. 1137-1236.)

Les progrès du pouvoir royal continuèrent pendant les dix premières années de Louis VII le Jeune. Ce prince imita son père en réprimant tous les désordres et principalement ceux qui portaient atteinte aux droits et aux propriétés du clergé dans tous les pays soumis à l'influence de son père. Il éprouva quelquefois des résistances obstinées ; mais il en triompha toujours, car l'équilibre était définitivement rompu entre l'autorité royale et l'indépendance féodale. Ni l'Allemagne, ni l'Angleterre qui s'étaient réunies un instant pour arrêter les progrès de Louis VI, ne pouvaient lui causer la moindre inquiétude. Ces deux empires, par l'extinction de la dynastie normande et de la maison de Saxe, étaient en proie aux discordes civiles. La France centrale, au contraire, n'avait jamais été plus paisible et plus florissante ; les progrès de l'industrie et du commerce étaient surtout fort remarquables ; le trésor royal se remplissait pour la première fois par la protection intéressée que Louis VII accordait aux Juifs moyennant d'énormes capitations.

Toute cette prospérité fut interrompue par la seconde croisade dont Louis VII voulut être le chef, malgré les conseils et l'opposition de l'abbé Suger. Louis, en cette circonstance, aima mieux suivre les exhortations de saint Bernard que les avis de son ministre. Il ne faut pas s'en étonner, car nous sommes encore bien loin de l'époque où la politique sera tout dans le conseil des rois. Louis VII dans cette expédition, qu'il fit en commun avec l'empereur d'Allemagne, Conrad II, perdit l'estime de ses sujets et la sienne propre en abandonnant la plus grande partie de son armée, tous les pauvres, c'est-à-dire tous les hommes du peuple, sur les côtes de l'Asie-Mineure, où ils furent exterminés par les Turcs, tandis que le roi, avec les débris de sa chevalerie, se rendait par mer dans la Terre-Sainte. Son entreprise n'eut aucun succès, et elle finit comme elle avait commencé, par des désastres (1147-1149).

Louis VII revint presque seul en France, et son premier acte à son retour fut de répudier sa femme Éléonore qui lui avait apporté en dot le comté de Poitiers et les duchés de Guyenne et de Gascogne. Les motifs de ce divorce furent la haine que les deux époux avaient l'un pour l'autre, et la conduite au moins légère de la reine, pendant qu'elle accompagnait Louis VII à sa malheureuse croisade; le prétexte apparent fut la parenté.

Henri Plantagenet, comte d'Anjou et duc de Normandie, s'empressa de demander et obtint facilement la main de la reine répudiée. « Il prit la honte avec l'héritage, » dit un contemporain. Deux ans après (1154), il succéda paisiblement à Étienne de Blois, usurpateur de la couronne d'Angleterre. La supériorité de puissance fut ainsi transférée des Capétiens aux Plantagenets.

Henri II, prince actif, ambitieux et habile, se montra en toute occasion l'ennemi déclaré de Louis VII, dont il était le vassal pour une moitié du royaume de France. Il n'aspirait à rien moins qu'à détrôner la troisième race. Louis VII aurait sans doute succombé, si la plupart des autres grands vassaux n'eussent pris son parti et ne se fussent étroitement ligués avec lui dans l'intérêt de l'indépendance commune. De plus, Henri II eut à lutter dans toute la seconde moitié de son règne, contre des dangers intérieurs qui ne lui laissèrent plus un seul instant de repos et de sécurité. L'origine de tous ses embarras fut sa lutte contre l'archevêque de Cantorbéry, saint Thomas, au sujet des priviléges ecclésiastiques. Le meurtre de ce prélat, après de longues persécutions, aliéna contre lui presque tous les sujets de la monarchie normande. La différence des mœurs et du langage, les souvenirs de l'indépendance provinciale ne les disposaient déjà que trop à la révolte. Les propres fils du souverain se placèrent, comme on l'a vu souvent en pareil cas, à la tête des populations mécontentes, et leur servirent d'instruments plutôt que de chefs. Louis VII trouva ainsi dans la famille et les sujets de son ennemi ses plus utiles alliés. Le résultat de son règne ne fut pourtant que de laisser l'autorité royale à peu près dans le même état qu'elle se trouvait sous son père avant la réunion de la Guyenne (1180).

La première femme de Louis VII disait en parlant de ce prince : « Je croyais avoir épousé un roi, et je n'ai trouvé « qu'un méchant moine. » Louis n'avait en effet que fort peu des qualités du souverain. Sans être précisément d'une piété aussi fervente et aussi douce que le roi Robert, il n'était guère propre qu'aux affaires ecclésiastiques. A la guerre il fut toujours irrésolu et malheureux; et bien qu'assez brave de sa personne, il n'eut jamais ni l'estime, ni la confiance de ses chevaliers. C'est certainement l'un des rois les plus médiocres qui soient montés sur le trône de France, quoiqu'il se soit maintenu avec un certain honneur dans les circonstances les plus défavorables. Mais il y avait une telle force dans la dynastie capétienne, une telle solidarité de principes et d'intérêts entre le roi, le clergé, et les classes populaires, que la royauté française semblait se soutenir indépendamment des hommes et des choses.

Tout changé sous Philippe-Auguste qui s'empara de l'autorité à l'âge de quinze ans, un peu avant la mort de son père. Ce prince, qui dès-lors avait la plus grande confiance en ses lumières, commença par disgracier tous les conseillers et amis de son père; ce qui attira sur lui les efforts d'une ligue formidable à laquelle il fut obligé de céder. Il le fit de bonne grâce, et les mécontents se réconcilièrent sincèrement avec lui; mais en même temps, il disait à ses confidents les plus intimes : « Je suis encore jeune; mais, s'il plaît à Dieu, je croîtrai en force et en vigueur, tandis qu'ils iront toujours en diminuant et en s'affaiblissant. » La prévoyance et la perfidie qui sont les deux caractères de ce règne, se montrent déjà profondément empreintes dans ces paroles du jeune roi. Il ne faut pas se laisser tromper à l'auréole poétique et chevaleresque dont les contemporains et la tradition se sont plu à entourer le règne de Philippe-Auguste. Ce prince était au contraire l'homme de son temps le plus étranger à tout dévoûment, à tout enthousiasme; mais il savait se résoudre, quand il le fallait, à flatter les préjugés et les passions de son temps en feignant de les partager. Il évita long-temps toute guerre avec les Plantagenets en profitant d'abord de la lassitude et de l'affaiblissement de Henri II, ensuite de l'amitié et des intelligences qu'il avait contractées avec Richard Cœur-de-Lion. Mais pendant que Richard épuisait les trésors de son père, et mécontentait les peuples par ses violences, Philippe-Auguste amassait silencieusement des ressources en dépouillant les Juifs enrichis par une longue tolérance, et en vendant à toutes ses villes de nouvelles franchises ou la confirmation des anciennes. En même temps, il réparait partout les anciennes fortifications ou en élevait de nouvelles ; il faisait exercer les milices bourgeoises par des chefs de son choix, et veillait avec la plus grande sévérité au maintien du bon ordre et à l'établissement d'une justice régulière dans ses domaines. Les prévôts et baillis du roi qui tendaient en général à considérer leurs offices comme des fiefs ordinaires, sentent vraiment pour la première fois, qu'ils sont dépendants et révocables. Par une singularité presqu'incroyable, Philippe-Auguste se trouve à l'âge de vingt ans le premier souverain administrateur de l'Europe féodale.

Au milieu de cette paix profonde et de cette organisation intérieure qui rendait le royaume plus puissant que jamais, la nouvelle de la prise de Jérusalem par Saladin vint entraîner de nouveau toute l'Europe à la guerre sainte. Philippe-Auguste, à son grand regret, se vit forcé de céder à la voix publique et de partir avec les autres souverains de son temps. Cette troisième croisade, à laquelle toute l'Europe prit part, n'eut aucun résultat par la dissension des chefs. Le roi de France, malgré ses grandes qualités, n'y fit rien de remarquable ; en toute occasion, il fut éclipsé et humilié par son brillant vassal, Richard Cœur-de-Lion.

Dès qu'il vit cette grande ardeur refroidie, et qu'il put quitter la Palestine, sans trop de déshonneur, il partit avec ses Français; et aussitôt qu'il fut de retour dans son royaume, il n'hésita pas à envahir les provinces de Richard Cœur-de-Lion. C'était la plus grande violation du droit des gens et des principes ecclésiastiques, que de s'attaquer aux biens d'un croisé pendant son absence; en outre, il ne pouvait faire valoir aucun motif pour justifier cette agression, si ce n'est sa haine contre son rival. Cette perfidie lui valut le refroidissement de l'Église et les malédictions de toute l'Europe chrétienne. Sa puissance et la fidélité de ses sujets n'en fut pas pourtant ébranlée; mais il ne put parvenir à faire aucune conquête importante, malgré la captivité de Richard en Allemagne, et la trahison de son frère Jean-sans-Terre. Philippe-Auguste fut plus heureux après la mort de Richard; il opposa au roi Jean, son neveu Arthur, duc de Bretagne, comme il avait précédemment opposé le frère cadet au frère aîné. Le père d'Arthur étant le troisième fils de Henri II, tandis que Jean-sans-Terre n'était que le quatrième, c'était à ce jeune prince, d'après l'usage le plus général des successions féodales, que devait appartenir la monarchie normande; les vœux secrets des populations aquitaine et angevine étaient pour lui. Mais par son imprudence, il tomba entre les mains de son oncle, qui bientôt le poignarda, dit-on, de sa propre main dans la grosse tour de Rouen, et jeta son cadavre dans la Seine. La disparition d'Arthur, loin de diminuer les dangers de Jean-sans-Terre, causa une défection universelle. Philippe-Auguste saisissant avec empressement l'occasion favorable, fit citer son rival devant la cour des pairs, comme coupable de meurtre sur la personne de son souverain et parent. Jean comprenait tellement son péril que pour obtenir du temps, il déclara consentir à comparaître, et demanda suivant la loi féodale un sauf-conduit pour aller et pour revenir. Mais Philippe-Auguste déclara hautement que s'il était condamné, le jugement serait exécuté sur-le-champ. Ainsi il refusait à un roi d'Angleterre ce que son grand-père avait accordé sans difficulté à un simple baron de Montmorency. Jean fut jugé par contumace, et tous ses fiefs furent confisqués au profit de la couronne.

Philippe-Auguste dont les ressources étaient encore entières, qui jusqu'alors n'avait fait aucune guerre sérieuse, recueillit en cette occasion le fruit de sa politique expectante. En moins de trois ans il conquit la Normandie, le Maine, l'Anjou et le Poitou (1204-1207). Il donna aux Bretons un prince de sa famille pour remplacer le jeune Arthur, ne croyant pas encore possible de réunir cette province à la couronne ainsi que les précédentes. Il eut ainsi dans ce petit peuple, au lieu de sujets mécontents et dangereux, des alliés plus fidèles et plus utiles que jamais, par leur acharnement contre le roi d'Angleterre qui avait un instant menacé leur indépendance. La part qu'il s'était faite était encore magnifique ; la Normandie à elle seule doublait ses revenus et sa puissance. Le roi Jean ne conserva en France que la Gascogne sur laquelle il n'exerçait véritablement aucune autorité. Philippe-Auguste ne songea point à en faire la conquête ; il était trop prudent pour s'engager au-delà de la Garonne, au milieu de ce petit peuple qui se considérait toujours comme entièrement étranger à la France, et qui était au moins aussi belliqueux et aussi attaché à son indépendance que les Bretons.

Philippe-Auguste était alors tellement puissant qu'il put braver l'excommunication d'Innocent III, le pape le plus impérieux, le plus redoutable aux souverains qui fût encore monté sur la chaire de saint Pierre. Le roi avait répudié sa première femme Ingeburge, princesse danoise, sous prétexte de parenté, mais véritablement parce que sa beauté ne répondait point à la réputation sur laquelle il l'avait demandée en mariage; il fut excommunié, et la France mise en interdit. Un concile national s'assembla sur l'ordre d'Innocent III, mais le clergé de France également dévoué au roi et au pape, craignant d'ailleurs la colère de Philippe-Auguste, ne prit aucune mesure. « Ils furent comme « des chiens muets qui ne peuvent aboyer, » dit le chroniqueur officiel de ce règne. Philippe fut délivré de l'excommunication par la mort de sa seconde femme; il ne la remplaça point, mais jamais non plus, il ne voulut revoir la première; seulement il lui rendit le titre et les honneurs de reine.

Cependant Jean-sans-Terre dépouillé de toutes ses provinces de France, poursuivi par les barons anglo-normands révoltés contre lui, vivait dans la plus honteuse inertie, se levant à midi, nous dit un contemporain, et se mettant à table aussitôt pour y rester jusqu'au moment de son coucher. Lorsqu'il apprenait un nouveau succès du roi de France, et qu'on le pressait de venir au secours du petit nombre de vassaux fidèles qui lui restaient encore, il répondait en riant : « Laissez-le faire, je lui en prendrai plus en un mois qu'il ne m'en a pris en trois ans. » En effet, une ligue formidable menaçait la France et semblait sur le point d'anéantir cette puissance encore nouvelle, mais appuyée sur des bases bien solides, comme les coalisés en firent l'expérience. Jean-sans-Terre, reconnaissant qu'il n'était pas de force à lutter contre Philippe-Auguste, avait vendu tout ce qu'il pouvait vendre, avait mis tout son royaume au pillage, avait dépouillé les Juifs de leur argent au moyen des tortures les plus raffinées pour payer une grande armée d'auxiliaires allemands qui devait démembrer la France, et remplacer de nouveau, dans le gouvernement du pays, la noblesse nationale par des conquérants étrangers. Cette armée était commandée par Othon IV, empereur excommunié et détrôné, et par le comte de Flandre Ferrand, depuis longtemps ennemi de Philippe-Auguste. En outre, un petit nombre de souverains féodaux exilés de France, ou ayant à se plaindre des entreprises de la royauté, s'unirent ouvertement ou en secret à l'armée des étrangers. Entre autres presque toute la noblesse du Poitou et de la Guyenne était entrée dans cette conspiration, plutôt par amour de l'indépendance que pour retourner sous la domination des Plantagenets. Dans la France centrale, presque tous les seigneurs féodaux, tous les bourgeois et tout le clergé firent cause commune avec le roi et déployèrent la plus grande ardeur pour résister à l'invasion.

A la première rencontre des deux armées, les Français remportèrent une victoire décisive. Le combat fut livré dans la Flandre française près du pont de Bouvines (1214). Le général de l'armée française était l'évêque de Senlis qui, pour ne pas contrevenir à la loi canonique qui défend aux prêtres l'effusion du sang humain, assommait ses adversaires avec une masse de fer. Après avoir rangé en croissant l'armée française, conformément aux préceptes des anciens qu'il avait étudiés dans Végèce, il entra le premier dans les rangs ennemis. Le combat fut long-temps indécis; ce fut d'abord une mêlée tout-à-fait chevaleresque, c'est-à-dire une quantité innombrable de combats singuliers. Au plus fort de l'action, Philippe-Auguste fut renversé de cheval, et plusieurs sergents flamands cherchaient autour de lui, le défaut de son armure pour le percer; des chevaliers français accoururent et descendant de cheval lui firent un rempart de leurs corps en appelant à grands cris Guillaume des Barres. C'était le chevalier favori du roi, l'homme le plus fort de l'armée. Il avait vaincu à la lutte et au pugilat Richard Cœur-de-Lion dont la réputation de force n'était pas moindre que la sienne. On prétend que lorsqu'il ne pouvait pas entamer autrement l'armure de son adversaire, il le serrait par le milieu du corps et l'écrasait dans sa cuirasse. En ce moment, il tenait l'empereur Othon IV par le cimier de son casque et cherchait à l'étouffer. Mais le danger du roi, annoncé par les cris qui l'appelaient et par l'agitation de l'oriflamme, le fit accourir au plus vite. Le chapelain du roi qui, selon l'usage du temps, priait avec les autres prêtres sur la hauteur la plus voisine, nous assure (il est vrai que c'est dans un poème épique), qu'on aurait pu faire passer un char à quatre roues dans le sentier que Guillaume ouvrit au milieu des combattants. Philippe-Auguste fut délivré et monta sur son troisième cheval. Dans cette bataille, non seulement les chevaliers se dévouèrent pour défendre leur roi, leur pays et leurs fiefs, mais les milices communales montrèrent aussi pour la première fois un véritable esprit militaire. A deux reprises elles allèrent de leur propre mouvement se placer en première ligne dans les endroits où les chevaliers faiblissaient. Othon IV en fut consterné; car il vit que la cause qui se décidait en cette journée serait défendue avec un égal courage par toutes les classes de la population française; et l'on était loin d'être accoutumé à trouver la discipline et la vertu militaire dans les corps d'infanterie. Le prix du courage parmi les milices bourgeoises fut donné aux deux corps de métiers des tréfileurs d'or et des gantiers; c'est sans contredit la première fois qu'on voit apparaître de pareils noms dans l'histoire militaire du moyen-âge.

Enfin l'armée des coalisés fut de toutes parts rompue et enveloppée. On tua beaucoup plus de chevaliers complètement armés qu'on n'eût jamais fait encore dans aucune bataille féodale ; on fit un grand carnage de fantassins et d'écuyers ; enfin presque tous les chefs furent tués ou pris. Othon IV ne parvint à se retirer en lieu de sûreté qu'après avoir couru plusieurs fois danger d'être atteint. Le comte de Flandre Ferrand et le chef des exilés français Renaud de Boulogne, furent faits prisonniers après une résistance désespérée. Renaud devait avoir pour son partage la Picardie et régner sur elle du haut du château de Péronne ; par un raffinement de vengeance, il fut enfermé dans la grosse tour de ce même château, et enchaîné avec des fers que ses huit geôliers avaient peine à soulever. Ferrand fut conduit à la suite de l'armée victorieuse, enfermé dans une cage de bois, et livré aux insultes des populations qui accouraient de toutes parts pour le contempler. C'est ainsi qu'il fit son entrée dans la ville de Paris où il avait hautement annoncé qu'il entrerait en vainqueur. Les Parisiens lui chantaient ce jeu de mots qui nous a été conservé : « Quatre *férants* (1) bien ferrés mènent Ferrand bien enferré. »

La joie publique et les fêtes qui furent données à cette occasion égalèrent le triomphe de Philippe-Auguste aux triomphes les plus brillants de l'antiquité. L'allégresse de la nation était du reste bien concevable ; c'était la première victoire remportée par les Français sous l'étendard royal. Ils ne s'étaient encore distingués que sous l'étendard de la croix, en combattant plutôt comme chrétiens que comme Français. C'était en outre la première fois que la France du centre luttait avec avantage contre une armée germanique ;

(1) *Férant, auferant*, signifiait en langue d'oïl *cheval de bataille*.

jusqu'à cette époque les nations de langue romane, par le souvenir toujours vivant de leur ancienne infériorité, s'étaient toujours défiées d'elles-mêmes quand il fallait entrer en lutte contre les anciens conquérants de l'Europe.

Pendant cette importante campagne, une autre armée française commandée par le prince Louis, fils aîné de Philippe-Auguste, réprimait une révolte de l'Aquitaine et soumettait une seconde fois cette province. Bientôt après, le prince Louis poursuivit Jean-sans-Terre jusqu'en Angleterre où les barons révoltés le reconnurent pour roi et le reçurent dans Londres. La conquête des Normands sembla sur le point de suivre le sort de la mère-patrie. Jean-sans-Terre ne trouvait point un seul bras qui voulût s'armer pour sa défense. Philippe-Auguste douta seul des succès de son fils, quand toute la France le croyait affermi à toujours sur le trône d'Angleterre : « Que fait-il maintenant ? dit-il un jour à des messagers qui venaient lui annoncer de nouveaux avantages : Est-il maître de Douvres ? » — « Pas encore, lui répondit-on. » — « Eh bien ! par le bras de Saint-Jacques, il n'a pas encore un pied en Angleterre. » En effet, l'ancienne jalousie des Normands et des Français se réveilla, les possesseurs du sol se défièrent de leurs auxiliaires étrangers, et bientôt après le roi Jean étant mort au milieu de la haine et du mépris universel, toute la noblesse anglaise se réunit contre le prince Louis et ses chevaliers français en faveur du jeune Henri III, fils du tyran. Le prince Louis trahi par les uns, simplement abandonné par les autres, fut vaincu, et se trouva trop heureux de revenir en France avec ses compagnons au moyen d'une capitulation honorable (1217). C'est dans cette occasion que la papauté se déclara pour la première fois contre les progrès des Capétiens, et essaya de maintenir contre eux l'indépendance de l'Angleterre. Aussi dès-lors l'alliance du Saint-Siége avec la royauté française, alliance déjà ébranlée par le divorce de Philippe-Auguste, ne fut plus inaltérable comme auparavant. Du reste, les rôles étaient entièrement changés; le protégé était devenu le protecteur.

Nous avons vu ce qui s'est fait en France du temps de Philippe-Auguste sous l'oriflamme, c'est-à-dire, sous la bannière royale; il nous reste à voir ce qui s'est fait sous l'étendard de la croix, c'est-à-dire, sous la bannière pontificale, et par les seules forces de la féodalité française. Cette époque que les succès du pouvoir royal semblent déjà dominer sans partage, voit encore les dernières entreprises, les dernières aventures des barons, briller du plus vif éclat; et cela nous donne, sans contredit, la plus haute idée de la puissance et de la gloire de la France au moyen-âge, que beaucoup d'historiens nationaux se sont plu, on ne sait pourquoi, à rabaisser. Ces événements continuent la longue suite de conquêtes étrangères qui commencent aux fils de Tancrède; de simples barons continuent à se réveiller rois ou empereurs après quelques aventures. Nous avons vu les maisons de Hauteville, de Normandie, d'Anjou, des deux Bourgogne, de Barcelonne, de Bouillon, donner des souverains à plusieurs pays; l'époque de Philippe-Auguste nous présente des noms tout aussi glorieux, les Lusignan, les Courtenay, les Couci, les Brienne et enfin les Montfort.

Nous passerons très-rapidement sur les expéditions d'Orient, car elles sont plus que jamais mêlées d'étrangers, quoique leurs chefs soient toujours français et que la principale part de gloire appartienne à nos chevaliers. Nous en distinguerons deux principales, et d'abord la conquête de l'empire d'Orient: cet empire, héritier direct de l'empire d'Orient, est transporté par la force des armes à Baudouin, comte de Flandre, chef de la quatrième croisade (1204). Cette croisade avait été dirigée, comme les précédentes, vers le malheureux royaume de Jérusalem qui déclinait rapidement. Mais cette fois, les croisés cédèrent à la tentation, et allèrent prendre Constantinople. Un auteur contemporain nous dit, dans son langage naïf, qu'il y avait bien plus d'avoir à Constantinople que dans la France tout entière ;

> Mais bien en ostèrent le gras
> Bien n'i laissèrent que le maigre
> François qui trop sunt fier et aigre.

Cette importante conquête se fit avec toute l'imprévoyance et toute la cupidité d'une horde sauvage. Aussi l'empire franc d'Orient ne dura que soixante ans ; et ce fait vient s'ajouter à beaucoup d'autres pour prouver combien l'élément féodal était impropre à fonder des dominations durables. L'autre expédition d'Orient est la cinquième croisade entreprise contre l'Égypte. Elle fut aussi malheureuse que la précédente avait été heureuse. Les croisés, arrêtés dès leur premier pas, furent obligés de livrer Damiette, la clef du pays, dont ils s'étaient emparés, et de se retirer avec une perte considérable et sous les conditions les plus honteuses (1219-1221).

Nous passons maintenant à la guerre des albigeois, encore plus importante pour nos destinées nationales que la lutte de Philippe-Auguste et de Jean-sans-Terre, bien que la royauté y soit restée long-temps complètement étrangère. Mais avant d'en raconter les événements, il faut d'abord donner une idée de l'état des deux parties de la France, la France du nord et la France du midi, qui se trouvent aux prises d'une manière si sanglante et si décisive dans cette grande lutte.

Nous avons vu que ces deux parties de notre sol national présentaient depuis le temps des Romains des différences assez notables. Cette diversité allait toujours en augmentant, comme il est naturel quand le point de départ n'est pas commun, et les points de contact nuls ou fort rares. On commençait à dire au XIIIe siècle « les Français et les Provençaux » absolument dans le même sens qu'on dit aujourd'hui « les Francais et les Italiens. » Ces deux parties de la nation française avaient l'une pour l'autre une défiance, un éloignement, qu'envenimaient encore la direction de plus en plus contraire des mœurs et des idées, la différence de plus en plus profonde de la langue d'oc et de la langue d'oïl. Les Français du midi regardaient ceux du nord comme une race brutale, grossière, ignorante, qui ne pouvait être comparée à eux. Les Français du nord à leur tour reprochaient aux Provençaux de n'avoir ni honneur, ni courage, ni piété, et d'être efféminés dans leurs mœurs comme dans leurs vêtements. « Les Français, au combat, et les Provençaux, au fourrage. » Tel était le dicton populaire par lequel ils établissaient, de la manière la plus injurieuse, la distinction entre les services que les deux peuples avaient rendus pendant la première croisade.

Ces reproches étaient généralement fondés de part et d'autre. Il était vrai que le nord était encore barbare, livré à des haines sanglantes de famille à famille, de commune à commune, querelles qui étaient épousées même par les serfs des différents villages ; mais c'était une barbarie féconde, car elle se trouvait coïncider avec un commencement de civilisation beaucoup plus sérieuse que ne l'était celle des pays provençaux. C'était surtout aux immenses écoles de Paris, encouragées par Philippe-Auguste, que nous retrouvons partout où il y a un progrès à faire, que le nord devait sa supériorité sur le midi. L'université de Paris égalait dès-lors, par son influence religieuse, les conciles provinciaux et nationaux, et devait bientôt lutter avec la papauté elle-même sur les questions théologiques. Paris était déjà la capitale intellectuelle de l'Europe ; les écoliers y affluaient des deux extrémités de la chrétienté, de l'Islande et du royaume de Jérusalem. C'est là que se formèrent toutes les supériorités intellectuelles dans les xiie et xiiie siècles. Du reste, c'est plutôt par le mouvement intellectuel que par l'importance et l'universalité des études que se distinguaient les écoles de Paris. On ne s'y occupait guère que de théologie et de philosophie scolastique, et on y commençait à peine l'étude du droit civil. C'est à ces travaux, qui étaient plutôt pour l'esprit une excellente gymnastique qu'une acquisition sérieuse, que se forma saint Bernard, surnommé le dernier père de l'Église, dont l'éloquence égalait la sainteté. Ses ouvrages ne le cèdent point en vivacité et en énergie à ce qui nous est resté des meilleurs écrivains de l'antiquité ; quant au style, à la forme de la composition, il n'a pu atteindre qu'à la perfection relative dont le moyen-âge était susceptible. C'est là aussi que se forma Abeilard, le plus ancien penseur indépendant du moyen-âge. Il déclara nettement que tout dans la religion pouvait être expliqué et devait être entendu suivant les lumières de la raison, et que la foi chrétienne n'était elle-même que la raison de l'homme dépouillée de tout nuage et élevée à sa plus haute expression. Telles étaien les doctrines de l'homme qui attirait dans les écoles de Paris plus de vingt mille écoliers, et qui, s'étant retiré au milieu d'une forêt, dans un ermitage, pour échapper aux querelles de l'école et aux persécutions du clergé, vit élever un camp considérable d'hommes avides de recueillir ses moindres paroles. Il était universellement reconnu pour un argumentateur si terrible, que saint Bernard, l'ayant fait citer devant un concile, n'osa pas discuter contre lui, et se contenta de dire : « Prions, mes frères, pour qu'en ce jour la vérité triomphe de l'erreur. » La doctrine d'Abeilard sur l'accord de la foi et de la raison fut condamnée, sans que le concile osât courir le danger d'en entendre le développement. Il n'y a point de siècle, quelque glorieux et quelque éclairé qu'il soit, qui ne dût s'enorgueillir de posséder deux intelligences aussi supérieures que saint Bernard et Abeilard.

A cette même époque, nous voyons renaître les études classiques. Il y avait un mouvement de restauration des lettres à peu près semblable à celui qui éclata, avec plus de force, au XIIe siècle. Les poètes latins ne sont que ce qu'ils peuvent être, c'est-à-dire, des imitateurs quelquefois corrects, mais toujours très-froids, des auteurs du siècle d'Auguste. L'histoire seule présente deux hommes supérieurs chacun dans leur genre : Guillaume de Tyr, l'historien des croisades, auteur judicieux et instruit, et Geoffroy de Ville-Hardouin, le premier qui ait écrit en français un ouvrage original ; c'est le chroniqueur et l'un des héros de la quatrième croisade. Quant à la littérature vulgaire, elle est plus féconde que jamais, bien que Philippe-Auguste ait persécuté à plusieurs reprises les trouvères et les jongleurs, ou plutôt ceux d'entre eux qui réclamaient l'ancienne licence d'idées et de mœurs que l'anarchie féodale avait jusque-là tolérée ; car il eut son poète lauréat en langue vulgaire, comme il avait son poète lauréat en langue latine.

La tendance de la civilisation provençale était aussi futile que celle de la civilisation française se montrait sérieuse. D'abord point d'études savantes, si ce n'est celle de la médecine qui commençait à s'introduire à Montpellier par l'intermédiaire des Arabes et des Juifs; et il faut remarquer que cette science, alors toute empirique et toute matérielle, présentait un caractère tout opposé à celui des études qui avaient tant d'éclat et de retentissement à Paris. Les Provençaux avaient inventé il est vrai une science sinon sérieuse, du moins très-compliquée et très-difficile; c'était le *gai-savoir*, c'est-à-dire, l'art inventé par les troubadours d'analyser subtilement les sentiments d'amour, et d'épuiser tous les raffinements de la versification; c'était là toute la vie intellectuelle du midi. Mais malgré un grand art de versification, et une élégance naturelle qui prouve les plus heureuses dispositions pour la perfection de la forme littéraire, les troubadours n'en sont pas moins d'une monotonie maintenant presque insupportable. En lisant vingt ou trente de leurs principales pièces, on a une idée complète de toute leur littérature. Du reste, le gai-savoir était une école de poésie tellement supérieure à toutes celles qui existaient alors, que toutes les nations de l'occident l'imitaient à l'envi ; notre dialecte du midi était devenu la langue littéraire par excellence.

En architecture, les Provençaux avaient conservé les formes lourdes du style roman, dernière dégradation de l'art antique. Ils ne connaissaient pas encore l'art emprunté des Arabes, mais admirablement modifié, de l'architecture chrétienne ou gothique, qui produisait déjà dans le nord de la France les cathédrales de Paris, de Reims et de Chartres.

Les mœurs des Provençaux, malgré toute l'élégance du gai-savoir, étaient presque aussi brutales que celles des Français proprement dits. C'était un mélange bizarre de barbarie et de politesse, qui s'est quelquefois retrouvé dans les ères analogues de civilisation. L'influence de l'Église et de la royauté était parvenue dans le nord à établir un commencement d'ordre et à rappeler le respect dû aux lois sociales ; les seules lois au contraire qui fussent respectées des Provençaux, étaient leur législation des *cours d'amour*, c'est-à-dire les lois de la courtoisie chevaleresque ; ils ne reconnaissaient pas d'autres tribunaux réguliers. Le seul élément de supériorité du midi sur le nord, c'était le plus grand nombre de villes indépendantes et commerçantes ; c'était aussi, par suite de l'existence d'une bourgeoisie nombreuse et respectée, l'affaiblissement de la société féodale ; il y avait même dans les campagnes un très-grand nombre de propriétaires entièrement libres de toute sujétion féodale. Dans le nord, au contraire, l'axiome célèbre « nulle terre sans seigneur » ne souffrait aucune exception.

Sous le rapport de la puissance militaire la France du midi ne pouvait en aucune manière rivaliser avec la France du nord, et il était impossible qu'elle restât long-temps indépendante. Il y avait parmi les Provençaux trop peu d'union et une trop grande corruption de mœurs, une trop grande décadence du courage chevaleresque, pour que tôt ou tard la France du nord pleine de sève et de vie ne s'avisât de conquérir un si beau pays. Une circonstance malheureuse pour les Provençaux accéléra cette catastrophe qui d'ailleurs était inévitable ; car les événements se sont chargés de montrer combien la lutte était inégale. Cette circonstance fut la propagation des hérésies dans le midi de la France. Le xiie siècle qui avait été un siècle de renaissance pour les études, et qui est un grand siècle sinon littéraire du moins intellectuel, ne pouvait contenir la fermentation religieuse dans les limites de l'orthodoxie, et, comme les esprits étaient surtout préoccupés de questions religieuses, il y eut un grand nombre d'hérésies. Ces hérésies éclatèrent partout à la fois, mais elles furent promptement étouffées dans le nord. Les Provençaux, par leurs communications commerciales avec les schismatiques grecs et les infidèles, étaient devenus tolérants ou même sceptiques en religion. L'indifférence des princes et des peuples permit aux hérésies de faire des progrès. L'Église, si puissante partout ailleurs, était tombée dans une décadence qui allait toujours en augmentant depuis le grand mouvement de la première croisade. Le clergé était universellement méprisé ; ni la noblesse ni la bourgeoisie n'entraient plus dans les ordres sacrés. La plupart des bénéfices ecclésiastiques n'étaient plus accordés par les princes et les seigneurs qu'à la condition de leur abandonner la plus grande partie des revenus. On disait proverbialement en parlant des plus grands malheurs : « Il vaudrait mieux être prêtre. » Un grand nombre d'églises furent envahies sans opposition par des prédicateurs hérétiques, et beaucoup de biens ecclésiastiques usurpés de nouveau par les laïques. Les missionnaires envoyés à plusieurs reprises pour combattre l'hérésie, furent reçus avec dérision ou honteusement chassés par les catholiques eux-mêmes qui ne comprenaient rien à leur zèle intolérant.

Les hérétiques se divisaient en un grand nombre de sectes qui se combattaient et se détestaient mutuellement au milieu de l'indifférence du plus grand nombre. Mais, en ne prenant que les traits généraux, on peut les diviser en deux grandes classes, les vaudois et les albigeois. Les vaudois ou pauvres de Lyon, ainsi nommés parce que le chef de leur secte était un marchand Lyonnais nommé Valdo, avaient à peu près les mêmes croyances que les calvinistes ont adoptées au XVIe siècle. Ils niaient la présence réelle dans le sacrement de l'eucharistie, ramenaient la plupart des mystères à des explications symboliques, supprimaient le sacrifice de la messe et la plupart des cérémonies du culte, pour ne conserver que la lecture des livres saints traduits en langue vulgaire.

L'hérésie des albigeois était toute différente ; c'était une secte manichéenne, c'est-à-dire, qu'ils admettaient l'indépendance des deux principes, qu'ils avaient un Dieu du bien et un Dieu du mal. Le Dieu du mal était pour eux celui de l'ancien testament. Leur morale passait pour aussi relâchée que leurs dogmes étaient impies. On leur reprochait des débauches monstrueuses, et l'autorisation de tous les crimes à des conditions dérisoires ; reproches qui ont été faits dans tous les temps à toutes les sectes manichéennes. Les albigeois étaient véritablement plus loin du christianisme que les mahométans qui ne sont presque que des ariens. Du reste, quant à juger de leurs mœurs, ce nous est maintenant impossible puisque nous n'avons plus d'autres documents que les accusations de leurs persécuteurs ; mais il faut reconnaître que s'ils n'ont pas tiré de leurs doctrines les conséquences dont les catholiques les accusaient, elles n'en avaient pas moins une tendance très-dangereuse et très-immorale. Parmi les albigeois il y en avait qui affectaient dans leurs mœurs une sévérité et une dureté, auprès de laquelle les catholiques les plus rigides, ceux qui s'imposaient les pénitences les plus austères, auraient pu passer pour des voluptueux ; mais c'était précisement ceux-là qu'on accusait de se livrer en secret aux plus honteux débordements. Cette hérésie des albigeois excitait dans tout le nord de la France une indignation générale, et chacun se demandait si, après avoir été chercher les infidèles jusqu'en Asie, il était possible de supporter dans l'intérieur même du royaume des ennemis encore plus dangereux de la foi chrétienne.

Au temps où éclata la croisade des albigeois le principal souverain du midi, le comte de Toulouse, Raimond VI, était un jeune prince à la fois débauché et impie, sans énergie et sans talents. Il vivait tout-à-fait à la manière des rois mahométans de l'Asie et de l'Espagne avec lesquels les cours provençales étaient en continuelles relations. Il avait répudié quatre femmes légitimes sans aucun motif, et sans daigner même remplir aucune des formalités exigées par l'Église ; il s'était formé publiquement un sérail dans lequel il admettait de préférence les maîtresses de son père. Indifférent entre le catholicisme et l'hérésie, il prenait plaisir à poursuivre de ses railleries l'une et l'autre doctrine. Du reste, il semblait ne prévoir nullement l'orage qui se formait contre sa nation et ses états, bien qu'à plusieurs reprises il y eût eu des avertissements et des menaces. C'était Innocent III qui possédait alors le trône pontifical ; ce pape qui fut à la fois le plus violent et le plus grand peut-être de tous les papes du moyen-âge, voyait tous les rois de la chrétienté soumis docilement à son influence ; un seul coin de sa province des Gaules, naguère la plus dévouée de toutes à l'Église, osait seule se séparer ouvertement du reste de la chrétienté et rester rebelle à ses ordres. Il envoya légats sur légats pour effrayer les princes et les contraindre à prendre ouvertement parti pour l'orthodoxie ou pour l'hérésie. Pierre de Castelnau, un de ces légats, menaça Raimond VI dans son palais ; deux chevaliers du comte, de ceux qu'il nourrissait à sa table, et à qui l'honneur féodal faisait un devoir de venger les injures de leur seigneur, allèrent assassiner dans une hôtellerie le prélat qui avait osé insulter le comte de Toulouse. A cette nouvelle, Innocent III ne garda plus aucun ménagement et proclama la croisade contre les albigeois et en particulier contre Raimond VI, accusé d'un assassinat sacrilége. Ainsi cette grande idée de la croisade, de la guerre sainte contre les infidèles, étrangère dès son origine aux doctrines chrétiennes, fut tournée pour la première fois contre un peuple chrétien et devint entre les mains des papes la plus dangereuse et quelquefois la plus injuste de toutes les armes.

Comme il était bien plus facile de faire une expédition de quelques mois que d'aller passer des années en Orient, d'où l'on ne revenait guère, et que d'ailleurs des pardons tout aussi grands étaient accordés, cette prédication excita dans la France du nord un mouvement à peu près comparable à celui de la première croisade. L'armée fut dirigée non plus par un membre de la milice féodale, mais par un prêtre, le légat du pape ; choix significatif et menaçant qui annonçait que le père commun des fidèles tendait à transformer en une monarchie universelle son autorité religieuse. L'abbé de Citeaux, général des croisés, se choisit pour principal lieutenant un gentilhomme de fortune et de naissance médiocre, Simon de Montfort, déjà éprouvé par plusieurs années de combats dans la Terre-Sainte, un de ces hommes rares qui réunissent presqu'au même degré le fanatisme le plus sincère et l'ambition la plus ardente. Si l'Orient n'avait pu résister à la première levée en masse de la France, conduite par plusieurs chefs indépendants et contre toutes les règles de l'art militaire, il était bien plus impossible encore aux Provençaux de résister à un semblable choc habilement dirigé par une seule main (1209).

Le premier grand événement de cette guerre fut le siége de Béziers, une des villes où les albigeois étaient le plus nombreux. Après avoir ruiné les défenses sur plusieurs points, les croisés se disposant à monter à l'assaut demandèrent à l'abbé de Citeaux à quel signe on pourrait reconnaître les catholiques qui se trouvaient dans la ville mêlés aux albigeois : « Tuez-les tous, répondit-il ; Dieu saura bien reconnaître les siens. » Il ne resta pas dans cette malheureuse ville un seul être vivant ; et les croisés s'acharnèrent sur elle jusqu'à ce qu'il ne restât plus un seul pan de murs.

Ce massacre universel, au lieu de réunir tous les Provençaux dans une défense désespérée, les épouvanta tellement, qu'ils renoncèrent à rassembler leurs forces et que chacun s'efforça de trouver son salut dans sa défection de la cause commune; Les croisés ne rencontrèrent presque aucune résistance dans tout le reste de la campagne, ce qui d'ailleurs ne calmait nullement leur fureur aveugle et leur soif de sang hérétique. Partout où ils passaient, les populations prenaient le parti de s'enfuir ; quelques châteaux très-forts essayèrent de soutenir le siége et subirent le sort de Béziers. Raimond VI s'humilia avant même d'être attaqué, lui qui avait montré une si folle sécurité et une si grande confiance en ses forces. Il demanda grâce au pape, et, pour l'obtenir, il se mit à faire périr dans les supplices tous les hérétiques qu'il put saisir. L'Église lui faisait attendre sa grâce en la lui présentant comme une récompense qu'il devait gagner par de plus grands services. Mais quand tous ses voisins eurent été accablés, elle lui déclara qu'il devait choisir entre ses états et la réconciliation, et qu'il ne serait absous qu'en abdiquant sans conditions. Raimond alla se livrer à ses juges et essaya de les fléchir par ses supplications ; on lui donna pour négociateur l'archidiacre de Notre-Dame de Paris, qui était l'ingénieur de l'armée et l'un des plus inflexibles des croisés. Raimond se jeta à ses genoux et tenta de le toucher par ses larmes, mais l'autre lui répondit par cette citation dérisoire de l'Écriture : « Quel que soit le débordement des eaux, elles ne monteront pas jusqu'au Seigneur. »

Cependant la plupart des croisés retournaient dans leur pays après avoir tout mis à feu et à sang dans le Languedoc ; un petit nombre de pauvres chevaliers, les aventuriers de l'expédition, s'emparèrent des villes et des châteaux à leur convenance, espérant s'établir dans cette terre de désolation. Les Provençaux reprirent courage; ils trouvaient un protecteur puissant dans le roi d'Aragon, Pierre II, le chevalier le plus accompli et l'un des troubadours les plus distingués de son époque. Ce prince qui possédait des fiefs considérables dans les pays envahis, avait à venger ses sujets qui avaient partagé le sort commun, et comme les Aragonais eux-même étaient un peuple de la langue d'oc, c'était pour eux une guerre presque nationale. Il réunit une armée considérable, et vint combattre les envahisseurs qui se trouvaient réduits à un très-petit nombre de combattants; mais Simon de Montfort, à qui le pape avait donné l'investiture de tous les pays conquis, les commandait. Tous ses compagnons lui conseillaient d'éviter le combat, et de disputer le terrain de position en position, de château en château, jusqu'à l'arrivée d'une nouvelle inondation de pélerins du nord. Montfort se contenta de lire une lettre du roi d'Aragon, qu'il venait d'intercepter, dans laquelle ce prince disait à une dame de Toulouse que c'était seulement pour l'amour d'elle et pour la revoir, qu'il avait entrepris cette expédition ; puis, il ajouta avec enthousiasme, que jamais un homme possédé de pensées si mondaines ne serait vainqueur des soldats du Christ. Cette lettre bizarre du roi d'Aragon n'était du reste qu'une fiction convenue et habituelle de la galanterie chevaleresque, telle que les longs loisirs des méridionaux l'avaient faite, en la raffinant encore et la rendant tout-à-fait ridicule.

Les croisés allèrent se placer à Muret près de Toulouse, derrière un ruisseau très-rapide et qui coulait sur un fond de caillous, pour y attendre de pied ferme l'armée ennemie. Ils furent entourés et attaqués avec vivacité à plusieurs reprises; mais ils firent un tel carnage, surtout dans le lit du ruisseau, de tous ceux qui s'approchaient à portée de leurs lances ou de leurs épées, que le découragement se mit dans les rangs de leurs ennemis. Pierre II fut tué en essayant de les ramener au combat, et son armée vaincue se dispersa aussitôt (1213).

Cependant l'abbé de Citeaux, qui arrivait avec une nouvelle armée de trois cent mille hommes, acheva d'ôter aux Provençaux toute idée de résistance ; mais cette armée ne fit que passer. Les croisés emportés par leur enthousiasme religieux ne daignèrent pas même assurer la soumission des pays conquis ; ils allèrent en Espagne combattre une nouvelle invasion de Maures africains, puis se découragèrent avant d'avoir vu l'ennemi, et revinrent isolément dans leurs foyers. Montfort resté de nouveau presque seul alla assiéger Toulouse, et fut repoussé. Peu à peu la guerre recommença sur toute l'étendue du pays et sembla devoir s'éterniser. Tous les ans il arrivait, il est vrai, aux conquérants de nouveaux renforts; mais les Provençaux étaient revenus de leur première frayeur; ils voyaient d'ailleurs qu'il s'agissait de les dépouiller de leurs biens et de leur patrie, et que les catholiques n'étaient pas plus épargnés que les autres. Dans cette enfance de l'art militaire la défense avait sur l'attaque de grands avantages, et la plupart des châteaux ou des villes étaient à peu près inexpugnables. A diverses reprises les croisés perdirent beaucoup de terrain, et furent sur le point d'être expulsés de la Provence.

Philippe-Auguste évita toujours avec soin de prendre une part directe à cette lutte, ne voulant pas avoir à combattre deux ennemis à la fois, la monarchie anglaise et le peuple provençal. Il éluda à plusieurs reprises les instances de la papauté, seulement il permit deux fois à son fils de conduire les levées volontaires des Français, chaque fois pour une campagne seulement. Mais le règne de Louis VIII (1223-1226) ne fut presque qu'une croisade contre les albigeois. Comme son père, il refusa d'abord d'accepter le commandement que le pape Innocent III le conjurait de prendre, mais ayant remporté de grands et rapides succès sur les Poitevins et les Aquitains de nouveau révoltés, et voyant enfin sa domination bien établie sur cette fraction des populations provençales, il intervint enfin d'une manière décisive dans la grande guerre du midi (1225).

L'expédition de ce prince sagement conduite avait déjà soumis tout le pays à l'exception de quelques cantons des Pyrénées, lorsque des maladies contagieuses se déclarèrent dans l'armée royale. La plupart des grands vassaux étaient venus assez mal disposés à cette expédition ; car tous, depuis les derniers succès de Philippe-Auguste, avaient ouvert les yeux sur l'ascendant de la puissance royale et sur les dangers dont leur indépendance était menacée. Ils profitèrent du découragement causé par la contagion pour abandonner leur chef. Thibaut, comte de Champagne donna l'exemple de la défection, en accusant, dans une pièce de vers célèbre, l'ambition et la cruauté des prêtres, qui éternisaient cette guerre impie ; et par cette démarche éclatante, il mit fin à l'alliance intime qui depuis trois règnes, presque sans interruption, unissait aux Capétiens la puissante maison de Blois. Louis VIII mourut de la peste dans son camp, et les peuples dans leur indignation accusèrent le comte de Champagne de l'avoir empoisonné (1226).

Ce prince laissait le trône à un enfant à peine sorti du berceau, notre incomparable saint Louis. La féodalité essaya aussitôt de profiter de tous les embarras d'une longue minorité pour rétablir son indépendance et abaisser la puissance royale. Une tentative pour faire le roi prisonnier échoua par le dévoûment des bourgeois de Paris, qui sortirent en armes à la première nouvelle du danger que le roi courait, et le ramenèrent en triomphe au milieu d'eux. La régente sa mère, Blanche de Castille, parvint à séparer Thibaut de Champagne de la coalition universelle, et bientôt après, avec l'appui du légat du pape, elle contraignit les seigneurs à la reconnaître pour régente et à lui obéir. C'est l'un des triomphes les plus importants et les plus significatifs qui aient été remportés par le pouvoir royal; car jamais dans aucun temps, les circonstances n'ont pu être plus défavorables que sous un roi mineur et une régente étrangère, qui mettait pour la première fois les Français sous le gouvernement d'une femme.

En même temps, Blanche de Castille avait la gloire de mettre fin à la guerre des albigeois par le traité de Meaux (1229). Le royaume y gagna une grande partie du Bas-Languedoc ; deux frères du roi devinrent héritiers des comtés de Toulouse (1229) et de Provence (1246), par leurs mariages avec les héritières des anciennes dynasties du pays. Dès-lors l'empire incontesté de toute la France à l'exception de la Flandre et de la Gascogne, appartint aux Capétiens. Les Montfort cédèrent leurs droits en échange d'une indemnité peu considérable, et allèrent porter dans les guerres civiles d'Angleterre une ambition et un talent héréditaire. Ainsi ce fut en définitive pour élever encore les Capétiens qu'Innocent III avait entrepris cette guerre, et que les Montfort avaient dépouillé les souverains provençaux.

Quant à l'hérésie, elle fut exterminée en peu d'années dans le midi de la France. Le soin de la prédication et de la recherche des hérétiques fut confié à un ordre monastique nouvellement établi, celui des Dominicains. Saint Dominique, son fondateur, avait passé sa vie à prêcher le christianisme aux mahométans et aux albigeois, poursuivant avec ardeur la couronne du martyre qui lui fut partout refusée, c'est-à-dire, recevant une grâce, qu'il n'accorda jamais quand il avait la force en main. C'est saint Dominique qui imagina et fit établir le tribunal de l'inquisition. Ses successeurs poursuivirent l'hérésie et surtout celle des manichéens avec la même rigueur, mais les vaudois ne furent pas entièrement détruits. Malgré la rigueur inflexible du clergé au moyen-âge, ils n'étaient pas persécutés constamment d'une manière sanglante. Les papes ordonnèrent à plusieurs reprises de les ramener par la persuasion ; et même, comme leur réforme insistait surtout sur la pureté des mœurs et la simplicité des habitudes extérieures, on essaya de leur laisser les apparences de leur foi première, en les constituant en congrégation religieuse. On reconnaissait que si leurs opinions étaient dangereuses, leurs mœurs étaient pures, et leurs intentions irréprochables. La persécution finit même par se lasser, chose inouïe dans l'histoire des querelles religieuses, et ils se perpétuèrent obscurément dans quelques vallées des Alpes, où quelques-uns de leurs débris existent encore.

L'unité de la nation française était fondée, et désormais rendue indestructible, mais c'était aux dépens de toute une civilisation, de tout un peuple. Ce ne fut pas un mélange des deux nationalités, mais la destruction des Provençaux par les Français. La langue des troubadours fut proscrite en plein concile comme suspecte d'hérésie, et tomba, en une génération, du rang de première langue littéraire de l'Europe à celui de dialecte populaire ou patois.

CHAPITRE VIII.

DISSOLUTION DE LA SOCIÉTÉ FÉODALE ; AFFERMISSEMENT DU POUVOIR MONARCHIQUE.

(Règne de saint Louis depuis sa majorité, 1236-1270.)

La majorité de saint Louis fut retardée, contrairement aux usages féodaux, jusqu'à l'âge de vingt-un ans par la volonté de sa mère. Cette princesse ambitieuse voulait affermir son autorité et éterniser son influence ; mais rien ne put altérer la soumission et le respect de son fils, pas même la hauteur et la dureté avec lesquelles elle le traitait quelquefois. Joinville raconte que vers cette époque et lorsqu'il s'était déjà illustré dans plusieurs combats, saint Louis était encore retenu dans une sujétion à peine croyable. Un jour il trouva la jeune reine Marguerite toute en larmes ; elle lui confia que Blanche de Castille n'avait pas voulu souffrir qu'elle restât auprès de son mari malade, et qu'elle était obligée d'user du plus grand secret quand elle voulait lui parler plus d'une fois par jour, tant sa belle-mère était jalouse d'exercer sur son fils une influence exclusive. Saint Louis, malgré l'inaltérable douceur de son caractère et son entière soumission aux ordres de sa mère, montra pourtant dans tout son règne une ame ferme et décidée, toutes les fois qu'il s'agissait de ses devoirs de roi. Dans toutes les occasions, il se montra intrépide à la guerre et non moins courageux dans le conseil ; tout était subordonné dans chacune de ses actions au sentiment du devoir. On peut dire qu'il porta sur le trône un exemple à jamais unique de la perfection morale jointe à des qualités intellectuelles qui, sans être tout-à-fait supérieures, en faisaient pourtant un homme distingué. Dans tous ses actes de roi, il agissait avec le même scrupule, la même abnégation qu'il montrait comme fils et comme chrétien ; et telles étaient même sous ce rapport la force et la délicatesse de sa conscience, qu'à plusieurs reprises et malgré tous ses conseillers, on le vit sacrifier même l'intérêt politique de ses sujets et de sa puissance à la crainte de commettre une injustice ou d'en profiter. En même temps, le premier il donna l'exemple de résister en face et sans détours à quelques-unes des prétentions les plus exorbitantes de la cour de Rome ; pourtant il portait la dévotion et le goût des pratiques religieuses à un point qui sembla ridicule dans un roi à quelques-uns de ses propres contemporains. Il fut une fois injurié par une femme qui le traita de moine imbécille, et lui reprocha d'une manière piquante ses éternelles pénitences. Saint Louis se contenta de la reprendre avec douceur et empêcha qu'on ne lui fît aucun mal.

Son royaume, tel qu'il lui fut remis par la régente, était incontestablement l'état le plus puissant et le plus parfaitement soumis à l'autorité monarchique de toute l'Europe ; mais cet ascendant de la royauté n'était pas encore tel qu'il ne pût être troublé par une dernière tentative pour rétablir l'indépendance féodale. Une nouvelle ligue se forma entre le roi d'Angleterre Henri III, son beau-père le comte de la Marche, et tout ce qui restait de chefs nationaux à la nation provençale (1241). Mais cette coalition fut dissipée en quelques mois. Les Aquitains se soumirent sans avoir combattu ; les Anglais furent battus à Taillebourg, et il s'en fallut de peu que toute l'armée ne tombât au pouvoir de saint Louis, qui combattait en personne à la tête de ses chevaliers. Quelques jours après, ce prince remporta près de Saintes un nouvel avantage, et les Anglais furent obligés de nouveau de se réfugier derrière la Garonne. Les Provençaux qui avaient essayé de se soulever à Toulouse, à Béziers, à Marseille, à Avignon, s'empressèrent de rentrer sous le joug ou sous l'influence de la France. Le vieux Raimond VII, fils de celui qui avait vu commencer la croisade, fut obligé de livrer Toulouse à son gendre Alphonse de Poitiers, cet odieux capétien, qu'il aurait tant voulu frustrer de son héritage. Malgré cette victoire complète, saint Louis traita tous les vaincus avec la plus grande indulgence. Tourmenté par ses scrupules qui lui faisaient considérer les conquêtes de son père et de son aïeul comme injustes, il offrit à Henri III de lui céder tous les pays au-delà de la Loire, à condition qu'il le reconnaîtrait légitime souverain de la Normandie, du Maine et de l'Anjou. Henri III refusa long-temps, mais ne fit aucune tentative sérieuse pour rentrer dans l'héritage de ses ancêtres, dans l'impuissance où le mettaient les révoltes continuelles de ses sujets.

Saint Louis, n'ayant plus aucune inquiétude à concevoir ni du dedans ni du dehors, se préoccupa bientôt du désir de rétablir les affaires des chrétiens dans la Terre-Sainte ; dans cette occasion comme dans ses offres à Henri III, il résista à tous ses conseillers et même à sa mère. Le pape Innocent IV se montra lui-même contraire à ce projet, mais c'était pour détourner sur son ennemi l'empereur Frédéric II toutes les forces de la France. Tout autre que saint Louis se fût empressé de se rendre aux conseils intéressés de la papauté; l'Italie était un champ de bataille plus attrayant que la Terre-Sainte. Mais loin de se laisser séduire, Louis IX blâma hautement la conduite emportée du pape contre l'empereur, et son ardeur à armer les chrétiens les uns contre les autres; et il entraîna avec lui à la croisade d'Orient, presque tout le baronnage de France, malgré sa répugnance bien prononcée à le suivre (1248). Persuadé que, l'Égypte une fois conquise, la Palestine resterait à jamais au pouvoir des chrétiens, c'est de ce côté qu'il dirigea tous ses efforts. La ville de Damiette fut prise et une partie du Delta envahie; mais l'armée chrétienne avançait lentement au milieu des innombrables canaux dont cette partie de l'Égypte est coupée. Les croisés n'avaient ni matériaux, ni ingénieurs pour construire des ponts; il cherchaient à combler le lit de chaque canal avec des digues en terre qui demandaient un immense travail, et étaient rompues continuellement; car les sarrasins pouvaient détourner avec facilité sur ces digues la plus grande partie des eaux du Nil. Après avoir perdu beaucoup de monde par les maladies et par le feu grégeois, saint Louis accepta une bataille générale qu'il aurait gagnée sans la témérité de son frère Robert, comte d'Artois, qui engagea toute l'avant-garde dans les rues étroites de Mansourah et causa ainsi la ruine de l'expédition. Saint Louis essaya en vain de faire retraite; il lui fut impossible de regagner Damiette, et se trouvant enfermé par l'inondation du Nil, la famine le contraignit à se rendre avec les débris de son armée. Presque tous les chrétiens furent massacrés de sang-froid; on ne conserva que ceux dont on espérait tirer une rançon considérable. La reine Marguerite qui était restée à **Damiette** y fut assiégée ; cette ville fut réduite à une telle extrémité, qu'elle supplia les mains jointes un vieux chevalier qui gardait sa porte, de la tuer si la ville était prise d'assaut, pour ne pas tomber vivante entre les mains des sarrasins. Ce chevalier lui répondit avec une simplicité héroïque : « Véritablement, Madame, j'y songeais dans cet instant même. » Ce fut au milieu de ces angoisses qu'elle mit au monde un fils à qui elle donna le nom significatif de Tristan (1250).

Cependant une révolution intérieure vint mettre le comble aux dangers du roi. Au moment où sa rançon était presque convenue, les Mameluks, esclaves du Caucase, qui formaient la garde des soudans d'Egypte, massacrèrent leur souverain. Ils eurent un instant l'idée de massacrer tous leurs prisonniers, c'est-à-dire, le roi et quelques seigneurs. Joinville assure que ces barbares furent tellement surpris et touchés du courage de saint Louis dans ce moment terrible, que passant d'un extrême à l'autre, ils pensèrent à en faire leur roi. Saint Louis parvint enfin à se racheter avec ses compagnons, en rendant Damiette et en fournissant une énorme rançon.

A la nouvelle de la captivité du roi, un mouvement populaire des plus étranges avait éclaté en France ; la partie la plus pauvre et la plus grossière du peuple, et principalement les bergers s'attroupèrent de toutes parts, en annonçant qu'il leur était réservé à eux dont la foi était sincère et le cœur pur, de délivrer le roi sans l'intervention des nobles et du clergé, contre lesquels Dieu se montrait évidemment irrité à cause de leur tyrannie et de leur corruption. Mais après les mouvements d'enthousiasme arrivèrent les désordres et les excès. Les pastoureaux, comme on les appelait, s'étant mis à vivre de pillage, et à ne vouloir reconnaître aucune autorité, furent poursuivis et dispersés par les chevaliers et la milice des villes. Ces séditions d'une espèce toute nouvelle et qui étaient fondées sur le culte trop ardent que le peuple rendait à la royauté, se renouvelèrent à plusieurs reprises sous la même forme, toujours avec la pensée de se passer des nobles et du haut clergé.

Cependant saint Louis, malgré les instances de ses frères, s'obstina à rester en Palestine, bien qu'il observât religieusement le traité conclu avec les Mameluks. Il fortifiait les villes et les châteaux, arrangeait les querelles qui affaiblissaient encore les misérables successeurs des conquérants de la Terre-Sainte. Il voulait attendre que l'invasion des Mongols, à laquelle on s'attendait, vînt lui donner l'occasion de rendre de nouveaux services. Au bout de quatre ans, la nouvelle de la mort de sa mère le rappela en France (1254). De retour dans ses états, il eut encore quelques hostilités à soutenir contre les Anglais, et finit par obtenir à force d'instances qu'Henri III voulût bien recevoir le Périgord, le Limousin, l'Agénois avec une partie de la Saintonge et du Querci, à condition qu'il renoncerait à ses droits sur les autres conquêtes de Philippe-Auguste.

Dès ce moment saint Louis se renferma entièrement dans les soins du gouvernement intérieur, ce qui fut incomparablement plus utile à la France que s'il l'avait engagée dans de nouvelles guerres ; car sous son administration pacifique et éclairée, la richesse publique et particulière fit en peu d'années les plus grands progrès. En même temps la société féodale continuait à se dissoudre par la seule force des choses; il ne restait plus autour de la royauté qu'un petit nombre de grands vassaux, sinon entièrement soumis, du moins réduits à l'impuissance de nuire, et qui devenaient eux-mêmes de véritables monarques dans leurs provinces par la destruction de l'indépendance des arrières-vassaux. Les institutions primitives du gouvernement féodal tombent partout en désuétude, mais en laissant dans les usages et dans les lois civiles une foule de débris qui étaient en général autant d'obstacles aux progrès de la nouvelle société monarchique. Du reste, saint Louis respecta toujours avec le plus grand scrupule tout ce qu'il considérait comme les droits de ses vassaux, quelle que fût d'ailleurs leur puissance ou leur faiblesse. Seulement ce que l'Église avait condamné, ce qui était évidemment injuste et odieux, il en faisait justice sans ménagement. C'est ainsi qu'il réprima ceux des seigneurs qui avaient conservé les traditions de violences et d'exactions arbitraires; quant au droit de brigandage sur les grandes routes, il n'en était plus question depuis long-temps. Les guerres privées et le duel judiciaire se trouvant sanctionnés par un usage universel et constant, saint Louis n'osa point les prohiber directement, bien qu'il les condamnât comme des coutumes violentes et dangereuses; seulement il les supprima dans ses domaines, et mit le plus grand soin à rendre à chacun bonne et exacte justice, soit par lui-même, soit par des juges de son choix qui ont fondé la magistrature française. L'exemple d'une meilleure organisation judiciaire décida promptement les seigneurs suzerains à l'imiter. En même temps les guerres privées devenaient à peu près hors d'usage, personne n'osant refuser l'arbitrage du roi qui s'empressait de l'offrir dès l'origine de la querelle. Rien ne peint mieux saint Louis que ses demi-mesures à l'égard de ces institutions féodales, et la manière dont il s'efforçait de concilier les droits acquis de ses vassaux avec les droits éternels de la justice et du bon ordre.

C'est à lui que remontent aussi les premiers actes écrits destinés à borner les prétentions du Saint-Siége; les grands vassaux français en donnèrent le premier exemple avec son approbation dans une querelle particulière au duché de Bretagne. L'avant-dernière année de son règne, saint Louis publia la pragmatique à laquelle il donna force de loi, et qui est devenue depuis le modèle de toutes les mesures qui ont été prises dans le même but (1258).

Quant au célèbre code intitulé: *Établissements de saint Louis*, il paraît qu'il est l'œuvre d'un jurisconsulte et non du pouvoir public, et qu'il était uniquement destiné à aider les juges et les avocats sur les principaux points de la législation générale du royaume. Il est prouvé en effet que jamais ce code n'eut force de loi; on peut y remarquer que déjà les principes du droit romain, adoptés avec ardeur par les légistes, passaient dans la pratique de manière à modifier d'une manière notable les anciennes coutumes féodales.

Plus tard, lorsque saint Louis fut canonisé, les provinces cédées à l'Anglais se récrièrent vivement, et refusèrent de le reconnaître pour saint, parce que, disaient-elles, c'était le premier devoir d'un roi de ne pas abandonner ses sujets. C'est sans contredit l'éloge le plus beau qu'un peuple ait jamais fait de son roi.

Cependant la noblesse française, quoique son influence fût considérablement réduite, était aussi nombreuse et aussi belliqueuse que jamais, il lui fallait des guerres et des aventures. Un frère de saint Louis, Charles, comte d'Anjou et de Provence, profita de ces dispositions turbulentes pour se conquérir un royaume. Il fut chargé par le pape

Clément IV de détrôner Manfred, fils naturel de Frédéric II, qui s'était emparé du royaume de Sicile, et qui maintenait dans une grande partie de l'Italie la supériorité des Gibelins sur les Guelfes. Charles d'Anjou marcha contre lui avec une armée de trente mille hommes. Manfred, l'un des princes les plus héroïques du moyen-âge et le dernier rival que la maison de Souabe ait opposé à la papauté, fut abandonné de ses sujets au moment du danger ; il ne lui resta plus que la milice sarrazine établie par son père à Nocéra. Il essaya de fléchir Charles d'Anjou en lui offrant les conditions les plus avantageuses, la moitié de son royaume et un tribut. Charles d'Anjou à la tête de son armée, répondit aux ambassadeurs par cette seule phrase: « Allez, et dites-moi au sultan de Nocerre, qu'aujourd'hui « je l'enverrai en enfer, ou il m'enverra en paradis. » Manfred fut vaincu et tué à la bataille de Bénévent. Comme il était excommunié, on lui refusa les honneurs de la sépulture ; mais les Français par admiration pour son courage, lui firent une espèce de tombeau en jetant chacun une pierre sur son corps. Le pape lui envia cette marque de pitié et ordonna d'exhumer son cadavre pour le jeter sur la frontière de son royaume. Quelque temps après, l'héritier légitime de la maison de Souabe, petit fils de Frédéric II, le seul qui restât, selon l'expression du pape, « de cette race de vipères », vint disputer à Charles d'Anjou l'héritage de ses ancêtres ; son armée fut entièrement détruite, et il fut livré dans sa fuite par un seigneur romain chez lequel il se cachait. Le conquérant le fit condamner à mort comme rebelle à son souverain et au Saint-Siége.

Deux ans après l'exécution de Conradin, saint Louis entreprit une nouvelle croisade. Il est probable qu'en abandonnant sa première expédition, il songeait dès-lors à une seconde. L'opinion était tellement changée au sujet des croisades, que Joinville nous assure naïvement qu'il a entendu dire à de grands docteurs, que tous ceux qui avaient conseillé ce voyage au roi avaient commis un péché mortel. Saint Louis avait l'intention, comme la première fois, de conquérir d'abord l'Égypte; mais Charles d'Anjou qui voulait ajouter à son royaume celui de Tunis, lui persuada que le roi de ce pays voulait se faire chrétien, et n'attendait qu'une force chrétienne suffisante pour lui permettre de se déclarer. Saint Louis vint faire le siége de Tunis, où son armée fut vaincue par le climat. Atteint lui-même de la peste qui décimait son armée, il mourut en héros et en saint, consolant et encourageant ses compagnons d'armes. Alphonse, comte de Poitiers et de Toulouse, et quelques autres seigneurs moururent dans cette expédition ou de ses suites, sans laisser de postérité, de sorte que leurs héritages furent réunis à la couronne, et ce désastre tourna encore au profit de la royauté.

Sous saint Louis le mouvement intellectuel de la période précédente avait continué. Quant aux études ecclésiastiques, elles ont toujours leur centre pour toute la chrétienté à la grande université de Paris; le règne de saint Louis est l'apogée de la théologie et de la scolastique qui, aussitôt après lui, tombèrent en décadence. Le droit romain qui devait prendre bientôt le premier rang dans les études, commence à pénétrer en France, d'abord à Montpellier, puis à Orléans et à Paris; l'envahissement du droit civil paraissait même tellement menaçant, que l'autorité ecclésiastique essaya, mais sans succès, de lui fermer au moins les écoles de Paris. C'est sous ce règne que vivaient nos deux plus anciens jurisconsultes nationaux, les premiers qui aient rédigé les coutumes de la

France centrale, Desfontaines et Baumanoir, tous deux juges du roi dans ses domaines. La littérature vulgaire nous offre outre Joinville, l'ami et le biographe de saint Louis, un nombre considérable de romans en vers, de poésies lyriques et de satires. Les deux trouvères de cette période les plus connus aujourd'hui sont Thibaut de Champagne, imitateur des troubadours, et Guillaume de Lorris, auteur du roman de la Rose. Il serait injuste d'oublier Pierre de Saint-Cloud ; car son roman du Renard est peut-être la meilleure composition poétique du moyen-âge. La langue romane d'oïl est sur le point de perdre ses caractères distinctifs et de devenir la langue française. Quant aux arts, ils produisent deux des monuments les plus élégants de l'architecture gothique, la Sainte-Chapelle et la chapelle de Vincennes, élevées toutes deux par ordre de saint Louis. On continuait en même temps ces immenses cathédrales dont la construction durait plusieurs siècles et dont quelques-unes n'ont pas été achevées.

HISTOIRE DE FRANCE.

DEUXIÈME PARTIE.

HISTOIRE
DE FRANCE.

DEUXIÈME PARTIE.

MONARCHIE.

CHAPITRE PREMIER.

POUVOIR ARBITRAIRE DE LA ROYAUTÉ; PRÉPONDÉRANCE DE LA FRANCE EN EUROPE.

(Philippe III, Philippe-le-Bel, Louis X, Philippe V et Charles IV. 1270-1328.)

A la mort de saint Louis le pouvoir royal était tellement bien affermi, que son fils Philippe III surnommé par ses courtisans le Hardi, put braver le mécontentement de la noblesse et tous les usages des temps passés, en déléguant son pouvoir à un favori de basse extraction, Pierre de la Brosse, son barbier-chirurgien. Ce favori fut pendant quelque temps le véritable souverain de la France. Son maître était un prince faible et incapable qui ne pouvait se passer d'être gouverné. Pour accroître et assurer sa puissance, la Brosse fit choix pour le roi d'une seconde femme, Marie de Brabant. Comptant sur sa reconnaissance pour un choix qui l'élevait bien au-dessus de son espoir, il croyait trouver en elle un instrument fidèle de tous ses projets. Mais la reine s'efforça au contraire de perdre le favori pour lui succéder. C'est alors qu'eut lieu une de ces obscures révolutions de palais qui ne se rencontrent guère que dans les sérails de l'Orient, et qui sont complètement contraires à l'esprit général du moyen-âge, où le gouvernement se faisait à peu près comme chez les anciens, c'est-à-dire, en plein air.

Pierre de la Brosse fut sur le point de faire décapiter la reine comme coupable d'avoir empoisonné un des fils du premier lit ; mais bientôt la chance tourna, et le favori fut pendu au grand gibet de Montfaucon qu'il avait fait élever, et qu'il essaya, dit-on, le premier.

Sous ce règne, la puissance royale s'augmenta encore par un mariage qui assurait à l'héritier de la couronne la Champagne et la Navarre, c'est-à-dire, l'héritage de cette maison de Blois qui avait été quelque temps la protectrice des Capétiens. La France était alors la première puissance de l'Europe ; la papauté était entièrement dévouée à ses intérêts. Par cette alliance et par les conquêtes de Charles d'Anjou, la maison de France dominait toute l'Italie. Elle voulait aussi établir son influence en Espagne, en plaçant un prétendant, petit-fils de saint Louis, et né en France, sur le trône de Castille ; de son côté Charles d'Anjou rêvait la conquête de tout l'Orient. Mais tous ces projets furent arrêtés à la fois d'un seul coup par le célèbre massacre des Vêpres-Siciliennes qui enleva l'île de Sicile aux Français (1282). Le roi d'Aragon, Pierre III, avait été l'instigateur secret de cette révolte ; ce fut sur lui qu'on voulut venger le coup porté à la puissance française. Une croisade fut publiée contre lui et ses états donnés au roi de France. Cette guerre n'en fut pas moins une guerre politique dans laquelle l'esprit religieux n'entra pour rien ; déjà la croisade n'était plus qu'un mot vide de sens, aussi bien dans l'esprit des peuples que dans celui du clergé et des princes. Cette expédition entreprise avec toutes les ressources de la royauté française, fut toutefois aussi redoutable pour le moins que la plupart des croisades populaires; mais la difficulté de conquérir l'Aragon tenait surtout à la nature du pays. La famine et la peste se mirent dans l'armée, et Philippe III fut obligé de renoncer à ses projets. Il mourut au retour de son expédition des suites de la maladie contagieuse qui avait régné dans son camp (1285).

Philippe-le-Bel ou le Beau, son fils fut à la fois le plus habile et le plus méchant souverain de son siècle. De même que saint Louis, il augmenta le pouvoir royal en France, et l'influence française en Europe, mais en suivant dans toutes ses actions le principe contraire à celui qui avait toujours dirigé le saint roi, c'est-à-dire, en ne reculant devant aucune injustice, ni même devant aucun crime, quand il le croyait conforme à ses intérêts. Mais comme la fraude et la violence ne produisent guère des résultats parfaitement avantageux, il laissa la France affaiblie et ruinée; tandis que saint Louis, malgré les pertes et les dépenses énormes de ses deux croisades, l'avait laissée plus florissante et plus heureuse qu'elle ne l'eut encore été. Philippe-le-Bel était pourtant un prince avare, et qui n'entreprit jamais rien de disproportionné à ses forces. Mais c'était sa manière de remplir son trésor qui ruinait toutes les sources de la prospérité publique, pour fournir médiocrement aux besoins de l'état. A plusieurs reprises et malgré des promesses formelles, il dépouilla les juifs et les lombards ou négociants italiens. En même temps il affaiblissait ou augmentait sans cesse, de manière à y gagner, le titre des monnaies. Il en résulta que non seulement le commerce, mais encore toutes les transactions civiles furent rendues excessivement difficiles et réduites, par conséquent, au strict nécessaire.

Le gouvernement de la France fut entièrement livré aux légistes ; ils remplacèrent dans le conseil de la royauté les barons et les prélats des anciennes cours plénières. C'étaient pour la plupart des hommes de naissance obscure et possédés d'un fanatisme sincère pour la loi romaine, qui était alors comme l'évangile du droit et qui consacrait la monarchie absolue. Ils furent sous Philippe-le-Bel les seuls juges et les seuls législateurs ; en outre, par la confusion des pouvoirs, ils avaient également entre les mains tous les éléments de l'administration qui commençait à se former ; enfin on alla jusqu'à leur confier des commandements militaires. Ils remplissaient le parlement ou la cour suprême de justice qui avait pris naissance sous saint Louis, et le grand-conseil qui était à peu près ce que nous appelons maintenant conseil des ministres. Philippe se servit de ces instruments dociles et dévoués pour écraser tout ce qui pouvait gêner son autorité, pour confisquer tous les droits des nobles et des communes, qui excitaient sa défiance ou gênaient sa cupidité ; et dans aucune occasion le parlement ne recula devant l'assassinat juridique ou la violation des droits acquis. Le roi et ses agents n'avaient nullement en vue le bien du peuple, ni l'augmentation de son aisance et de ses droits ; néanmoins différents actes destinés à borner le pouvoir des nobles et à régulariser l'administration, furent indirectement utiles aux classes populaires. Ainsi l'acquisition des biens nobles fut rendue possible à tous ; les députés des villes furent admis pour la première fois dans les assemblées nationales, qui jusqu'alors n'avaient compris dans leur sein que des barons et des prélats. Ce fut là l'origine de la constitution des états-généraux et de leur division en trois ordres.

Philippe-le-Bel eut à soutenir à l'étranger deux luttes dans lesquelles il fut également vainqueur. Il fit d'abord la guerre à Édouard I, roi d'Angleterre, dans l'espoir de le dépouiller de la Guienne et de la Gascogne qui lui restaient encore (1293). Au lieu de lui payer le prix de la province du Querci qu'il venait de lui acheter, il prétexta une querelle de matelots sur les côtes de Normandie pour le faire citer devant la cour des pairs, c'est-à-dire, devant ses légistes du parlement, et faire prononcer la confiscation de ses fiefs. Cette attaque violente fut d'abord suivie d'un succès à peu près complet ; et sans l'alliance de l'Angleterre avec les Flamands qui attirèrent sur eux toutes les forces de la France, Philippe-le-Bel aurait probablement expulsé les Plantagenets.

Les Flamands qui formaient une nation en grande partie étrangère par sa langue à la nation française, étaient alors le peuple le plus riche de l'Europe. La servitude de la glèbe y avait été abolie de très-bonne heure ; les villes de ce pays n'avaient trouvé que peu d'obstacles à se constituer en communes indépendantes, et en deux siècles, elles avaient fait de si grands progrès, surtout par leurs manufactures de laine, que la ville de Gand, rien qu'en réunissant ses corps de métiers, pouvait présenter au combat une armée de cinquante mille hommes. Le comte de Flandre vaincu et désespérant de soutenir la lutte, vint se livrer de lui-même à la discrétion de son suzerain dans l'espérance d'exciter sa pitié et de le convaincre de son entière soumission. Philippe le retint prisonnier et confisqua ses fiefs au profit de la couronne. La Flandre fut un instant province française; mais bientôt, les Flamands se révoltèrent, et s'allièrent avec Édouard I. Philippe envoya contre eux une armée qui s'avança avec une grande confiance et qui fut battue à la désastreuse journée de Courtray (1302). Les chefs de la chevalerie française ne voulurent point écouter les conseils de leur général, qui parlait d'aller reconnaître le champ de bataille ; ils couvrirent sa voix de leurs cris, en lui demandant « s'il avait peur. » Par un sentiment de point d'honneur chevaleresque qui survivait, en s'exagérant encore, aux autres idées féodales, il leur répliqua : « Je vous mènerai si loin que vous n'en reviendrez jamais. » Les Flamands s'étaient rangés derrière un canal que l'inégalité du terrain empêchait d'apercevoir. Comme il était impossible de le franchir d'un seul saut, toute la cavalerie à peu d'exceptions près, y tomba sans pouvoir combattre, parce qu'elle ne l'aperçut qu'au dernier moment, et que les derniers rangs poussaient toujours les premiers avec une impétuosité aveugle sans vouloir rien entendre. Philippe s'empressa de faire la paix avec l'Angleterre, afin de pouvoir accabler les Flamands; d'ailleurs c'était l'époque de sa grande querelle avec Boniface VIII, et il ne voulait pas avoir trop d'ennemis à combattre. Édouard lui abandonna ses alliés à condition qu'il abandonnerait à son tour les Écossais, et obtint ainsi la restitution de la Guienne (1303). La défaite de Courtray fut vengée à Mons-en-Puelle où périt presque toute l'armée flamande. On croyait qu'ils allaient demander grâce, mais quelques jours après, ils avaient mis sur pied une nouvelle armée de soixante mille hommes. Philippe-le-Bel fut obligé de reconnaître leur indépendance, et n'eut plus ainsi à s'occuper que de sa lutte avec la papauté.

Cette querelle avait pour origine les plaintes du clergé

de France contre les exactions continuelles du roi, qui, ayant réduit rapidement toutes les autres classes à la misère, était obligé d'entamer les trésors considérables qu'une accumulation de plusieurs siècles avait mis entre les mains du clergé. Boniface VIII, malgré son caractère altier, recula après une première démarche (1298); mais il n'en resta pas moins dans l'ame du roi dont l'orgueil était encore plus intraitable, une haine concentrée qui n'attendait qu'un prétexte pour éclater. Un évêché nouveau avait été érigé en France sans la permission du roi, ce qui s'était fait plusieurs fois sans réclamation; Philippe fit emprisonner l'évêque, et défendit à tous ses sujets de payer au pape aucun des droits établis (1301). Boniface VIII répondit par une bulle menaçante dans laquelle il employait encore des expressions paternelles et amicales, et ensuite par l'excommunication. Philippe-le-Bel rassembla les états-généraux, et excita leur indignation en leur lisant la bulle du pape qu'il avait eu soin de mutiler et de falsifier. Après s'être assuré de l'obéissance des Français et de leur peu d'attachement à la papauté, il eut recours à un expédient inouï qui peint bien le caractère moitié violent moitié juridique de son règne. Il chargea son procureur en la cour du parlement, Guillaume de Nogaret, fils d'un vaudois, de faire le procès au pape, et après avoir commencé les poursuites, de l'appréhender au corps au milieu de ses états. Nogaret s'entendit avec un réfugié italien d'une des principales familles de Rome, et forma furtivement une petite troupe d'aventuriers avec lesquels il s'empara de la personne du pape dans sa ville natale d'Anagni. Le pape resta plusieurs jours prisonnier dans son palais, ceux qui l'avaient pris n'osant point le conduire en France au milieu de l'indignation universelle que leur attentat avait soulevée.

Les habitants d'Anagni voyant leur indécision, se révoltèrent et délivrèrent le pape qu'ils trouvèrent mourant. La colère et l'épouvante lui avaient donné une maladie mortelle qui l'enleva au moment où il rentra dans Rome (1303).

Cet événement causa dans toute l'Europe une indignation inconcevable. On peut se faire une idée du profond respect, de la vénération religieuse, qui entourait encore la dignité pontificale par quelques paroles du Dante. Bien que Boniface VIII fût son persécuteur, et tout en marquant au plus profond de l'enfer sa place dans l'autre monde, il s'écrie en parlant de l'entreprise d'Anagni : « Je vois le fleurdelisé entrer dans Anagni ; il porte l'éponge et le fiel, et vient crucifier le Christ une seconde fois. »

Le successeur de Boniface, Benoit XI, n'osa pas même maintenir l'excommunication, et bientôt Philippe-le-Bel, par la terreur et la corruption, put donner la papauté à qui il voulut (1304). Il choisit l'archevêque de Toulouse, Bertrand de Goth, et lui imposa les conditions les plus humiliantes. D'abord c'était la condamnation de la mémoire de Boniface VIII, c'est-à-dire, l'annulation morale de la papauté ; c'était l'établissement du Saint-Siége à Avignon, c'est à-dire, sa soumission matérielle au roi de France, sous la main duquel il allait se trouver ; c'était encore la permission de lever sur le clergé autant de subsides qu'il voudrait ; enfin il se réserva de faire connaître plus tard une dernière condition, qu'il fallait jurer aussi. Celui qui avait obtenu la papauté à ce prix, tint fidèlement ses promesses ; Clément V et ses successeurs ne furent que des instruments dociles de tous les caprices des rois de France ; et désormais il suffit à tous les souverains de l'Europe, pour être excommuniés, d'être en guerre avec un capétien ou de s'opposer à ses projets. La condition secrète imposée au pape était, selon toute apparence, le massacre des templiers et la confiscation de leurs biens. Philippe-le-Bel ne pouvait pardonner à cet ordre monastique et religieux, dernier débris des croisades, ni ses richesses, ni son arrogance. Les templiers dans leurs nombreuses maisons affectaient seuls l'indépendance féodale, se croyant assez protégés à défaut de la croix par leur épée. On les fit tous surprendre et arrêter le même jour, ensuite on les livra à des commissions qui, au moyen de faux témoins et de faux interrogatoires, les déclarèrent convaincus de désordres honteux et de diverses hérésies, qui se contredisaient entre elles. Le pape les abolit, et le roi les livra presque tous au supplice. On prétend que le grand-maître Jacques de Molay, ajourna le pape et le roi à paraître devant le tribunal de Dieu avant la fin de l'année; ce qu'il y a de certain, c'est que leur mort suivit la sienne de quelques mois, et c'est peut-être ce qui a donné lieu à cette prophétie (1314).

Le règne de Louis-le-Hutin, fils aîné de Philippe-le-Bel (1314-1316), ne fut qu'une réaction très-vive, mais impuissante, contre les légistes; le principal ministre du dernier roi, Enguerrand de Marigny qui avait bravé et menacé les princes du sang en plein conseil, fut livré à leur vengeance et pendu à Montfaucon. Louis X entièrement livré à ses oncles, qui étaient en même temps par leurs apanages grands vassaux de la couronne, fit aux barons et aux villes toutes sortes de concessions et de promesses.

Mais sous son frère Philippe V, le Long (1316-1322), les légistes se vengèrent en excluant entièrement les évêques du parlement et du conseil du roi, et en n'y laissant que deux grands seigneurs tout-à-fait dévoués à la royauté. « Le roi se fait conscience, dit hypocritement l'ordon-

« nance d'empêcher les évêques de gouverner leurs diocèses. »

L'ancienne tyrannie, rétablie sous Philippe V, continue sous Charles IV le Bel, dernier fils de Philippe-le-Bel. (1322-1328). C'est sous ces trois règnes, qui ne durèrent ensemble que quatorze ans, que tous les serfs des domaines royaux furent affranchis, et la plupart malgré eux. Ce n'était qu'une nouvelle invention pour enlever aux paysans l'argent qu'ils pouvaient avoir amassé, et pour leur faire payer de plus forts impôts. L'ordonnance de Louis X n'en avait pas moins un préambule pompeux qui déclarait que tous les hommes devaient être francs de leurs corps et de leurs biens dans le noble royaume des Francs. Cette révolution qui passa presque inaperçue, et fut fort mal appréciée de ceux qu'elle affranchissait, porta ses fruits au bout de quelques générations, et ne contribua pas peu à accélérer rapidement les progrès des classes populaires.

CHAPITRE II.

ABAISSEMENT DE LA PUISSANCE FRANÇAISE; PREMIÈRES TENTATIVES DE RÉVOLUTION DÉMOCRATIQUE.

(Philippe VI, Jean-le-Bon, Charles V, Charles VI, et commencement de Charles VII. 1328-1453.)

A la mort de Charles IV, on agita de nouveau une question qui avait été décidée une première fois à la mort de Louis X; il s'agissait de savoir si les femmes pouvaient succéder à la couronne de France. Il n'y avait aucun exemple qu'une femme eût prétendu à la couronne sous les deux premières races; et, sous la troisième, elle était constamment passée du père au fils par la succession la plus directe. En général, les légistes et la noblesse étaient contraires à la succession des femmes, tant à cause du manque de précédents que par l'analogie de plusieurs grands fiefs qui étaient reconnus ne pouvoir tomber entre les mains des femmes. On invoquait surtout un article mal compris de la loi salique qui ne s'appliquait nullement à l'héritage de la couronne, mais seulement à une certaine espèce de biens-fonds. Un autre argument qui semblait presque aussi respectable, était tiré d'après les habitudes de raisonnement du moyen-âge, d'une parole du nouveau testament, « les lis ne filent pas; » d'où l'on concluait que le royaume des lis ne pouvait tomber en quenouille. Ce fut après une nouvelle et solennelle délibération que le premier prince du sang, Philippe VI de Valois, petit-fils de Philippe III, fut appelé à la couronne. Dans le cas où la succession des femmes aurait été admise, la seule héritière aurait dû être la reine de Navarre, Jeanne de France, fille de Louis-le-Hutin et mère de Charles-le-Mauvais.

A cette époque la monarchie française menaçait toujours l'indépendance de ses voisins; elle était incontestablement la première puissance de l'Europe. C'est vers cette époque que Dante mettait dans la bouche de Hugues-Capet ces paroles significatives qui expriment si bien la haine et l'effroi que la France inspirait aux étrangers, aux Italiens surtout : « C'est moi qui suis la racine de cette plante vé- « néneuse qui couvre maintenant de son ombre la chré- « tienté tout entière. » Philippe VI écrasait de son faste tous les autres souverains de l'Europe; lui seul était à la fois absolu et riche; en Italie, en Allemagne, en Espagne et en Angleterre, le pouvoir central n'existait pas ou était momentanément suspendu. Les seuls ennemis de la puissance française, les Flamands, furent vaincus à la bataille de Cassel, l'année même de l'avénement du nouveau roi, et contraints de recevoir leur comte qu'ils avaient chassé et qui n'était en réalité qu'un gouverneur pour la France. En même temps, Philippe VI poursuivait de toutes les foudres de l'Église, Louis de Bavière, pour le punir de l'avoir emporté sur Charles-le-Bel, qui avait voulu réunir la couronne impériale à la couronne de France. C'est en vain que ce prince envoya offrir au pape toute espèce de satisfactions; le pape répondit en pleurant de honte, qu'il était contraint malgré lui à cette persécution.

Cependant cette puissance si redoutée était plutôt apparente que réelle; la France avait bien une armée nombreuse et brillante, le corps de la noblesse ; mais cette armée était sans discipline et sans généraux. La réputation de la chevalerie française était si grande qu'on méprisait profondément toute autre espèce de soldats ; pour l'art de la guerre, on en était resté aux traditions des croisades. En outre, tout riche qu'était le roi, il avait peine à suffire à toutes ses dépenses. L'administration du royaume était beaucoup plus coûteuse et beaucoup plus compliquée, que la civilisation du temps et la richesse des sujets ne le comportaient. L'argent ne s'en dépensait pas moins en fêtes, en magnificences de toute espèce, et surtout à corrompre les ministres et les vassaux des souverains voisins. Aussi le peuple accablé d'impôts devenait de jour en jour plus pauvre et plus mécontent. Il faut ajouter que les Valois, sûrs de l'obéissance servile des barons, se ressouvinrent qu'après tout, leur famille était la plus ancienne et la plus noble des familles féodales; en conséquence, le peuple cessa d'être soutenu et protégé par le roi aux dépens des nobles. Ce n'était plus d'eux qu'on se défiait, mais des bourgeois que les guerres de Flandre avaient appris à haïr et à craindre.

Ce fut précisément cette guerre injuste contre les Flamands, qui amena les longues calamités de la France. Ce peuple se jeta dans les bras du roi d'Angleterre, Édouard III (1336) ; et en même temps, afin de résister avec plus d'union et d'énergie, les Flamands donnèrent le pouvoir absolu au chef du parti démocratique, le célèbre brasseur Artevelt, et lui livrèrent sans réserve leurs fortunes et leurs vies. Il n'y eut jamais en Flandre, ni en aucun pays, un souverain plus absolu et mieux obéi; toujours suivi de soixante ou quatre-vingt valets qui, sur un signe de sa main, tuent tous ceux qui leur sont désignés, il domine par la terreur amis et ennemis. Il emprunte l'argent des premiers, confisque les biens des seconds; il lève des tailles considérables dont on ne lui demande jamais compte. Ce fut Artevelt qui conseilla à Édouard III de réclamer la couronne de France comme petit-fils de Philippe-le-Bel par sa mère, droit évidemment inférieur à celui de la maison de Navarre. Quelques mécontents l'appuyèrent ouvertement ou en secret; la masse de la nation resta dans la plus grande indifférence à l'égard des deux rivaux; ce n'est que beaucoup plus tard que l'on vit naître l'esprit national et la haine de l'étranger, quand nous eûmes subi la honte et les misères de la conquête.

Édouard fort de l'appui que lui donnait la Flandre et que l'Allemagne entière lui promettait, envahit la France à la fois par le nord et par le midi. Bientôt une guerre de succession commença en Bretagne; et comme les Bretons avaient à se plaindre des prétentions et des usurpations des rois de France, ils se déclarèrent en grande majorité pour les Anglais et pour le comte de Montfort, leur allié (1341).

Après quelques campagnes sans résultats, Édouard remporta la grande bataille de Crécy, où l'armée royale de France commandée par Philippe VI fut honteusement vaincue malgré la grande supériorité du nombre (1346). C'est surtout à l'orgueil et à l'incapacité du roi que la France fut redevable de ce désastre. Le combat devait être engagé par des archers génois à la solde de la France. Lorsqu'ils reçurent l'ordre de marcher, ils représentèrent que les cordes de leurs arbalètes étaient entièrement mises hors de service par la pluie, et qu'il leur était impossible de s'en servir. Philippe VI qui avait le plus grand mépris pour cette infanterie mercenaire, donna à sa cavalerie le signal de la charge, en leur ordonnant de massacrer les

Génois, et en criant lui-même comme un forcené : « Tue, « tue toute cette ribaudaille ! » Édouard saisit le moment où toute l'armée française s'était mise elle-même dans un désordre complet. Les Anglais tirèrent aussi un assez grand avantage de quatre pièces de canon, arme nouvelle qui commençait à se répandre dans toute l'Europe et qui était employée pour la première fois en bataille rangée contre une armée française. Du reste, l'armée anglaise était si faible qu'Édouard III ne put tirer d'autre avantage de sa victoire que d'assurer sa retraite. Mais l'année suivante il s'empara de Calais malgré l'héroïque défense de ses habitants. Dès-lors il eut dans le nord de la France un passage aussi commode qu'important et une forteresse du premier ordre (1347).

Les désastres de la France continuèrent sous Jean-le-Bon, fils de Philippe-de-Valois ; les fautes et les malheurs de Crécy se renouvelèrent à Poitiers, où le roi resta prisonnier avec un de ses fils. Cette fois ce furent moins les mauvaises dispositions militaires que la lâcheté d'une partie de la noblesse, qui donnèrent la victoire aux Anglais. La captivité du roi fit tomber les affaires dans la plus grande confusion, et la conduite de cette noblesse aussi tyrannique et insolente en face du peuple, que mal disciplinée et timide en face de l'étranger, occasionna un soulèvement général dans les classes populaires. Ces troubles furent excités et dirigés par le roi de Navarre Charles-le-Mauvais, qui aspirait en secret à la couronne de France. Il sentit le premier quel parti on pouvait tirer des passions, des richesses et de la multitude des bourgeois, et l'on vit pour la première fois les magistrats des villes étendre leur ambition jusqu'à une réforme générale du royaume et la direction du gouvernement.

Une assemblée des états-généraux (1357) contraignit d'abord le jeune dauphin, depuis Charles V, à abdiquer, en quelque sorte, l'autorité royale et à se mettre sous la tutelle d'une commission composée des meneurs du tiers-état. Mais ces nouveaux souverains à la fois inexpérimentés et violents pouvaient bien s'emparer du pouvoir, mais non l'exercer. D'ailleurs il leur vint des auxiliaires qui les épouvantèrent eux-mêmes, et qui engagèrent bientôt la bourgeoisie à mettre comme par le passé toute son espérance dans le pouvoir royal. Ces auxiliaires étaient les paysans, cette seconde partie des classes populaires, encore plus violente et moins éclairée que les bourgeois. Leur révolte, connue sous le nom de Jaquerie, s'annonça par les plus grands excès, et prit le caractère d'une négation brutale de toute société, de tout gouvernement. Les *jacques* furent promptement exterminés ou réduits; mais les affaires n'en restèrent pas moins dans une confusion déplorable. Les mécontents s'en prirent aux conseillers du dauphin et les massacrèrent sous les yeux mêmes de leur maître, qui essaya en vain d'implorer pour eux le peuple furieux. Cet excès conseillé par Charles-le-Mauvais qui ne voulait autre chose que brouiller encore les affaires pour se rendre indispensable, fut le signal d'une défection universelle dans le parti démocratique ; le roi de Navarre fut trahi précisément par ceux de ses partisans qui s'étaient d'abord montrés les plus dévoués, mais qui ne voulaient que l'expulsion des Anglais et un meilleur gouvernement pour la France.

Le dauphin se montra parfaitement digne par sa modération et sa sagesse de ce retour de confiance nationale. De nouveaux états-généraux furent convoqués, et accordèrent au gouvernement, sans condition, tout l'argent et tous les soldats dont il avait besoin. C'est ainsi que la France échappa en même temps aux embarras d'une révolution prématurée et aux dangers de la conquête étrangère. La plus grande partie du royaume fut préservée ; mais il fallut pourtant accepter les conditions de l'humiliant traité de Brétigny (1360), par lequel on cédait aux Anglais toute l'ancienne Aquitaine en leur donnant une énorme rançon pour la liberté du roi, ce qui acheva d'épuiser la France. Pour comble de maux, une masse considérable de soldats licenciés des deux partis vinrent se joindre aux bandes de brigands qui désolaient déjà presque toutes nos provinces. Le mal fut à son comble et l'on put craindre la destruction de l'ordre social tout entier, quand on vit une de ces *grandes compagnies* détruire à Brignais près de Lyon, une armée royale et tuer un prince du sang. Au milieu de toutes ces misères le roi Jean mourut à Londres. Il était allé une seconde fois s'y constituer prisonnier, selon les uns pour revoir une maîtresse qu'il y avait laissée, suivant les autres par un scrupule de loyauté chevaleresque, parce que, bien que le roi d'Angleterre lui accordât du temps, il ne pouvait payer les derniers termes de sa rançon (1364).

Au milieu de ces désastres de la guerre des Anglais, il est très-remarquable de voir la France faire encore des acquisitions importantes sur la seule de ses frontières qui ne fût pas entamée. Ce fut sous les règnes si malheureux de Philippe VI et de Jean que Lyon, Montpellier et l'importante province du Dauphiné furent réunies définitivement à la couronne. Il y avait donc dans la constitution même de la monarchie et dans sa force naturelle un principe d'agrandissement qui se faisait sentir à travers tous les désastres. Ainsi il ne faut pas s'étonner de la facilité avec laquelle Charles V rétablit la puissance française ; ce qu'il faudrait plutôt admirer, c'est la suite inconcevable de fautes et de malheurs qui avaient amené avant lui, et qui après lui ramenèrent encore l'humiliation de la France.

Ce prince était d'une santé chancelante et d'un caractère très-peu guerrier; on prétend que dans son enfance il avait été empoisonné par Charles-le-Mauvais, et que le poison, n'ayant pu le tuer, avait au moins détruit entièrement sa santé. Toujours faible et malade, il reconquit entièrement son royaume sur les Anglais sans sortir de son cabinet. C'est de là qu'il sut diriger et contenir les passions et le courage de l'armée la plus turbulente qui ait jamais existé, moitié composée d'aventuriers sans frein et sans honneur, moitié d'une noblesse encore arrogante et toujours indisciplinée; mais Charles V était déjà secondé par l'esprit national que les malheurs mêmes de la guerre avaient fait naître; et sans jamais s'aventurer, il sut profiter de toutes les fautes de ses ennemis et de ses propres succès. « Il n'y « eut jamais, disait son rival Édouard III, un roi qui moins « s'armât et qui plus donnât à faire. » Le jour même de son sacre, son célèbre lieutenant Duguesclin inaugura son règne en remportant sur les Anglais et les Navarrais la bataille de Cocherel, « pour étrennes, lui écrivit-il, de sa noble royauté. » Mais l'année suivante la guerre de Bretagne qui avait été soutenue avec héroïsme par les femmes des deux prétendants, pendant que par une bizarrerie de la fortune ils étaient captifs tous les deux, tourna au désavantage du parti français. Duguesclin fut fait prisonnier à la bataille d'Auray. Charles V abandonna par un traité le duché de Bretagne au comte de Montfort, allié de l'Angleterre; mais bientôt, avec son habileté ordinaire, il sut le faire entrer dans le parti de la France. Charles-le-Mauvais fut réduit à l'impuissance de nuire, et Charles-le-Sage se trouva ainsi débarrassé de tous ses ennemis intérieurs.

Il respecta quelque temps le traité de Brétigny, bien que les Anglais l'eussent violé en différentes occasions, et il se trouva alors de nouveau un nombre considérable de soldats licenciés, réduits à vivre de brigandages. Mais Charles V trouva presque aussitôt moyen de débarrasser la France des grandes compagnies, sans résistance de leur part, et sans aucune dépense pour le trésor, en les envoyant intervenir dans les guerres civiles d'Espagne. Duguesclin que Charles V avait nommé connétable, réunit tous ces brigands par sa seule réputation ; il rançonna en passant le pape dans Avignon, et de plus s'en fit donner des indulgences et des pardons pour lui et pour ses hommes. Ensuite il alla combattre Pierre-le-Cruel qui s'était déclaré l'allié des Anglais ; cette guerre abandonnée et reprise plusieurs fois et dans laquelle Duguesclin fut encore fait prisonnier, finit par l'établissement d'un allié de la France sur le trône de Castille.

Charles V profitait de la paix pour rétablir l'ordre et la tranquillité dans son royaume ; et en peu d'années il parvint à rendre quelque prospérité à toutes les provinces qui lui restaient. En même temps les Anglais tyrannisaient les provinces conquises. Charles V saisit un moment favorable pour les envahir à l'improviste (1368), et partout il fut secondé par les insurrections populaires. La ville la plus importante de l'ancienne Aquitaine française, La Rochelle qui était le boulevard des Anglais dans ce pays, revint à la France par ses seules forces, en employant, il est vrai, la ruse. Le maire persuada au chef de la garnison qui ne savait pas lire, qu'une lettre du roi d'Angleterre lui enjoignait de passer hors des murs la revue de ses troupes, et pendant l'absence des Anglais les habitants se rendirent maîtres des remparts. C'est en vain que le duc de Bretagne se déclara de nouveau contre la France, que Charles-le-Mauvais trama de nouveaux complots et que les Anglais envoyèrent plusieurs fois de grandes armées pour renouveler les désastres des règnes précédents. Les Bretons abandonnèrent leur duc ; le roi de Navarre perdit son comté d'Évreux et tous ses fiefs de France ; trois armées anglaises furent détruites en détail sans que Charles V permît à ses lieutenants d'engager une seule bataille générale. Les Anglais furent de nouveau réduits à la possession de la Gascogne. Édouard III et son fils, le célèbre prince noir, moururent avant la fin de cette guerre. Charles V mourut lui-même une année après eux, au moment où il allait suivant toute apparence chasser entièrement les Anglais du sol français (1380).

Malheureusement la monarchie voyait s'élever contre elle un nouveau rival dans la personne du duc de Bourgogne, frère du dernier roi qui, après avoir reçu en apanage ce grand duché, se trouvait héritier par son beau-père d'une grande partie des Pays-Bas. Cette nouvelle dynastie de Bourgogne qui s'accrut encore considérablement, devait arrêter pendant long-temps les progrès naturels de la nation comme de la puissance royale. En outre, Charles VI, fils et successeur de Charles V était encore enfant, et la France ne pouvait être gouvernée pendant sa minorité que par trois princes du sang, ses oncles, tous les trois d'un crédit à peu près égal, et incapables de gouverner, ou ayant des intérêts parfaitement distincts de ceux de l'état. Charles V avait laissé un trésor considérable qu'il avait fait enfermer et sceller en grand secret dans un mur de l'un de ses châteaux royaux, comme une réserve qui ne devait être employée que dans un besoin urgent. Le duc d'Anjou parvint à savoir où ce trésor était déposé ; il le partagea avec ses frères, et cet argent fut dépensé en profusions de toute espèce, en fêtes et en bâtiments par les ducs de Berry et de Bourgogne, et par lui-même dans une expédition mal conçue contre le royaume de Naples sur lequel il avait des prétentions, comme héritier de la première maison d'Anjou.

Dès la première année du nouveau règne, il fallut augmenter les impôts qui étaient déjà bien lourds ; mais les embarras d'une minorité et le détestable gouvernement des princes avait de nouveau inspiré à la bourgeoisie l'idée d'intervenir dans le gouvernement du royaume, et déjà le peuple était si fort et la régence si faible, que pour faire proclamer selon l'usage le nouvel impôt sur la place du marché de Paris, on imagina de déguiser le hérault du roi et de lui préparer un cheval pour fuir à toutes brides. Le peuple se mutina, refusa hautement de payer, et depuis ce temps les principales villes du royaume et surtout Paris furent continuellement en état de révolte ou de résistance. En même temps les communes de Flandre se révoltèrent contre leur comte ; il y eut même un essai de confédération secrète entre Paris, Rouen, Amiens et les Flamands. La noblesse épouvantée se réunit tout entière autour des trois frères du roi ; on fit des promesses aux bourgeois français, on diminua les impôts, et pendant la trêve passagère qu'on en obtint, on s'empressa de marcher contre les Flamands. Les deux armées se rencontrèrent à Rosebeke ; les Flamands formaient un corps d'infanterie de quarante mille hommes bien armés et bien résolus. Réunis en une seule masse hérissée de longues piques, ils attendirent de pied ferme l'attaque de la cavalerie française ; mais leurs lignes fléchirent et devinrent inégales sur plusieurs points, et il se forma des vides par lesquels leurs ennemis se firent jour. Attaqués de tous les côtés à la fois, tous leurs rangs se serrèrent tellement qu'il y en eut des milliers étouffés par la presse. La déroute fut complète et les fuyards furent presque tous exterminés par la cavalerie (1382). Le jeune roi que ses oncles avaient conduit à cette expédition, s'empressa de recevoir la soumission des Flamands et de retourner à Paris avec son armée. Les bourgeois espérant encore intimider les vainqueurs par le seul déploiement de leurs forces, se rangèrent en bataille autour des murs avec leurs meilleures armes et dans leur appareil le plus guerrier; mais le désastre des Flamands les découragea d'aller plus loin; lorsqu'on leur demanda compte de cette attitude menaçante, ils prétendirent n'avoir voulu que faire honneur au roi et aux princes, et se laissèrent traiter en vaincus. On leur enleva leur armes ainsi que les chaînes dont ils se servaient pour barricader leurs rues; on les priva en même temps de l'élection de tous leurs magistrats. Enfin on en fit périr un grand nombre, et on confisqua les biens des condamnés et de ceux qui avaient fui. La noblesse et les princes se vengèrent cruellement de la frayeur qu'ils avaient éprouvée.

C'est dans ces tristes circonstances que la majorité du roi fut déclarée à quatorze ans conformément à une loi de Charles V. On pense bien que, n'étant pas capable de gouverner par lui-même, les désordres continuèrent comme par le passé. Le peuple fut poussé de nouveau à la révolte par les excès les plus intolérables. Tel était le mépris où toutes les lois étaient tombées, qu'à Paris même et sous les yeux du roi, les grands avaient recours à l'assassinat pour se venger les uns des autres, sans qu'aucune répression fût possible. Le connétable Olivier de Clisson, favori de Charles VI, fut frappé par des meurtriers en se rendant le soir à son hôtel. Il tomba percé de plusieurs coups contre la porte entr'ouverte d'un boulanger qui veillait encore ; ce fut ce qui le sauva ; car les meurtriers ne s'apercevant pas qu'il était tombé faute de trouver l'appui qu'il cherchait, le crurent mort et le laissèrent. Le meurtrier se réfugia auprès du duc de Bretagne qui avait ordonné ce crime selon toute apparence, parce que le connétable avait des prétentions sur son duché. Le roi jura de venger cette injure et conduisit sur-le-champ une armée en Bretagne. En traversant la forêt du Maine par un soleil ardent, le roi qui avait été toujours d'une faible santé, et dont la tête était déjà un peu malade, fut arrêté tout-à-coup par un homme demi-nu qui saisit la bride de son cheval en proférant des mots sans suite dans lesquels était souvent répété celui de trahison. Le roi tomba évanoui, et il ne revint à lui que dans un état de démence complet (1392).

Dès ce moment les maux de la France ne pouvaient aller qu'en augmentant ; car il n'y avait décidément plus d'espérance de sortir d'entre les mains des princes du sang. A la nouvelle de la maladie du roi, une inquiétude générale qui présageait de nouvelles révolutions s'empara de tous les esprits ; et ce fut précisément le moment que choisit la noblesse pour s'engager dans une croisade contre les Turcs sous les ordres de Jean-sans-Peur, fils aîné du duc de Bourgogne. Tous les croisés furent tués ou faits prisonniers ; le sultan Bajazeth fit massacrer tous ceux dont il n'espérait pas une riche rançon.

Jean-sans-Peur, à son retour de captivité, se trouva maître des vastes états de son père qui était mort dans l'intervalle. Jean était un prince ambitieux et violent, mais malgré son surnom menteur, plus souvent lâche que courageux ; l'étendue de ses domaines et l'immensité de ses ressources lui faisaient espérer de régner sans contradiction sur la France, et il s'indignait de rencontrer un adversaire qui lui semblait bien au-dessous de lui, dans le jeune frère du roi, le duc d'Orléans, que jusqu'alors ses amis comme ses ennemis n'avaient cru capable de s'occuper que de fêtes et de plaisirs. Au milieu de circonstances fort tristes et véritablement solennelles, le duc d'Orléans se trouvait être le prince le plus léger et le plus frivole qu'ait jamais produit la maison de Hugues-Capet, en général si sévère et si ambitieuse. Le peuple fort mal disposé contre lui, l'accusait de tous ses maux et attribuait même la déplorable maladie du roi aux maléfices et aux breuvages de sa femme, Valentine de Milan, précisément parce qu'elle était la seule princesse qui, par un reste de pitié ou de respect, s'occupât de soigner et de consoler l'infortuné Charles VI ; et quand plus tard dans une folle mascarade, le roi déguisé en homme sauvage manqua d'être brûlé vivant par un serviteur de son frère, qui approcha trop près son flambeau, la haine publique les accusa tous deux d'avoir prémédité ce triste accident, bien qu'il n'eût dû la vie qu'à la présence d'esprit de Valentine. Cependant, le duc d'Orléans entouré de flatteurs, allait toujours en exagérant ses défauts qui plaisaient singulièrement à la jeune noblesse ; il n'était bruit que de sa libéralité, de ses fêtes magnifiques, de ses brillants tournois. Jean-sans-Peur, au contraire, tout en tyrannisant ses propres bourgeois, jouait le rôle de censeur des abus, d'ennemi des impôts, et excitait presque ouvertement les villes de France à la révolte. Quand il crut les esprits suffisamment préparés, il entra dans Paris, suivi d'une escorte qui pouvait passer pour une armée. Le duc d'Orléans le reçut, mais en appelant autour de lui ses partisans ; la noblesse fidèle, les preux chevaliers accourent à la guerre civile comme à une fête, et viennent gaîment narguer le bourgeois et le Bourguignon. Jean-sans-Peur n'osant pas rompre ouvertement avec son rival, feignit de se réconcilier avec lui, probablement avec la résolution bien prise de le faire assassiner à la première occasion. La paix est célébrée comme la guerre par un redoublement de folies et de dépenses. Enfin, le duc d'Orléans revenant une nuit d'une orgie, à pied, presque seul, en fredonnant un air et marquant la mesure sur sa cuisse avec son gant, est tué à coups d'épées dans la vieille rue du Temple, par des assassins apostés depuis un mois dans la même maison. Les meurtriers furent suivis des yeux, et on les vit se réfugier dans l'hôtel du duc de Bourgogne. Le lendemain Jean-sans-Peur alla prendre sa place habituelle au conseil de régence, d'une contenance aussi assurée et d'un air plus menaçant que jamais. Mais quelques amis courageux du duc d'Orléans l'interpellèrent vivement ; il se troubla, et au lieu d'avouer hautement son action comme il en avait le projet, il nia de manière à se faire facilement confondre; enfin, prenant à part son oncle, le duc de Berry, il lui dit ces propres paroles : « Le diable m'a tenté, je l'ai fait tuer. » La majorité du conseil n'osa prendre aucune décision, et se contenta d'attendre les événements. Jean-sans-Peur n'était pas moins embarrassé ; en tuant le duc d'Orléans, il croyait tuer aussi son parti ; tout au contraire, le mort trouvait plus de vengeurs qu'il n'avait jamais eu de partisans. Le fauteur des bourgeois était plus abhorré des nobles que les bourgeois eux-mêmes ; et ils ne voulaient de son gouvernement à aucun prix. Jean-sans-Peur voyant leur attitude menaçante, refusa le combat bien inégal pour eux qu'ils lui offraient dans les rues de Paris et se retira furtivement.

La guerre civile ne fut que retardée. Toutes les fois que Jean-sans-Peur voulut revenir à Paris, la faveur populaire et la lâcheté du gouvernement lui en ouvrirent les portes. Enfin tous les princes, tous les grands seigneurs se coalisèrent contre lui sous le commandement du comte d'Armagnac, beau-père du nouveau duc d'Orléans. Alors Jean-sans-Peur se fit roi de la populace, forma une garde royale (tel fut le nom qu'il lui donna) avec les deux corporations des bouchers et des écorcheurs de bêtes, autorisa tous les excès populaires, permit deux massacres des prisonniers les plus illustres, et toucha publiquement la main du bourreau Capeluche, l'un des chefs les plus méritants de son parti. Les Armagnac de leur côté parcouraient les provinces, mettant tout à feu et à sang sur leur passage, ne songeant qu'à s'enrichir par le pillage et à rivaliser d'excès avec les Bourguignons.

Au milieu de ce désordre universel plutôt augmenté qu'interrompu par quelques réconciliations plâtrées, les chefs naturels du tiers-état, c'est-à-dire les hommes de loi, les riches bourgeois et les docteurs de l'Université ne témoignaient que de l'aversion et du dégoût pour le parti populaire. On en vit même quelques-uns se montrer aussi hardis en faveur du bon ordre et du retour à l'obéissance que d'autres l'avaient été pour exciter et nourrir la révolte. Un ancien prévôt des marchands de la ville de Paris, Juvénal des Ursius qui était considéré comme le chef de la haute bourgeoisie, accusé de trahison et menacé de mort par Jean-sans-Peur, osa lui répondre en lui faisant entendre qu'il était lui-même le plus grand traître du royaume.

La nuit suivante il s'attendait à chaque instant à être attaqué et massacré dans sa maison, lorsque vingt hommes vêtus d'habits de pénitents vinrent frapper à sa porte, et se jetèrent à genoux en lui criant : « Nous sommes les faux témoins qui avons déposé contre vous, et nous venons vous demander pardon. » Jean-sans-Peur sentait si bien que l'opinion l'abandonnait, qu'il n'osa point le faire périr comme tant d'autres et qu'il se contenta de le rançonner.

Au milieu des alternatives de succès des deux partis, dues pour la plupart à des trahisons imprévues et bassement intéressées, les Anglais attaquèrent de nouveau la France, sans que le danger commun put réunir les deux partis; on les vit même successivement appeler et servir l'étranger. Henri V à sa première campagne gagna contre les Armagnacs la bataille d'Azincourt dont le succès fut comparable à ceux de Crécy et de Poitiers, et deux ans après s'établit solidement dans la Normandie, pendant que Jean-sans-Peur, son allié, rentrait dans Paris et s'emparait de la personne du roi. Le dauphin Charles, encore enfant, servit de drapeau aux Armagnacs qui continuaient à dominer dans les provinces d'outre-Loire. Sa mère Isabeau de Bavière, se déclara son ennemie implacable, parce que les Armagnacs auxquels il se réunissait, lui avaient enlevé ses trésors. Quant au malheureux roi, sa démence était devenue incurable, et n'était plus interrompue comme d'abord par un seul moment lucide.

Quelques bons Français essayèrent de réconcilier les chefs des deux partis, afin de les réunir contre l'étranger. Une entrevue eut lieu au pont de Montereau. Jean-sans-Peur y fut assassiné par Tanneguy-Duchâtel, favori du dauphin, peut-être contre la volonté de son maître. Ce n'était aux yeux des Armagnacs que de faibles représailles des mas sacres de Paris. Aussitôt Philippe-le-Bon, fils de Jean-sans-Peur, conclut avec Henri V le traité de Troyes, par lequel il le mariait avec Catherine de France, fille de Charles VI, et le reconnaissait pour héritier de la couronne. Ainsi les efforts du peuple pour échapper à l'oppression de la noblesse, et aux exactions de la cour, se trouvaient n'avoir d'autre résultat que d'amener la domination étrangère. Le dauphin fut cité à la table de marbre du parlement de Paris, condamné par contumace à un bannissement perpétuel et déclaré indigne de succéder à la couronne. Henri V et Charles VI moururent tous deux peu de temps après. Henri VI de Lancastre, jeune enfant encore au berceau, fut proclamé aussitôt roi de France et d'Angleterre. Le dauphin se fit proclamer de son côté sous le nom de Charles VII. Les Anglais, maîtres de presque tout le royaume, l'appelaient par dérision le roi de Bourges, et par son insouciance il semblait devoir rendre bien facile le succès définitif de ses ennemis. Comme le duc d'Orléans, au milieu des calamités et des dangers, il ne s'occupait que de ses plaisirs. « On ne saurait perdre plus gaîment son royaume, » lui disait un de ses capitaines auquel il faisait admirer les préparatifs d'une fête.

La ville d'Orléans assiégée par les Anglais, allait leur ouvrir le passage de la Loire, et peut-être la conquête de la France entière, lorsqu'une jeune fille des frontières de la Lorraine vint déclarer au roi qu'elle avait mission du ciel de faire lever le siége d'Orléans et le conduire à Reims pour y être sacré. Jeanne d'Arc fut examinée pendant un mois par les théologiens qui se trouvaient à Bourges, et après des investigations minutieuses il fut déclaré que sa mission venait assurément de Dieu et non du diable. Alors on lui confia, non pas la direction d'une armée, mais le droit de prendre part au conseil et d'éclairer les chefs par ses révélations. Elle sut inspirer la plus vive confiance non seulement aux soldats, mais même à ceux des chefs qui étaient le plus prévenus contre sa véracité. Orléans fut délivré après une victoire importante. L'intervention merveilleuse de Jeanne d'Arc était le signe et le produit d'une fermentation violente des esprits contre la domination étrangère; et son premier succès, en redoublant la confiance et l'enthousiasme de l'armée française, mit en même temps la consternation parmi les Anglais. Ensuite Jeanne d'Arc conduisit le roi à Reims au milieu des armées et des garnisons ennemies; partout sur son passage les villes se soulevaient avec une violence irrésistible. Elle demanda pour toute récompense d'assister au sacre en tenant à la main le petit étendard qu'elle portait dans les combats, et annonça que sa mission était finie et que *ses voix* lui ordonnaient de se retirer. Sur les instances du roi et de ses ministres, elle se résigna en pleurant à servir encore. Mais elle avait perdu toute son assurance, et ne communiquait plus aux soldats que son irrésolution et ses doutes; et désormais elle fut malheureuse dans toutes ses entreprises. Enfin, s'étant sacrifiée à la défense de Compiègne dont la conservation était importante mais impossible, elle fut, dit-on, vendue aux Anglais par le gouverneur de la ville. Les Anglais qui n'étaient pas moins convaincus que les Français de sa puissance surnaturelle, mais qui l'attribuaient aux esprits infernaux, la firent brûler comme sorcière et hérétique après une procédure révoltante. Mais les succès du roi n'en continuèrent pas moins. L'enthousiasme était le même, et dès qu'il fut parvenu à acheter au prix des plus grands sacrifices la neutralité de Philippe-le-Bon, il conquit avec la plus grande facilité toutes les provinces qui restaient à l'ennemi, et même la Gascogne dans laquelle aucun de ses prédécesseurs n'avait pénétré. Il ne resta plus aux Anglais que Calais, qui se trouvait enclavé dans les possessions de la maison de Bourgogne, et quelques îles voisines de la Normandie qu'ils possèdent encore.

On comprend combien ces guerres longues et funestes ont dû être contraires à la civilisation française et aux travaux de l'intelligence en particulier. Outre cette cause accidentelle, il y en a une plus générale : les idées et les tendances du moyen-âge sont épuisées, il y a une sorte d'interrègne entre l'ancienne culture intellectuelle, toute chrétienne, toute catholique et le mouvement de retour à l'antiquité qui commence à se faire sentir dans les lettres et dans les arts. Depuis l'italien saint Thomas d'Aquin, la philosophie scolastique tombe dans les puérilités et les querelles de mots, la théologie est fixée et ne produit plus rien de remarquable. Ces études ne produisent plus qu'un homme plus célèbre pour les avoir abandonnées que pour les avoir cultivées ; c'est Jean Gerson qui fut recteur de l'Université de Paris et ensuite président de ce concile de Bâle qui jugea et déposa des papes. Après avoir été toute sa vie la lumière du clergé de France et l'un des principaux dignitaires de l'Église universelle, il reconnut le vide des travaux auxquels il devait toute sa gloire, et se livra dans une retraite obscure au mysticisme. Il passa ses dernières années à apprendre à lire à des enfants, exigeant d'eux pour salaire, qu'ils répétassent cette prière : « Seigneur, ayez pitié de votre pauvre serviteur Jean Gerson. » Il est, selon une opinion accréditée et fort probable, l'auteur de l'Imitation de Jésus-Christ.

De saint Louis à Charles VII la poésie française n'a que

deux représentants célèbres, Jean de Meung, continuateur du roman de la Rose, et le duc d'Orléans, fils de celui qui fut assassiné par Jean-sans-Peur. Dans la prose, il faut citer Froissard, qui est plutôt un admirable conteur qu'un chroniqueur exact. La langue était devenue tout-à-fait française et avait perdu les signes distinctifs de l'ancienne langue romane d'oïl.

CHAPITRE III.

RÉTABLISSEMENT DU POUVOIR ROYAL.

(Fin de Charles VII ; Louis XI ; commencement de Charles VIII.
1453-1494.)

La France, long-temps menacée et abaissée par les Anglais, va devenir encore la puissance principale de la chrétienté. Au premier aspect, lorsque Charles VI reconquérait péniblement son royaume, rien ne semblait présager un semblable résultat, surtout dans un avenir si rapproché. Plusieurs princes, qui appartenaient en général à des branches puînées de la maison royale de France, régnaient en souverains à peu près indépendants sur une moitié au moins du sol français. La branche royale, dite de France ou de Valois, dominait dans tout le centre du pays et possédait quelques provinces importantes aux extrémités ; cette position était le principal de ses avantages. La maison de Valois-Bourgogne occupait des provinces infiniment plus riches et presque aussi considérables : la Flandre, pays des villes populeuses et des riches manufactures, l'Artois, les villes de la Somme, le Hainaut, le Brabant, la Hollande, et les deux Bourgognes. Ces riches domaines étaient partagés, entre la mouvance du roi de France et celle de l'empereur ; mais le droit public de l'empire, et le traité d'Arras consenti par Charles VII, légitimaient une complète indépendance. Une autre branche des Valois, la maison d'Anjou possédait l'Anjou, le Maine, la Lorraine et la Provence. Ensuite venaient les ducs de Bretagne, qui descendaient toujours et en ligne masculine, d'une très-ancienne branche capétienne établie par Philippe-Auguste. En Bretagne l'esprit public s'unissait à l'ambition du prince pour défendre l'indépendance bretonne contre les prétentions de la royauté. On distinguait encore, mais dans un rang secondaire, les maisons d'Orléans, et d'Alençon, toutes deux de Valois, celle de Bourbon qui descendait d'un fils de saint Louis, celles d'Armagnac, de Foix, d'Albret, au fond de la Gascogne, toutes trois étrangères à la race capétienne. C'était chez les Gascons seulement, grâce à la nature montagneuse du pays et à la lutte de la France et de l'Angleterre, que s'étaient conservés les derniers restes de la véritable société féodale.

Partagée entre ces diverses dominations, et à peine sortie d'une guerre longue et désastreuse, la France était dans un état fort misérable. L'agriculture était abandonnée, les communications interrompues, le règne des lois détruit. Les habitants de la campagne étaient horriblement opprimés ; les nobles et les gens de guerre traitaient en général sans pitié tout ce qui habitait, soit sous leur domination, soit à leur portée ; on peut juger de leurs habitudes par leur dicton favori : « *Oignez vilain, il vous poindra;* « *poignez vilain, il vous oindra.* » La haine et la crainte se joignaient chez eux au mépris, car les excès de la *jacquerie* avaient prouvé que la patience de *Jacques Bonhomme* n'était pas aussi inépuisable qu'ils l'avaient cru d'abord. La durée même du désordre, et la fatigue universelle qu'on éprouvait depuis long-temps, mettaient Charles VII dans une position assez favorable, s'il savait en profiter. Tous les hommes de bien des corps oppresseurs, et la masse entière du peuple, se livraient sans réserve au pouvoir royal et le conjuraient de sauver la France. Charles VII ne manqua point à ses devoirs ni à cette heureuse disposition des esprits.

Fort de l'assentiment universel, il n'éprouva aucune résistance sérieuse pour rétablir le bon ordre. Il agit avec beaucoup de modération et de prudence ; il savait qu'il était entouré de rivaux cachés, d'ennemis secrets, parmi lesquels son propre fils, le dauphin Louis, était le plus inquiétant. Dès sa jeunesse, ce prince avait montré l'ambition la plus remuante, le caractère le plus brouillon. Il se mêlait dans toutes les intrigues contre les favoris et les ministres de son père, et prétendit ouvertement s'emparer du pouvoir. Charles VII de son côté, par suite de cette méfiance et de cette jalousie que les souverains ont souvent contre leur successeur, quel qu'il soit, ne voulait accorder aucune influence à son fils, et le confina dans son apanage du Dauphiné. Louis XI s'y consola en faisant le souverain indépendant, et en ajoutant à plaisir de nouveaux griefs à ceux que son père avait déjà contre lui. Quand la mesure fut comblée, il s'enfuit, pour ne pas être arrêté, auprès du duc de Bourgogne, autre rival du roi, le suppliant de prendre en main sa cause. Heureusement le vieux Philippe-le-Bon était las de guerres et d'intrigues ; il donna asile au fils sans se déclarer contre le père ; et Charles VII put détruire sans obstacle le brigandage qui désolait ses états, et l'esprit de révolte et de trahison qui menaçait toujours la sûreté du trône et l'indépendance de la nation. Il prouva aux grands, par une répression sévère, que le temps des homicides et des pillages impunis était passé, et qu'il ne leur était plus permis d'entretenir des intelligences avec les souverains étrangers. Du reste, il avait conservé de ses premières années le tort d'avoir des favoris, et de les croire souvent aveuglément. Ceux-ci, pour augmenter son hostilité contre son fils, lui persuadèrent que le dauphin voulait l'empoisonner. Charles VII déjà malade refusa toute nourriture, et mourut peu de jours après, mais sans avoir rien fait pour ôter la couronne à son fils, comme auraient désiré ses conseillers (1461).

Quand Louis XI monta sur le trône, le pouvoir royal était alors dans un état de progrès évident, et il était déjà un objet de jalousie et de crainte pour les princes. Leur rêve était de démembrer la France, et de se la partager entre eux et avec les Anglais. *J'aime tant le bien du royaume de France*, disait le duc de Bretagne, *qu'au lieu d'un roi j'en voudrais voir sept ou huit*. Le nouveau roi, malgré l'imprudence de sa conduite du vivant de son père, comprenait mieux que personne les intérêts et les dispositions secrètes de ses rivaux : lui-même était bien résolu à leur prouver combien les craintes que leur inspirait la royauté étaient fondées. Mais il manqua d'abord de prudence et de modération. Il avait trop de confiance dans la supériorité de ses talents politiques ; à la vérité sa finesse et son esprit étaient très-distingués, mais il fallait au moins montrer moins d'impatience de tout changer, de tout envahir. Il accumula donc fautes sur fautes, et perdit comme à plaisir les avantages de sa position. D'abord il voulut changer tout ce que son père avait fait bien ou mal. Les anciens serviteurs de son père ␣nt disgraciés, ce qui donna au parti des princes tous ␣ qui par les armes ou leurs conseils avaient délivré ␣ des Anglais. Il s'empressa en même temps d␣ sa prédilection pour les parvenus de la plus médiocre extraction, et son dédain pour tout homme qui pouvait avoir une valeur par lui-même ; ce qui ne pouvait manquer de lui aliéner la noblesse. En même temps, il irrite sans retour le duc de Bourgogne et son fils, en rachetant les villes de la Somme d'après un article du traité d'Arras, qu'on était à peu près convenu de ne jamais mettre à exécution.

Une ligue presque universelle des princes et des grands se forme contre Louis XI sous le nom de ligue du *bien public*. Les fils aînés de Philippe de Bourgogne et de René d'Anjou dirigent ce dernier effort d'une aristocratie expirante. Afin d'obtenir l'appui des bourgeois et du peuple, et de colorer l'entreprise, on promet la destruction des impôts et des abus. Mais le temps était passé où les bourgeois prenaient facilement le change sur leur intérêt politique. Quelques débris obscurs de l'ancienne faction bourguignonne essayèrent à peine de remuer. Louis XI se concilia par ses caresses et ses explications l'appui des villes principales. Il rassembla une forte armée et résolut de traîner la guerre en longueur, espérant dissoudre la ligue dont les membres étaient faciles à séparer et à opposer l'un à l'autre. Peut-être aussi se défiait-il de la fidélité des chefs, qui tous appartenaient encore à la haute noblesse.

Le hasard ou la trahison fit pourtant livrer une bataille générale à Montlhéri. Une aile de l'armée royale fut dispersée pendant que l'autre remportait la victoire. « Jamais « dit Commines, plus grande fuite ne fut des deux costés : « mais par espécial demourèrent les deux princes aux « champs. Du costé du roy fut un homme d'état qui s'en- « fuit jusques à Lusignan sans repaistre ; et du costé du « duc un aultre homme de bien jusqu'au Quesnoy-le-Comte. « Ces deux n'avoient garde de se mordre l'un l'aultre. »

Le roi s'empressa de dégager son armée et de se renfermer dans Paris. Les ligués essayèrent en vain de forcer cette ville, puis de la séduire. Louis XI au lieu de songer à vaincre ses ennemis par la force des armes, ne songeait qu'à les désunir et à conclure la paix. Faisant à chacun d'eux les plus magnifiques promesses, il les décida à conclure les traités de Saint-Maur et de Conflans, qui paraissaient leur donner la France, mais qui les livrèrent en réalité à sa vengeance froide et implacable. Il accorda tout ce qu'on demandait, et même plus, bien résolu à ne rien tenir. Il ne fut fait mention de part ni d'autre d'aucune mesure dans l'intérêt du peuple ; aussi l'opinion se déclara avec colère contre la ligue, surtout lorsque le roi augmenta ces impôts qu'elle devait abolir, en ayant soin d'apprendre au peuple que c'était pour payer le prix convenu du retour à l'obéissance des défenseurs du *bien public*.

Louis XI qui s'était d'abord montré froid et réservé envers tous ses sujets, commença à se montrer familier et même flatteur envers les bourgeois et à leur accorder des priviléges. Il recevait continuellement à sa table les bourgeois principaux de Paris, allait dîner chez eux, voulait être parrain de leurs enfants. Il ennoblit en quelque sorte tous les Parisiens en leur donnant le privilége d'acquérir et de posséder noblement les fiefs nobles. Il les convoquait souvent à de grandes fêtes militaires où tous les Parisiens sous les armes s'encourageaient à la vue de leur nombre. En même temps, il achetait à tout prix le dévoûment de quelques-uns des membres de la ligue. Il enleva la Normandie à son frère, dont on s'efforçait de faire un rival à la royauté. En même temps il faisait coudre dans un sac et jeter à la Seine quelques hommes obscurs et dangereux du parti des princes. Cependant Charles de Charolais succédait à son père Philippe-le-Bon; il était loin d'avoir la modération de son père. Louis XI s'en était fait de nouveau un ennemi déclaré ; mais par sa fougue et son imprudence qui lui mérita si bien le surnom de *Téméraire*, il devait donner souvent l'avantage à son rival. Le roi qui suivait patiemment la politique froide, cauteleuse et sanguinaire des princes italiens, profita des embarras de la succession pour exciter à Liége une sédition qui menaçait la tranquillité des villes de Flandre, toujours disposées à la révolte. Charles-le-Téméraire ne put méconnaître la main d'où le coup partait. Après avoir châtié les Liégeois et rétabli leur évêque, il voulait déclarer la guerre au roi.

Louis XI compta le tromper par son habileté et ses promesses, et lui demanda une entrevue à Péronne, l'une des villes de la Somme, qu'il lui avait récemment rendue. Il se rendit sans défiance auprès de son rival qu'il croyait trop franc et trop chevaleresque pour se rendre coupable d'une trahison, mais il n'avait pas eu le temps d'arrêter des intrigues qui devaient faire soulever Liége une seconde fois ; Charles ayant appris cette nouvelle et ayant eu des preuves de la participation du roi, le fit saisir et renfermer dans une chambre du château d'où il pouvait apercevoir la vieille tour dans laquelle Charles-le-Simple était mort après une longue captivité, après s'être livré comme lui à un vassal puissant. Louis se tira pourtant de ce mauvais pas ; il accorda tout et n'hésita pas à servir Charles-le-Téméraire dans son expédition contre les Liégeois, et à se mettre comme à sa suite, sans reculer devant aucune humiliation. Les Liégeois ayant pris le cri du roi de France, *Montjoie Saint-Denis*! Louis XI ordonna à ses soldats de prendre le cri de Bourgogne *Saint-André*. Les Liégeois furent vaincus une seconde fois et d'une manière définitive.

De retour dans ses états, Louis XI punit cruellement tous ceux qui lui avaient conseillé cette entrevue, et se fit demander en grâce par les notables convoqués en forme d'états-généraux de ne pas exécuter les conditions du traité. Charles-le-Téméraire eut beau protester avec indignation contre ce nouveau manque de foi, Louis XI lui suscita tant d'affaires, et lui-même il s'engagea à plaisir dans tant d'embarras qu'il ne put jamais en venir à une lutte décisive contre la France. Deux fois une coalition nouvelle fut sur le point de se conclure, et les hostilités s'engagèrent même à plusieurs reprises. Louis XI détruisit la première de ces ligues en faisant empoisonner son frère qui, devenu duc de Guyenne, en était le membre le plus dangereux. Plus tard, Charles avait appelé une armée anglaise autour de Calais, mais il fit la faute d'occuper son armée à envahir l'électorat de Cologne ; et pendant qu'il « s'allait heurter « contre les Allemagnes (qui est chose si grande et si « puissante qu'il est presque incroyable), » Louis XI achetait les ministres et les favoris du roi anglais, Édouard IV, et signait le traité de Péquigny aussi honteux que nécessaire. Il ne songea pas ensuite à inquiéter le duc de Bourgogne, alors seul et exposé à ses coups ; il ne s'occupa que d'accabler de concert avec lui, le malheureux connétable de Saint-Paul qui avait voulu se former un état indépendant de la France et de la Bourgogne. C'est que, d'abord il aimait aussi peu les hasards et les embarras d'une guerre ouverte, qu'il se plaisait aux détours et aux intrigues d'une lutte cachée ; ensuite il voyait que son rival allait s'engager contre la confédération suisse dans une guerre qui ne pouvait manquer d'être désastreuse. Jusqu'alors la balance était restée à peu près égale, et la timidité du roi faisait croire que le désavantage était de son côté ; mais à partir de cette époque qui est l'époque critique de ce règne, les progrès de la monarchie et de la nation sont aussi rapides qu'assurés, grâce aux fautes de Charles-le-Téméraire.

Le peuple que Charles se proposait d'attaquer était alors le seul qui eût une infanterie nationale bien organisée. Les paysans suisses, habitant un pays de montagnes et venant de soutenir une lutte longue et acharnée contre les Autrichiens, avaient été obligés de tourner toutes leurs pensées et tous leurs soins vers la guerre. Ne pouvant avoir guère que des fantassins, car leur pays était trop pauvre pour payer d'autre armée que la milice des villes et des campagnes, ils donnèrent le premier exemple d'une infanterie armée de piques et de sabres, constamment victorieuse de la chevalerie féodale, de ces cavaliers bardés de fer eux et leurs chevaux, qui avaient fait jusqu'alors toute la force des armées européennes. Les armes à feu avaient encore ajouté à la supériorité que les Suisses avaient due d'abord à leur constance et à leur mépris de la mort. Charles-le-Téméraire ne voulait point comprendre que des hommes qui avaient si souvent triomphé de l'Autriche, étaient invincibles dans leurs montagnes. Louis XI au contraire estimait fort les Suisses, car il les avait vus de près, et il avait éprouvé leur valeur, quand son père pour se débarrasser des soldats licenciés après la guerre, l'envoya à leur tête porter secours à l'Autriche. Il trouva alors à Saint-Jacques près de Bâle, quelques compagnies suisses qui équivalaient à peine à la dixième partie de son armée. Cette petite troupe dédaigna de reculer devant lui et ils se firent tous exterminer, mais en détruisant une grande partie de son armée. Devenu roi de France, Louis XI, étranger aux préjugés et aux mépris féodaux, eut soin de se maintenir toujours dans l'amitié des Suisses. Il leur faisait des présents, concluait sans cesse avec eux de nouveaux traités pour affermir l'alliance, et venait récemment de faire avec eux une ligue offensive et défensive. Telle est l'origine des relations d'amitié qui ont constamment existé entre la France et les cantons jusqu'à nos jours. Le duc de Bourgogne au contraire les méprisait comme un ramas de paysans révoltés, et il pensait qu'il suffirait de leur montrer de loin sa brillante noblesse pour leur faire demander grâce. Ses projets s'étendaient, du reste, bien au-delà de la conquête de ces pauvres montagnes ; il voulait réunir en outre à ses états la Lorraine, l'Italie, le Dauphiné, la Provence, pour pouvoir ensuite démembrer la France à son aise. En un mot, il rêvait le renouvellement de l'empire de Charlemagne.

Il commença par s'emparer de la Lorraine, qui ne lui opposa qu'une très-faible résistance. Ensuite, il s'avança vers la frontière de Suisse. Les Suisses voulaient éviter cette guerre, qui n'avait d'autre motif que de misérables querelles de douane et de frontières ; mais les Suisses outragés par les officiers du duc, avaient rendu violence pour violence, et son orgueil offensé ne pardonnait pas. Quand il vit venir leurs députés pauvrement vêtus, il s'écria d'un air de mépris et de colère : « Que me veulent « ces gueux avec leurs besaces ? » Le langage des Suisses fut pacifique et conciliant sans humilité : « Qu'y a-t-il à « gagner avec nous ? disaient-ils, pays stérile, villes pau-« vres, il n'y a pas autant d'or chez nous qu'aux brides de « vos chevaux et aux éperons de vos cavaliers. »

Charles les renvoya ignominieusement, et sur-le-champ il entra en Suisse, et attaqua Granson qu'il prit d'assaut. Tout ce qui restait de la garnison fut pendu le long des rives du lac de Neufchâtel à la vue de l'armée suisse qui descendait les montagnes. Le duc alla imprudemment à la rencontre de cette armée, qu'il aurait dû attendre dans la plaine, et on vit la noblesse bourguignonne, mise en désordre par sa propre marche dans des défilés étroits, s'enfuir sans avoir combattu. Charles retourna en Franche-Comté et revint bientôt plein de colère avec la résolution de ne faire aucun quartier aux Suisses, qui eux-mêmes étaient bien décidés à ne pas faire grâce aux Bourguignons. Cette fois, il dépassa Granson et vint mettre le siége devant Morat. Les Suisses, déjà retournés dans leurs vallées et dans leurs villes, se rassemblèrent à cette nouvelle et vinrent attaquer l'armée de Charles-le-Téméraire. Un combat décisif fut engagé. L'armée bourguignonne fut vaincue après une résistance honorable, mais la retraite se trouvait coupée (1476). Voici quelques passages du chant de triomphe des vainqueurs composé par l'un des combattants, Veit-Wéber; qu'on me permette de citer un poète dans un abrégé d'histoire, quand ce poète est le meilleur des historiens.

« L'un se sauve ici, l'autre là, partout où il se croit
« bien en sûreté ; mais on fouilla tous les buissons. — Ja-
« mais on n'a vu plus grande misère ! — Une grosse troupe
« se jette dans le lac. Ils n'avaient pas soif pourtant.

« Ils en ont là jusqu'au menton, et on tire sur eux
« comme s'ils étaient des canards. On va les trouver en bateau
« et on les met en pièces. Le lac devint tout rouge de sang.
« On les entendait pousser des hurlements lamentables.

« Beaucoup grimpèrent sur les arbres ; mais ils n'avaient
« point assez d'envergure pour prendre leur volée, et on
« tire sur eux comme s'ils étaient des corneilles. Du pied
« des arbres on les perce avec la pique. A semblables

« oiseaux, le plumage n'est bon à rien. Le vent ne voulait
« point les soutenir.

« Le champ de bataille était large de plusieurs lieues ;
« là gisaient beaucoup de Welches, les uns coupés en
« morceaux, les autres percés de part en part. —Rendons
« grâce à Dieu soir et matin d'avoir ainsi vengé la mort
« de nos bons confédérés de Granson....

« Les confédérés ne mendient point leur pain à ce duc
« qui les a traités de mendiants. Cette injure ne les a pas
« déconcertés. La pique et l'espadon sont leurs bâtons de
« voyage. Quant à la besace, ils la lui ont jetée à travers
« les dents; c'est un festin qui ne lui plaisait guère. »

Les Suisses ne firent aucun prisonnier; « cruel comme
à Morat » fut long-temps parmi eux une locution proverbiale. Les ossements des vaincus suffirent pour former par leur réunion un monument considérable, trophée vraiment approprié au caractère de la victoire.

Le camp des Bourguignons fut pris, et Charles perdit à la fois sa dernière armée et la plus grande partie de ses ressources. Il se retira presque seul en Franche-Comté où il fut suivi de près par les vainqueurs. Accablé de ses désastres, il se laissa aller à un violent désespoir. Long-temps il se cacha à tous les yeux, ne voulant s'occuper ni de ses affaires, ni même du soin de sa personne, et refusant souvent toute nourriture. Pendant ce temps, Louis XI qui s'était bien gardé de détourner sur lui-même la fureur de son rival, ne négligeait rien pour augmenter ses dangers, en semant partout dans ses provinces et dans son camp la discorde et la trahison. Lorsque les Suisses ramenèrent le jeune duc de Lorraine en triomphe dans ses états, l'énergie du duc de Bourgogne se réveilla de nouveau; mais il avait décidément perdu toute chance de succès, ou comme disait le poète des vainqueurs avec son ironie impitoyable : « On joue avec lui aux échecs. Il a perdu beaucoup de pions ; on lui a dit vingt fois échec au roi ; sa tour ne peut le protéger; son cavalier reste là tout triste. Échec et mat lui est promis. » Il rassembla de nouveau quelques troupes et vint livrer la bataille en désespéré devant les murs de Nanci. Depuis la journée de Morat, il s'aliénait tous ses serviteurs aussi bien que ses peuples en redoublant d'exigence et de dureté. Un général italien, Campobasso, dans lequel il mettait toute sa confiance, fit défection avec ses troupes au moment même de la bataille. Charles fut vaincu et tué. Le duc de Lorraine lui fit faire des funérailles magnifiques, et dit sur son cercueil ces paroles simples et convenables : « Beau cousin, vous nous avez fait moult maux et douleurs; mais Dieu ait votre ame. » Marie, la fille unique de Charles, recueillait cette succession désespérée ; sans armée, sans trésors, et même sans conseillers fidèles, elle se trouvait comme abandonnée à la discrétion du roi de France (1477).

Louis XI était resté jusqu'alors dans l'immobilité de l'araignée qui voit venir sa proie. D'un bond il fut maître de la Bourgogne et des villes de la Somme, et il envahit presqu'aussitôt la Franche-Comté et l'Artois. Les deux premières provinces devaient faire retour à la couronne en cas d'extinction de la ligne masculine des princes bourguignons, et se livrèrent ou furent livrées sans opposition. Quant aux deux autres, il n'avait aucune apparence de droit, et éprouva une légère résistance. Les Pays-Bas tremblèrent pour leur avenir et soutinrent vigoureusement la guerre ; mais les villes eurent soin de profiter des embarras de leur souveraine pour se rendre entièrement indépendantes. Louis XI fit tout pour augmenter les troubles et la discorde. Marie lui dut de voir décapiter sous ses yeux par ordre des Gantois, ses deux plus fidèles conseillers. Ces mêmes Gantois lui firent épouser Maximilien d'Autriche, fils de l'empereur Frédéric III. La maison d'Autriche semblait alors descendue sans retour au même degré secondaire d'où elle sortait primitivement : c'est ce mariage qui commence sa nouvelle période de grandeur. Dès-lors elle succède à la maison de Bourgogne dans le rôle d'antagoniste de la puissance française.

Maximilien borna les conquêtes de Louis XI à celles qu'il avait déjà faites. La guerre fut vive et souvent indécise; les passions populaires s'y déployèrent à plusieurs reprises pour conserver à Marie les états de son père. Après la mort de cette princesse, les états de Flandre craignant la conquête française et rebutés des dépenses de la guerre, conclurent la paix à tout prix malgré les protestations de Maximilien. Le traité d'Arras livra à Louis XI le duché de Bourgogne, et les villes de la Somme en toute souveraineté, la Franche-Comté et l'Artois, comme dot de Marguerite, fille de Maximilien et de Marie, qui devait épouser le jeune dauphin (1482).

Les acquisitions territoriales de Louis XI ne se bornèrent pas à ces quatre belles provinces. Déjà en fournissant des secours d'hommes et d'argent au roi d'Aragon contre ses sujets révoltés, il avait eu le Roussillon et la Cerdagne. Il avait achevé d'assurer la frontière de France sur toute la ligne des Pyrénées, en détruisant l'indépendance des princes gascons, et en exterminant les Armagnacs. Au moment où il signait le traité d'Arras, la mort du bon roi René, et l'année suivante la mort de son neveu, le comte du Maine, lui livrèrent toute la succession d'Anjou, l'Anjou, le Maine, le Barrois et la Provence.

Mais au moment où Louis XI voyait ses efforts et sa politique couronnés d'un si heureux succès, il déclinait rapidement vers la tombe. S'attendant à une mort prochaine, il redoublait de précautions et de rigueurs pour sa sûreté personnelle. Il s'était enfermé dans une prison d'où il ne sortait plus ; c'était son château fort de Plessis-lès-Tours, sa résidence habituelle. Il n'osait recevoir les princes de sa famille qu'après les avoir fait fouiller. Il faisait garder étroitement son fils dans une résidence séparée et voisine, le château d'Amboise, et pour être plus sûr qu'il n'entretiendrait pas de communications dangereuses avec le dehors, il ne lui faisait pas apprendre à écrire. Quand il se vit dans un état de santé désespéré, il ne montra pas moins de crainte de la mort que de ses ennemis. Il fit venir la sainte ampoule de Reims, espérant que l'huile sainte aurait la vertu de guérir ses maux. Il fit venir du fond de la Calabre l'ermite François de Paule pour lui rendre la santé. Son médecin et son astrologue qui ne le quittaient pas depuis long-temps, essayèrent de le tromper jusqu'au dernier moment. Louis XI ne recouvra un peu de courage qu'un instant avant de mourir. Il régla les affaires de son royaume avec prudence et présence d'esprit, et rendit le dernier soupir (1485), en invoquant *Notre-Dame d'Embrun* pour laquelle il professait une dévotion particulière; il l'invoquait à chaque instant dans toutes ses affaires, portait toujours sur son chapeau son image en plomb, et lui avait solennellement conféré par lettres-patentes le comté de Boulogne.

Le règne de ce roi est un de ceux qui ont été les plus utiles à la France sous tous les rapports. Non seulement il développa sa puissance intérieure, mais encore il fit faire de grands progrès à la puissance nationale. Il réforma l'administration de la justice, fonda plusieurs parlements nouveaux, et établit comme loi fondamentale l'inamovibilité de tous les offices de judicature. C'est aussi à lui que nous devons l'introduction en France de l'imprimerie et des manufactures de soie. Sous son règne le commerce fut toujours florissant, et l'agriculture fit de grands progrès, malgré l'augmentation subite et considérable des impôts. Il laissa la France dans un état de sécurité et de force auquel elle n'était jamais arrivée précédemment, même dans les temps les plus prospères.

Louis XI laissait la couronne à son fils Charles VIII, âgé de treize ans, dont la tutelle fut confiée à sa sœur aînée, Anne de Beaujeu, femme d'un prince du sang de la maison de Bourbon. Cette princesse, élève et favorite de son père, avait une partie de ses rares qualités, et connaissait parfaitement les affaires. Le duc d'Orléans, petit-fils du frère de Charles VI, voulut lui disputer la régence. Bien que les états-généraux eussent confirmé le testament de Louis XI, et que le parlement de Paris eût refusé de soutenir ses prétentions, ce fut l'occasion d'une guerre civile où les derniers débris de la haute féodalité se soulevèrent encore une fois pour tenter la lutte contre le pouvoir central. Cette ligue, parodie de la tentative plus sérieuse des premiers temps de Louis XI, fut facilement vaincue, et les conjurés ne recueillirent que honte et désespoir de leur tentative impossible qui fut appelée *la guerre folle*. Le duc d'Orléans, vaincu en France, le fut encore en Bretagne. L'indépendance de cette petite nation périt avec une bonne partie de sa noblesse à la bataille de St-Aubin-du-Cormier. Le duc François II fut contraint d'admettre dans ses principales forteresses des garnisons françaises, et de jurer qu'il ne marierait ses filles que selon la volonté du roi de France. Bientôt il mourut, et les Bretons s'empressèrent de fiancer leur jeune duchesse, Anne de Bretagne, avec Maximilien. Le duc d'Orléans, que Charles VIII avait délivré de prison aussitôt après sa majorité réelle, offrit son influence pour négocier le mariage du roi avec la duchesse de Bretagne; et cette princesse fut bientôt forcée de consentir à épouser Charles VIII, mais à condition que la Bretagne serait essentiellement séparée de la monarchie, et qu'elle ne pourrait jamais être traitée comme une simple province. Cet heureux événement qui complétait l'œuvre de Louis XI, en enlevant aux ennemis de la monarchie la seule position sur laquelle ils pussent encore compter, fut bientôt suivi d'une ligue de toutes les puissances voisines. Deux provinces, l'Artois et la Franche-Comté, avaient été cédées à Louis XI comme dot de Marguerite d'Autriche, que Charles VIII avait renvoyée à son père Maximilien, en même temps qu'il lui enlevait sa femme. L'Espagne et l'Angleterre s'unirent avec la maison d'Autriche pour forcer la France à restituer. Aussitôt Arras se révolta, et les Comtois soutenus par une petite armée allemande chassèrent les garnisons françaises. Charles VIII, prince frivole et incapable, mais en même temps ambitieux de gloire et de conquêtes, ne prétendait à rien moins qu'à faire revivre les temps d'Alexandre, de César et de Charlemagne. Qu'importaient quelques provinces à celui qui se croyait destiné à l'empire du monde? Il s'empressa d'abandonner sans combattre les trois provinces que son père avait le plus péniblement acquises, l'Artois, la Franche-Comté et le Roussillon, et de payer une forte somme à l'avare roi d'Angleterre Henri VII, pour se jeter sur un théâtre plus brillant et dans des entreprises dignes de lui.

CHAPITRE IV.

TENTATIVES DE CONQUÊTES EN ITALIE ; MONARCHIE TEMPÉRÉE.

(Fin de Charles VIII, et règne de Louis XII. 1494-1515.)

La France inspirait déjà des inquiétudes bien fondées à toutes les provinces voisines, lorsque Charles VIII résolut de faire valoir ses prétentions sur le royaume de Naples comme héritier de la seconde maison d'Anjou. Il avait acheté au prix de la petite province du Barrois, qu'il céda au duc de Lorraine, petit-fils de Réné d'Anjou, le droit d'entreprendre cette conquête hasardeuse, et ne considérait Naples que comme une première étape sur la route de Constantinople et de Jérusalem.

L'Italie était dans une profonde décadence ; la guerre y avait dégénéré au point d'être moins dangereuse pour les combattants que les tournois du moyen-âge. Les Italiens ne connaissaient d'autres troupes qu'une cavalerie bardée de fer, commandée par des chefs mercenaires qui vendaient leurs services d'un état à l'autre, et qui épargnaient autant que possible des soldats qui leur appartenaient. Dans une bataille rangée, à Anguiara, il n'y eut qu'un seul homme de tué, encore fut-il étouffé par la presse. Les puissances italiennes, même réunies dans une coalition générale, n'auraient pu lutter contre la France, et elles étaient bien éloignées de s'entendre pour repousser l'invasion. La maison de Savoie était sous la dépendance de la France, et ouvrait le passage des Alpes; les Vénitiens voulaient rester neutres; le régent de Milan, Ludovic Sforza, surnommé le More, qui voulait usurper cette souveraineté, était l'allié de Charles VIII, et le suppliait d'entrer en Italie. Charles VIII n'avait contre lui que les trois puissances de l'Italie méridionale, Naples, Rome et Florence.

Tous les plus sages conseillers de la royauté, et surtout l'ancienne régente, s'efforçaient d'opposer les meilleures raisons politiques à l'impétuosité aveugle du jeune roi; mais il était incapable de comprendre la sage politique de son père, « qu'un village sur la frontière vaut mieux « qu'un royaume au-delà des monts. » Il convoqua à Lyon la noblesse de France; et dépensant follement en tournois et en profusions de toute espèce les fonds destinés à l'expédition, il parut oublier tous ses projets. A peine eut-il passé les Alpes avec l'armée la plus formidable que la France eût encore mise sur pied, qu'ayant épuisé toutes ses ressources pécuniaires, il délibéra s'il ne retournerait pas en France. Cette guerre, si mal préparée et toujours conduite au hasard, ne fut d'abord qu'un enchaînement d'éclatants succès, qui parurent tenir du merveilleux, mais qui s'expliquent facilement par la supériorité des forces françaises et la lâcheté des Italiens. Une avant-garde française et un petit corps napolitain se mesurèrent aux environs de Gênes. Le lieu où ils avaient débarqué fut emporté de vive force; les Français massacrèrent tous les soldats, mirent le feu au bourg, et exterminèrent presque entièrement la population désarmée. La terreur fut universelle en Italie, et surtout dans les bandes des *condottieri*. Quelques exécutions aussi cruelles achevèrent d'ôter aux Italiens l'idée de se défendre. Partout les villes offraient de se rendre avant d'être assiégées, et les troupes abandonnaient leurs postes avant d'avoir vu les ennemis. Pierre de Médicis, souverain de Florence, qui s'était déclaré en faveur du roi de Naples, fut tellement effrayé qu'il vint se jeter aux pieds de Charles VIII et protester de son dévoûment pour la France et de sa plus entière soumission. Charles VIII lui imposa des conditions dures et honteuses, qui servirent de prétexte au parti républicain pour se soulever. Pierre fut ignominieusement chassé de Florence ; mais ceux qui le remplaçaient ne montrèrent pas plus de courage, et se hâtèrent de faire leur soumission aux mêmes conditions. En même temps les Pisans, autrefois les rivaux des Florentins et maintenant leurs sujets, se rendirent indépendants, et Charles VIII les prit sous sa protection, bien qu'il eût garanti aux Florentins l'intégrité de leur territoire. Charles VIII ne resta à Florence que le temps de reposer son armée, puis il marcha rapidement sur Rome. Il parlait hautement de faire juger par un concile général l'élection scandaleuse, la simonie et les crimes d'Alexandre VI. Mais la soumission du Pape et un chapeau de cardinal offert à propos, changèrent ces dispositions menaçantes ; on dédaigna même de prendre aucune sûreté contre la perfidie bien connue des Borgia.

Charles VIII était impatient d'arriver à Naples. A son approche les armées napolitaines qui reculaient devant lui depuis le centre de l'Italie, refusèrent de combattre et se débandèrent. Alfonse II, roi de Naples, abdiqua la couronne et la laissa à son fils Ferdinand II, espérant que la faveur populaire se déclarerait pour un jeune prince né à Naples, et qui n'avait pris aucune part aux cruautés qu'on pouvait reprocher à sa famille. Mais à l'approche des Français, la populace se souleva en leur faveur. Tout le royaume se soumit aussitôt sans combat à l'exception de quelques places fortes. Le roi de France et son armée n'en traitèrent pas moins ce royaume en pays conquis. Les provinces furent livrées au pillage ; Charles VIII poussa même l'imprévoyance jusqu'à permettre à ses principaux officiers de vendre à leur profit l'approvisionnement des forteresses. Il ne fit rien pour contenter les amis de la maison d'Anjou, encore moins pour se concilier ses ennemis. Tout était à l'abandon ; la seule occupation de Charles VIII, au lieu d'organiser sa nouvelle conquête, fut de se faire couronner roi et de faire des entrées solennelles à Naples avec les insignes de l'empire d'Orient. Cependant les Vénitiens organisaient secrètement une ligue générale de l'Italie contre les Français (1495). Ferdinand et Isabelle, rois d'Espagne et de Sicile, l'empereur Maximilien, son fils Philippe-le-Beau, souverain des Pays-Bas, et le roi d'Angleterre Henri VII se déclaraient en même temps contre la France, et promettaient de ne faire la paix qu'après l'entière expulsion de Charles VIII de l'Italie. Charles VIII fut obligé de revenir en France pour ne pas se laisser enfermer dans le royaume de Naples, et pour porter secours à ses états menacés. Son armée était diminuée de moitié par les maladies. Il ne put laisser à Naples que huit mille hommes, et l'armée qu'il ramenait ne s'élevait pas à plus de douze mille. Il traversa sans obstacles l'Etat romain et la Toscane ; mais en descendant des Apennins, il trouva dans les plaines de Fornoue une armée de quarante mille hommes, commandée par le marquis de Mantoue, qui passait pour le meilleur général de l'Italie. Sans prendre aucune disposition militaire, il se jeta sur les Italiens avec une partie de son armée ;

après une lutte courte et sanglante où l'armée française fut un instant compromise, les Italiens lâchèrent pied de toutes parts ; on en tua un grand nombre. Charles VIII traversa le reste de l'Italie sans être inquiété, et rentra couvert de gloire dans son royaume. Quelque temps après, le petit corps qu'il avait laissé à Naples, assailli de toutes parts, décimé par des maladies contagieuses, fut vaincu et contraint à capituler (1496). Charles VIII préparait une seconde expédition pour reconquérir le royaume de Naples, lorsqu'il mourut subitement dans son château d'Amboise (1498).

Le duc d'Orléans, qui succéda à Charles VIII sous le nom de Louis XII, était gendre de Louis XI et arrière-petit-fils de Charles V. Le contrat de mariage de son grand-père avec Valentine de Milan, lui reconnaissait des droits à l'héritage de ce duché à l'extinction de la postérité mâle des Visconti. Ainsi Louis ajoutait aux prétentions de son prédécesseur sur Naples d'autres prétentions sur le duché de Milan. Louis XII, comme Charles VIII, tourna ses vues sur l'Italie. Il trouvait à son avénement tous ses voisins inquiets de la puissance française et disposés à s'unir contre elle ; mais il était encore possible par une politique habile de séparer les intérêts des états les plus hostiles. Il passa une année à affermir son pouvoir à l'intérieur en faisant casser son mariage avec la fille de Louis XI, et en épousant Anne de Bretagne, la veuve de son prédécesseur. Par ce mariage la Bretagne fut une seconde fois réunie à la France (1498). En même temps Louis XII, par une stricte économie et par les réformes auxquelles il s'astreignit, mettait la France en état de subvenir aux frais de la guerre qu'il méditait, sans avoir besoin d'augmenter les impôts ;

et il avait le bonheur de trouver dans le cardinal d'Amboise, son compagnon dans la mauvaise fortune, un premier ministre qui, sans posséder des talents supérieurs, n'était pas moins dévoué aux intérêts du peuple qu'à la personne du souverain.

Cependant l'adresse des négociateurs français était employée à séparer de la ligue universelle toutes les puissances qu'ils pouvaient en détacher. Les Vénitiens et les Espagnols renoncèrent non-seulement à toute hostilité contre la France, mais encore ils s'allièrent avec elle pour prendre leur part des pays sur lesquels Louis XII avait des prétentions. Il conduisit lui-même au-delà des Alpes une armée formidable qui fit la conquête du duché de Milan, la seconde année de son règne (1499). Les habitants se soumirent avec de grandes démonstrations de joie et d'attachement; et Louis XII, dans l'espérance de leur plaire, leur donna pour gouverneur un compatriote, le maréchal Trivulzio, que les Sforza avaient proscrit. Mais ce gouverneur n'apporta dans l'exercice du pouvoir souverain que les rancunes étroites d'une faction longtemps réduite à l'impuissance, et fit plus détester la domination française qu'aucun Français n'aurait pu le faire.

Ludovic-le-More rentra à l'improviste dans le Milanais avec des aventuriers suisses, et promit une pièce d'or par tête de Français qu'on lui présenterait. Tout le pays se souleva; la plupart des conquérants furent massacrés isolément ou par petites troupes, avant qu'ils n'eussent pu se réunir. Louis XII revint en Italie (1500); les Suisses se trouvaient former la principale force des deux armées. C'est alors que les mercenaires du duc de Milan déshonorèrent leur nation par un acte de trahison qui montra à l'Europe que ces intrépides républicains étaient loin de posséder toutes les vertus. Ils laissèrent enfermer Ludovic dans Milan, lui déclarèrent qu'ils ne pouvaient pas se battre contre leurs compatriotes de l'armée française, parce qu'ils servaient avec la permission et sous les bannières de leurs cantons, et refusèrent même de lui garantir la liberté. Tout ce que le malheureux duc de Milan put obtenir, c'est qu'ils le laisseraient sortir dans leurs rangs déguisé en simple soldat ; mais ses voisins eurent soin de le désigner aux commissaires de l'armée française. Ludovic fut fait prisonnier et gardé jusqu'à sa mort dans une étroite captivité.

C'est ainsi que le duché de Milan fut conquis une seconde fois. L'année suivante, Louis XII envoya une armée contre le royaume de Naples, en même temps qu'il donnait à César Borgia des forces suffisantes pour établir sa domination dans les anciens états de l'Église, alors partagés entre une foule de seigneurs indépendants. C'est à ce prix qu'Alexandre VI avait consenti à devenir l'allié des Français. Le roi d'Aragon avait également consenti à les soutenir, moyennant la cession des provinces méridionales du royaume de Naples. Gonzalve de Cordoue entra avec une armée du côté de la Sicile, annonçant au roi de Naples qu'il venait le défendre contre Louis XII. Il fut admis avec confiance et s'établit dans plusieurs places fortes ; c'est alors qu'il déclara qu'en vertu d'un traité conclu à Grenade une partie du royaume avait été cédée à son maître par le roi de France. Frédéric III n'eut d'autres ressources que de se livrer lui-même aux Français (1501).

Tous les alliés de Louis XII, Venise, le Pape et Ferdinand, n'avaient consenti à s'unir avec lui que par l'appât de grandes acquisitions territoriales ; mais ils n'en étaient pas moins animés des sentiments les plus hostiles contre la nouvelle puissance qui s'établissait avec tant d'éclat en Italie. Ce même Gonzalve, qui avait tant contribué à faciliter la conquête de Naples, fit naître aussitôt après le partage, des difficultés et des causes de guerre, pour enlever aux Français la part que leur donnait le traité de Grenade. Louis ne pouvant croire à une violation si subite de la foi jurée, négligea d'envoyer des renforts à son armée. Il se contenta d'ouvrir des négociations avec Ferdinand pour mettre fin à des querelles qu'il considérait comme l'effet d'un malentendu ou du hasard. Gonzalve, qui avait pour principe que « la toile de l'honneur ne devait pas être faite d'un tissu trop serré », ne manquait pas d'entretenir la cour de France et ses généraux dans leur sécurité; tout en continuant la guerre, il protestait de son désir de maintenir la paix. D'abord tout l'avantage fut du côté des Français; mais l'indiscipline et les maladies, dont les Espagnols avaient su se préserver, finirent par assurer la victoire à Gonzalve. Pendant ce temps Philippe-le-Beau, fils de l'empereur Maximilien et gendre de Ferdinand, se portait garant d'un traité par lequel les affaires de Naples étaient réglées à des conditions honorables. On peut croire, avec toute apparence de raison, que ce prince avait des pouvoirs suffisants, et qu'il faisait tomber Louis XII, sans le savoir lui-même, dans un piége habilement préparé. En effet, la crédulité de Louis XII ne put être détrompée que par la nouvelle de l'expulsion de son armée du royaume de Naples, à la suite de deux sanglantes batailles à Seminara et à Cérignola (1503). Tout le conseil du roi proposait de retenir Philippe-le-Beau prisonnier; mais Louis XII s'y refusa en disant : « J'aime mieux perdre une couronne qui peut se recouvrer, que l'honneur, dont la perte est irrécouvrable. » Ferdinand n'était pas aussi sensible au point d'honneur chevaleresque ; ayant appris un jour que Louis XII se plaignait qu'il l'avait indignement trompé trois fois, il répondit : « Il en a menti, l'ivrogne ; je l'ai trompé plus de dix. »

L'honneur national se consolait des désastres de Naples en répétant la belle parole de Louis XII, et en racontant les prouesses de plusieurs capitaines de l'armée française, parmi lesquels le plus populaire était déjà le chevalier Bayard, surnommé « le chevalier sans peur et sans reproche. » Dans cette malheureuse campagne, après s'être distingué dans une foule de combats singuliers et avoir montré à plusieurs reprises un désintéressement et une humanité bien rare alors dans les armées, il renouvela la célèbre action de Coclès en défendant un pont à lui seul pendant quelques minutes contre une partie de l'armée ennemie. Un autre capitaine encore plus distingué sous le rapport des talents militaires, était le comte de La Palisse, fondateur de l'infanterie française. Il égala l'héroïsme de Bayard dans cette même guerre. Ayant été fait prisonnier par Gonzalve de Cordoue, il fut conduit sous les murs d'une ville que commandait son plus cher camarade. Gonzalve lui avait annoncé que s'il n'engageait le gouverneur à se rendre, il le ferait pendre sous les murs de la forteresse. La Palisse engagea au contraire les soldats à bien se défendre, et dit au commandant : « Regardez-moi comme un homme mort et faites votre devoir. » Gonzalve se respecta assez pour ne pas exécuter ses menaces.

Cependant depuis la rupture du traité de Lyon, Louis avait envoyé une nouvelle armée contre Naples. Elle était déjà arrivée sur les frontières de ce royaume, lorsque

Alexandre VI mourut subitement, tandis que son fils César était lui-même à l'extrémité. On assure qu'ils s'étaient empoisonnés tous deux avec un breuvage qu'ils destinaient à un cardinal. César ne mourut pas, mais il perdit la petite puissance qu'il s'était créée sous les auspices de la France. Le cardinal d'Amboise accourut à Rome à la première nouvelle de la mort du Pape, et se mit sur les rangs pour lui succéder. Il comptait principalement sur l'effroi que l'armée causerait au sacré collége. Mais c'était depuis long-temps un parti pris à la cour de Rome de ne choisir un pape étranger qu'à la dernière extrémité. L'astuce italienne remporta alors une de ses plus précieuses victoires. On persuada au cardinal d'Amboise qu'il était indigne de lui et de son maître de paraître extorquer par la force la triple couronne de saint Pierre. On lui fit les promesses les plus positives pour la prochaine élection, en obtenant qu'il laisserait élire un vieillard qui se mourait. Le cardinal-ministre se laissa tromper.

En même temps l'armée française s'éloignait de Rome et s'avançait sur Naples. Pie III, le nouveau pape, mourut après quelques jours de règne, et les cardinaux élurent aussitôt Julien de la Rovère, l'ennemi le plus déclaré de la France, et en même temps l'homme le plus capable par ses talents et son courage de soutenir la lutte qui se préparait. Il prit à son avénement le nom de Jules II. Bientôt après l'armée française fut vaincue sur les rives du Garillan, et capitula presque tout entière de la manière la plus honteuse pour obtenir de regagner le duché de Milan. Un seul corps détaché, commandé par Louis d'Ars, traversa audacieusement toute l'Italie les armes à la main, en bravant la haine impuissante des gouvernements et des peuples (1504). Louis XII alla au-devant de ces braves soldats, et leur fit rendre partout les plus grands honneurs; il interdit à tous les autres la terre de France jusqu'à ce qu'ils eussent recouvré l'honneur; il fit pendre ou envoyer aux galères les trésoriers de l'armée qui l'avaient laissé mourir de faim. Mais le royaume de Naples était perdu pour toujours.

Louis XII, découragé, se bornait à demander pour sa fille la couronne que la force des armes n'avait pu lui donner à lui-même. Il offrait la paix à Ferdinand à condition que Claude de France épouserait Charles d'Autriche, fils de Philippe-le-Beau, qui devint plus tard si célèbre sous le nom de Charles-Quint, et que le royaume de Naples leur serait abandonné. Tout cela fut conclu dans les deux traités signés à Blois en 1504 et 1505. La nation tout entière s'effraya de ce mariage, car Charles-Quint était déjà l'héritier des Pays-Bas, de l'Autriche et de l'Espagne, et Claude de France devait avoir un jour les duchés de Bretagne et de Milan. C'était un démembrement de l'empire de France au profit de son adversaire naturel, qui allait déjà se trouver bien assez puissant. Louis XII, en cette occasion comme en beaucoup d'autres, n'avait fait que céder à l'ascendant de sa femme, Anne de Bretagne. Mais aussitôt qu'il eut connaissance de la répugnance et des craintes de tous les bons Français, il s'empressa de sacrifier les intérêts de sa propre famille à la sécurité de son peuple. Il fiança la jeune princesse au premier prince du sang, François d'Angoulême, qui devait lui succéder au trône de France. C'est à cette occasion que les états-généraux décernèrent à Louis XII le surnom si bien mérité de père du peuple. A cette même époque, Charles-Quint, auquel la rupture de ce mariage fit peut-être manquer la monarchie universelle, succéda à son père dans les Pays-

Bas. Il était encore enfant, et Louis XII aurait pu envahir ses états et les conquérir au moins en partie. Mais il déclara qu'il n'abuserait jamais de la faiblesse d'un orphelin qui était son vassal, pour lui arracher son héritage.

Ferdinand ne réclama pas l'exécution des traités de Blois; la haine puérile qu'il portait à celui qui devait lui succéder, le rapprocha au contraire de la France. La France n'avait plus que Jules II pour ennemi. Ce dernier poursuivait en même temps deux grands projets ; il voulait faire de la papauté la puissance prépondérante de l'Italie, il voulait encore en expulser tous les étrangers, que les Italiens appelaient orgueilleusement des barbares. Pour exécuter ses desseins, il fallait de nouveau bouleverser par la guerre toute l'Europe occidentale, et commencer par se servir de ces mêmes barbares. Venise, la principale des puissances italiennes, qui profitait de tous les malheurs, de toutes les révolutions de la patrie commune pour agrandir son territoire, y avait gagné le Crémonais, quelques villes maritimes du royaume de Naples, et une partie de la Romagne. Ce fut contre les Vénitiens que Jules II dirigea d'abord ses coups ; il voulait reprendre ce qu'ils avaient enlevé au Saint-Siége, et les contraindre par une leçon sévère à ne plus affecter la prépondérance en Italie. Il jouait là un jeu bien dangereux, car il s'agissait de détruire la seule puissance italienne qui pût encore résister aux étrangers.

Rien ne fut plus facile que de réunir contre Venise l'Autriche, l'Espagne, la France, et en outre tous les petits princes de l'Italie. Les richesses de Venise excitaient l'envie et la cupidité de toute l'Europe ; et, de plus, tous les états que Jules II armait contre elle avaient des provinces à réclamer ou des prétentions à faire valoir. Les Vénitiens ne voulurent pas croire d'abord à la ligue de Cambrai (1508); l'accession de la France leur paraissait surtout impossible à concevoir. Quand ils ne purent plus en douter, ils épuisèrent, pour apaiser Louis XII, toutes les raisons et toutes les soumissions possibles. L'ambassadeur de Venise faisait entre autres au roi de France l'énumération des talents distingués que possédait sa république, l'éloge de la profonde sagesse du sénat, qui avait élevé si haut la puissance vénitienne. « Monsieur l'ambassadeur, répondit Louis XII, j'enverrai tant de fous contre vos sages qu'ils ne sauront plus se gouverner. »

Louis XII marcha en personne contre Venise, à la tête d'une brillante et nombreuse armée, et remporta près d'Aignadel une victoire décisive (1509). Les Vénitiens renoncèrent aussitôt à se défendre sur terre, et attendirent dans leurs lagunes inexpugnables, où ils étaient encore maîtres de la mer, que la discorde se mît entre les confédérés. Louis XII pénétra sans résistance jusqu'à la mer Adriatique, pendant que Maximilien s'emparait sans combat des provinces limitrophes de ses états héréditaires. Mais bientôt Jules II et Ferdinand, ayant obtenu ce qu'ils prétendaient, non-seulement se détachèrent de la coalition, mais se disposèrent même à se déclarer en faveur de Venise contre la France (1510). Le Pape fait prêcher en Suisse une sorte de croisade contre la France. Louis XII avait mécontenté par sa parcimonie les mercenaires insatiables et turbulents que lui fournissait ce pays. « Il est étonnant, disait-il, que de misérables montagnards à qui l'or et l'argent étaient inconnus avant que mes prédécesseurs leur en donnassent, osent faire la loi à un roi de France. » Aussi la jeunesse suisse, qui ne pardonnait guère de tels griefs, entraîna partout les conseils et se plaça avec enthousiasme sous la bannière de saint Pierre. Le jeune roi d'Angleterre, Henri VIII, entra aussi dans cette nouvelle coalition, que Jules II décora du nom de sainte ligue (1511 et 1512).

La campagne décisive que Louis XII entreprit en réunissant toutes les forces de son empire, eut pour théâtre l'Italie (1512); car la France était plus que jamais enthousiasmée pour cette conquête qui lui aurait sans doute assuré la domination universelle. Le général de l'armée française était Gaston de Foix, neveu du roi, et dernier héritier de cette maison d'Armagnac que Louis XI avait si maltraitée. Il n'avait jamais commandé en chef, mais il se plaça tout-à-coup au premier rang des génies militaires par l'audace, la rapidité et la précision de ses mouvements. Lorsque Gaston de Foix prit le commandement de l'armée, la sainte ligue qui venait de remporter de grands succès, menaçait en même temps Bologne et Brescia. Bologne était assiégée par l'armée espagnole jointe aux troupes de Jules II. Les Vénitiens avaient pratiqué des intelligences dans Brescia, qui leur appartenait depuis plus d'un siècle. Dans la nuit du 4 au 5 février, Gaston de Foix conduisit toute son armée des frontières du Milanais à Bologne, et grâce à un vent effrayant et à une neige qui tombait en abondance, il eut le bonheur presque incroyable d'entrer à Bologne sans être aperçu des assiégeants; il aurait pu les surprendre et les accabler le lendemain et même le surlendemain matin; mais il ne se figurait pas lui-même qu'il eût si bien caché son mouvement aux ennemis et attendait que ses troupes fussent parfaitement reposées pour offrir la bataille aux assiégeants, et le général espagnol ayant enfin appris l'entrée des Français dans Bologne, se retira précipitamment.

Gaston venait d'apprendre la nouvelle que la ville de Brescia s'était soulevée le 3 février, et que ce soulèvement se propageait avec une rapidité effrayante dans les villes et les provinces voisines. La citadelle de Brescia tenait seule encore, et une forte armée vénitienne en faisait le siége. Le général français partit de Bologne, traversa la Lombardie presque entière en dix jours, mit en déroute l'armée vénitienne, qui ne s'attendait pas à une telle diligence, et arriva le onzième jour dans la citadelle. Il en descendit le lendemain pour livrer l'assaut aux retranchements que les Vénitiens et les habitants de Brescia avaient élevés à la hâte. Le chevalier Bayard conduisit cette attaque à la tête de sa compagnie de gendarmes ; il y fut blessé d'un coup de pique qu'il crut mortel ; il dit à son lieutenant de faire avancer la compagnie, en ajoutant : « La ville est gagnée ; mais je ne saurais avancer davantage, car je suis mort. » Les Français pénétrèrent dans la ville en massacrant tout sur leur passage, soldats et bourgeois, pendant toute une journée. Il y eut environ douze ou quatorze mille hommes de tués. Des détachements gardaient toutes les portes, en sorte que personne ne put se dérober à son sort. Le pillage dura deux jours et fut aussi atroce que la boucherie qui avait précédé ; car les soldats mettaient à la torture ceux qui restaient dans les maisons pour leur faire dire l'endroit où ils avaient caché leurs richesses. Le butin fut estimé à trois millions d'écus.

Quelque temps après, Gaston de Foix força la grande armée espagnole à lui livrer bataille devant Ravenne. Le combat commença par l'artillerie qui n'avait pas encore été employée d'une manière aussi meurtrière que dans cette bataille. L'infanterie française sur quarante de ses capitaines en perdit trente-huit ; et l'artillerie française fit encore plus de ravage dans les rangs espagnols. La gendarmerie italienne fut presque détruite. L'infanterie espagnole souffrit moins, parce que ses chefs la firent tenir couchée à plat ventre dans l'espérance qu'elle déciderait facilement la victoire quand la cavalerie aurait disparu des deux côtés. Ce calcul fut trompé par une attaque impétueuse qui donna aux Français une supériorité marquée. Les fantassins ennemis se retirèrent en bon ordre, et plusieurs charges de cavalerie échouèrent contre cette redoutable phalange. Gaston tenta un dernier effort qu'il dirigea en personne ; il fut renversé par un espagnol qui lui plongea son épée dans le sein, bien que les Français lui criassent : « C'est notre vice-roi, faites-le prisonnier. » Jamais, dans ce siècle, champ de bataille ne fut couvert de plus de morts que celui de Ravenne. Les plus modérés assurent que l'armée française perdit six mille hommes, et les confédérés douze mille ; c'était une perte énorme dans un temps où les armées dépassaient rarement vingt mille combattants (1512.)

Louis XII répondit à ceux qui le félicitaient de cette victoire : « Plût à Dieu que nos ennemis en eussent remporté une pareille, ils seraient bientôt perdus sans ressource ! » En effet, la perte du général priva la France de tous les avantages qui auraient pu suivre ce brillant succès ; la discorde se mit entre les chefs, le découragement s'empara des soldats, et il fallut se réduire de nouveau à défendre les frontières du Milanais.

Jules II que Louis XII voulait faire déposer par le concile de Pise, put réunir à son tour le concile de Latran, qui mit la France en interdit ; mais les temps des Grégoire VII et des Innocent III étaient passés sans retour, et tout ce que la coalition pouvait espérer, c'était de refouler la puissance française dans ses anciennes limites. Elle y parvint facilement. La Navarre qui était, comme le Piémont, un humble satellite de la France, fut conquise par les Espagnols (1512). Le Milanais fut envahi de tous côtés. C'est alors que Louis XII saisissant la dernière chance de salut qui lui restât, s'allia avec les Vénitiens, qui trahirent encore une fois l'intérêt commun de l'Italie (1513). Vers le même temps Léon X succéda à Jules II et continua sa politique, mais avec des vues moins élevées. Le Milanais était presqu'entièrement conquis par les alliés. Louis XII y envoya une nouvelle armée qui le reprit en quelques jours. Les deux villes de Côme et de Novarre étaient seules demeurées au pouvoir de Maximilien Sforza, fils de Ludovic le More. Il était défendu par ces mêmes Suisses qui avaient trahi et livré son père; et le général français, La Tremoille, ne désespérait pas de renouveler les scènes honteuses du château de Milan. Mais il échoua dans toutes ses tentatives de corruption. Les Suisses, assiégés dans Novarre, montrèrent le même courage qui avait valu à leurs ancêtres tant de victoires. L'artillerie ayant fait une brèche aux murailles, ils envoyèrent dire aux Français d'épargner leur poudre et d'entrer dans la ville par les portes. En effet, ils cessèrent de les fermer, et se contentèrent de tendre des rideaux devant chacune d'elles et devant la brèche. La Trémoille, averti que la grande armée suisse approchait, crut imprudent de donner l'assaut auquel les Suisses le provoquaient d'une manière si méprisante. Il se retira une lieue en arrière et vint prendre position dans un lieu marécageux, défendu de tous côtés par des canaux et des digues. L'armée suisse ne voulut pas attendre un corps considérable de leurs compatriotes qui était sur le point de les joindre; ils jugèrent à propos d'attaquer sur-le-champ pour ne pas partager la gloire et le butin. La Trémoille qui croyait sa position inexpugnable, s'attendait si peu à un tel excès d'audace qu'il avait négligé les précautions les plus simples; l'armée fut surprise, et il s'en fallut de bien peu qu'elle ne pérît sans avoir combattu. On parvint pourtant à diriger l'artillerie contre la colonne des Suisses. Des files entières étaient emportées; mais ils serraient les rangs et avançaient toujours la pique basse. Enfin, ils prirent d'assaut les retranchements, et s'emparèrent des canons qu'ils tournèrent aussitôt contre nous. La cavalerie découragée s'enfuit en désordre, abandonnant l'infanterie, qui périt presque tout entière ; les Suisses, par rivalité de métier, ne firent aucun quartier aux mercenaires allemands. Quelques jours après, il ne restait plus un seul Français en Italie.

En même temps, Henri VIII faisant valoir les vieilles prétentions d'Edouard III et d'Henri VI, se réunissait à Maximilien et aux Flamands pour envahir le nord de la France. Un corps de gendarmes, c'est-à-dire de grosse cavalerie, en proie à une terreur panique, fut vaincu près de Guinegate, sans avoir même essayé de se défendre. Cette affaire, flétrie du nom de *journée des éperons*, fut une nouvelle tache pour la noblesse française dont cette arme était presque exclusivement composée. Mais elle n'eut pas les suites désastreuses des batailles de Créci, de Poitiers et d'Azincourt, comme elle n'en avait pas l'importance.

Les Suisses vinrent mettre le comble à nos dangers en envahissant la Bourgogne. Ils entreprirent le siége de Dijon. Après cette place, nulle autre jusqu'à Paris n'était susceptible de défense. La Trémoille, gouverneur de la province, se jeta dans Dijon, et, tout en le défendant, il entra en négociation avec les Suisses. Il savait qu'il y avait tout à espérer en dressant un piége à leur cupidité, mais que tout était perdu en se contentant de lutter contre eux avec des forces inférieures. Il parvint à acheter leur retraite. Louis XII s'en indigna d'abord, mais bientôt il céda à la nécessité et paya les sommes promises.

Cependant le découragement allait toujours croissant dans les armées, la France était épuisée malgré les ménagements de son excellent roi. Louis XII s'efforça de séparer ses ennemis et de conclure avec eux des traités particuliers. Il fit la paix avec Henri VIII, moyennant le paiement d'un million d'écus (1514). Il était en négociations avec ses autres ennemis, lorsqu'il mourut le premier janvier 1515, en disant à François Ier: « Je vous recommande mes sujets. »

On peut remarquer avec quelque étonnement que, depuis Charles VII jusqu'à François Ier, les lettres, les sciences et les arts restent à peu près stationnaires, comme au temps des misères de l'invasion anglaise, et malgré les progrès si brillants de l'Italie depuis le quatorzième siècle. Louis XI protégea pourtant les études, les littérateurs et l'imprimerie. Il attira en France, par ses bienfaits, quelques illustres étrangers pour servir de maîtres et de guides; mais les esprits n'entrèrent point encore dans ce grand mouvement de restauration des lettres et de l'art antiques, qui se propageait déjà d'Italie en Espagne et en Allemagne. Le judicieux historien, Philippe de Commines; le spirituel enfant de Paris, Villon; l'auteur incertain d'une excellente comédie, *La farce de Maistre Pathelin;* qui sont les seules gloires intellectuelles de son règne, sont tous trois étrangers à l'école qui a partout fixé les langues et les littératures modernes. Sous Charles VIII et sous Louis XII, on ne peut citer en aucun genre aucun homme supérieur, ni aucun mouvement fécond en résultats; mais les idées et les études nouvelles s'acclimataient peu à peu.

CHAPITRE V.

DE LA MONARCHIE FRANÇAISE.

Depuis que les rois n'avaient plus besoin de la violence pour se faire obéir, et qu'aucun personnage, aucun corps, aucune classe n'étaient plus assez puissants pour faire prévaloir leurs intérêts ou leurs prétentions, l'autorité royale n'avait de contre-poids que dans une modération volontaire. C'est à cette modération que les règnes de Charles VIII et de Louis XII ont dû d'être l'époque de la plus grande perfection de notre ancienne constitution monarchique.

Il faut bien se garder de confondre cette forme de gouvernement avec ce qu'on appelle aujourd'hui la monarchie représentative. Bien que les états-généraux fussent les représentants des trois ordres de la nation, le clergé, la noblesse et le tiers-état, ils n'avaient qu'une part bien indirecte au pouvoir législatif. Les états-généraux ne font la loi qu'en matière de subsides; mais ils ont le droit de les accorder ou de les refuser, conformément aux vieux principes de la société féodale, d'après lesquels aucun homme libre ne doit rien payer sans y avoir consenti par lui-même ou par ses représentants. Philippe de Commines, lui-même, un ministre, un confident intime du tyrannique Louis XI, proclame hautement cette doctrine. Mais les redevances et impôts sont ordinairement établis pour une période illimitée; et il arrive souvent que, sous prétexte d'urgence, on se passe provisoirement ou tout-à-fait du consentement des trois ordres. Sur les autres questions les états n'ont que le droit de doléance, c'est-à-dire, de remontrance et de pétition. Les états-généraux sont pourtant souverains sur les questions de régence et de succession contestée; mais alors même ils ne sont pas législateurs, ils ne sont que juges. Organes et interprètes d'une loi fondamentale, ils ne peuvent pas la changer.

Les nations de l'Europe moderne et les Français en particulier se faisaient de la loi la même idée que les Romains. La loi, fruit de la sagesse et de l'expérience des ancêtres, souvent même d'une inspiration divine, était considérée comme immuable de sa nature; c'était une religion et non pas une institution humaine. Si la vieille France n'avait pas pour les lois qui devenaient odieuses ou impraticables le respect étroit et hypocrite des Romains, c'est qu'elle avait à choisir dans la féconde variété des lois féodales, canoniques et romaines. Tout amendement, toute innovation était non pas l'abolition d'une loi, mais la destruction d'un abus, le retour aux usages du bon temps. Tout progrès était placé sous l'invocation d'un règne fortuné, mais assez ancien, avec une ignorance et une bonne foi à peu près égales chez les gouvernants et les gouvernés; c'est ainsi que Clovis, Charlemagne et Saint-Louis nous ont doté fort longtemps après leur mort d'institutions auxquelles ils n'ont jamais pensé. Mais il y avait toujours à chaque époque un grand nombre de principes non écrits qui, sous le nom de lois fondamentales, restaient inaccessibles à la discussion. Dieu ne les avait-il pas données au royaume très-chrétien, en même temps que la sainte-ampoule et l'étendard des lys? Aussi le roi de France se reconnaît lui-même « le premier sujet de la loi; » mais la loi vient de Dieu, et « il ne relève que de Dieu et de son épée. »

Les états-généraux représentent la nation, mais le roi représente mieux que cela. En conséquence, il s'attribue tout ce que le *droit divin* laisse de pouvoir législatif à la prudence humaine; toute justice émane de lui; toutes les forces nationales sont sous sa direction.

Depuis que la noblesse a renoncé à son indépendance, et avant que la bourgeoisie ne soit capable d'intervenir dans le gouvernement, la part du roi est évidemment si forte, qu'il semble qu'un despotisme absolu doit être le seul résultat possible d'une telle croyance politique. Mais les mœurs peuvent arrêter long-temps une constitution, même sur la pente la plus dangereuse. Aussi de saint Louis à Louis XII l'exaction et la tyrannie n'ont jamais été que partielles et passagères; quand les factions étaient vaincues, quand les dangers publics étaient passés, il fallait bon gré malgré revenir à la loi, et Louis XII se distingua entre tous nos rois par son respect et son amour pour elle.

Il y a des vérités dont la tradition s'est tellement perdue, qu'il est indispensable de les prouver, même dans l'ouvrage le plus élémentaire; et celles-ci sont de ce nombre. Heureusement le seizième siècle a produit un des meilleurs observateurs politiques des temps modernes, qui, sans être Français, a vécu à la cour de France, et étudié cette monarchie avec l'œil d'un ennemi; je veux parler de Machiavel; la France le préoccupe évidemment, et dans ses nombreux ouvrages comme dans ses rapports au sénat de Florence, son jugement est invariable.

« Il y a, dit-il dans son art de la guerre, des monarchies
« qui ne sont que des républiques avec un roi, comme
« Lacédémone dans les temps anciens, et la France dans
« les temps modernes. »

« Un bel exemple, dit-il ailleurs, est celui du royaume
« de France, qui n'est si tranquille que parce que les rois
« y sont soumis à une foule de lois qui assurent la sécurité
« de tous les sujets. Le législateur a voulu que ces rois
« eussent la libre disposition des armes et des deniers,
« mais que pour toute autre chose, ils ne pussent agir
« que conformément à la loi. » (Discours sur Tite-Live,
l. I. ch. XVI.)

« La France, dit-il encore, tient le premier rang parmi
« les états bien gouvernés. Une des institutions les plus
« sages qu'on y remarque, c'est sans contredit celle des
« parlements, dont l'objet est de veiller à la sûreté du gou-
« vernement et à la liberté des sujets. Les auteurs de cette
« institution, connaissant d'un côté l'insolence et l'ambi-
« tion des nobles, de l'autre les excès auxquels le peuple
« peut se porter contre eux, ont cherché à contenir les
« uns et les autres, mais sans l'intervention du roi qui
« n'eût pu prendre parti pour le peuple sans mécontenter
« les grands, ni favoriser ceux-ci sans s'attirer la haine
« du peuple. Pour cet effet ils ont institué une autorité
« qui, sans que le roi ait à s'en mêler, pût réprimer l'in-
« solence des grands et favoriser le peuple. » (Prince.
Ch. XIX.)

Il est impossible d'exprimer avec plus de clarté et
d'exactitude le véritable caractère de notre ancienne monarchie. Sans doute il n'y avait pas assez de garanties
contre le mauvais usage que les rois pouvaient faire de
la puissance de fait qu'ils avaient entre les mains ; et les

successeurs de Louis XII ont pu violer impunément la plupart des lois fondamentales de l'état ; car les mœurs politiques, au lieu de former comme par le passé un obstacle invincible à ces empiétements, tournaient de plus en plus à l'obéissance aveugle. Il faut bien pourtant reconnaître qu'il y a eu en France une époque où ces principes de liberté ont été non-seulement tout-à-fait reconnus, mais encore en pleine vigueur.

CHAPITRE VI.

RÉSISTANCE DE LA FRANCE CONTRE LA MAISON D'AUTRICHE ;
PROGRÈS DU POUVOIR ARBITRAIRE ; RENAISSANCE DES LETTRES.

(François I et Henri II, 1515-1559.)

Les derniers revers du règne de Louis XII avaient humilié la France sans l'épuiser. François I, cousin et gendre du père du peuple, était un jeune homme de vingt ans, encore plus amoureux de conquêtes et d'aventures qu'aucun des membres de sa belliqueuse noblesse. Il partageait surtout l'entraînement presque universel qui poussait la nation aux guerres d'Italie. Quelque mal que ces guerres aient fait à la France, il est juste de reconnaître que si elles avaient un appât assez séduisant pour amorcer tout un peuple, il était bien difficile que le nouveau roi ne fondât pas sur elles toute son ambition et toutes ses espérances.

Il débuta par une victoire éclatante. La première année de son règne, il traversa les Alpes gardées par les Suisses, en se frayant un passage avec autant d'audace que de bonheur à travers des défilés réputés impraticables. Arrivé en Lombardie, il trouva près de Marignan l'armée des Suisses qui pleine de confiance dans ses victoires précédentes, regardait les Français plutôt comme une riche proie que comme des ennemis sérieux. On se battit avec acharnement pendant deux jours presque sans interruption ; et la noblesse française répara dignement la honte de la journée des éperons par l'opiniâtreté avec laquelle elle chargea les carrés suisses, sans se laisser rebuter par ses pertes. François I se montrait lui-même partout, pour encourager les siens de sa présence et, au besoin, de son exemple. Il passa la nuit qui sépara les deux journées sur l'affût d'un canon à quelques pas d'un bataillon suisse. Les Suisses s'avouèrent enfin vaincus ; mais malgré les pertes énormes qu'ils avaient faites, ils se retirèrent avec une contenance si fière, que les Français n'osèrent pas les poursuivre. François I, après la victoire, voulut renouveler l'ancienne cérémonie, depuis long-temps oubliée, du baptême des armes ; il se fit armer chevalier par Bayard, le plus populaire des chefs de l'armée (1515).

Des négociations étaient déjà entamées avec les Suisses; l'issue de la bataille les rendit plus faciles sur les conditions de la paix. Ils revinrent franchement à l'amitié et à l'alliance de la France, et le traité de Fribourg qui réconcilia les deux peuples, est unique dans l'histoire pour avoir été observé pendant trois siècles sans interruption. Les Suisses étaient les seuls adversaires que les Français eussent à redouter. Dès qu'ils se furent retirés du théâtre de la guerre, François I n'eut presque plus rien à faire pour achever et consolider la conquête du Milanais. Cette conquête rendit à la France la prépondérance qu'elle avait un instant perdue. Mais un prince encore enfant croissait pour nous enlever les fruits de ce nouveau succès ; c'était Charles-Quint qui réunit successivement sur sa tête l'héritage des quatre dynasties de Bourgogne, de Castille, d'Aragon et d'Autriche. François I essaya de lui enlever la couronne impériale, en la demandant pour lui-même ou tout au moins en faisant reporter les suffrages sur un autre prince allemand ; mais il échoua complètement, malgré les mulets chargés d'or que les ambassadeurs français promenèrent à travers l'Allemagne pour corrompre les électeurs. Ainsi, en 1519, Charles-Quint se trouva réunir sur sa tête les couronnes de l'empire, de Castille, d'Aragon, de Sardaigne, de Sicile, de Naples, la souveraineté des Pays-Bas et de la Franche-Comté, et enfin des prétentions sur le duché de Bourgogne. Ce qui était le côté faible de cette vaste domination, c'était l'éloignement des parties qui la composaient, la différence des langues, des intérêts, des constitutions, et enfin les limites que les libertés locales imposaient presque partout à la libre action du pouvoir souverain. La France, quoique bien moins étendue, formait une masse compacte déjà fort bien organisée pour l'attaque comme pour la défense.

Pendant quelque temps les deux rivaux se tinrent en observation, attendant pour commencer la lutte une occasion favorable. François I laissa échapper la première qui se présenta, la révolte des villes d'Espagne ou des *communeros*. Charles-Quint n'avait alors que dix-neuf ans, et dans son inexpérience il avait accumulé fautes sur fautes : l'Espagne parut un moment sur le point de lui échapper. Mais les villes enivrées de leurs succès voulurent compléter la révolution en détruisant les privilèges de la noblesse. Il en résulta que les nobles quittèrent la neutralité et que les villes furent accablées. Ce fut seulement vers la fin de cette révolte que François I fit déclarer la guerre à Charles-Quint par deux petits princes allemands, à sa solde, les ducs de Bouillon et de Gueldre. Il prenait cette voie détournée pour ne pas paraître ouvertement l'agresseur ; mais il se proposait bien de les assister de toutes les forces de son royaume. Charles-Quint en apprenant cette nouvelle s'écria : « Dieu soit loué de ce que le roi de France veut me faire plus grand que je ne suis ! Car je ne veux être qu'un bien pauvre empereur, si je ne le rends bientôt un pauvre roi de France » (1521.)

La lutte fut d'abord indécise, bien que le roi d'Angleterre Henri VIII et le pape Léon X, dont François I n'avait pas assez ménagé les intérêts et la vanité, se fussent déclarés contre la France. La cause de nos premiers revers fut une trahison de la mère du roi, Louise de Savoie, qui détourna l'argent destiné à l'armée d'Italie par haine contre le général qui la commandait. Les mercenaires suisses se mutinèrent, puis menacèrent de quitter l'armée si on ne livrait pas sur-le-champ une bataille générale contre toutes les règles de la prudence ; on leur céda, ils se firent battre, et, après avoir achevé de compromettre le sort de l'armée, ils exécutèrent leurs menaces et désertèrent tous. Le Milanais fut perdu encore une fois. Charles-Quint, maître du royaume de Naples en son nom, et du duché de Milan sous celui de Maximilien Sforza, fut dès lors le dominateur de l'Italie ; il détacha successivement Venise et Florence de l'alliance française; et à la mort de Léon X, il eut assez de crédit pour faire donner la tiare à son précepteur Adrien VI, ce qui lui donna pendant quelques années l'entière disposition des ressources matérielles et de l'influence morale de la papauté.

Bientôt après, la reine-mère à laquelle nous étions redevables de tous ces échecs, contraignit par une injuste persécution le connétable de Bourbon à tramer un complot contre l'état. Ce prince en sa qualité de grand vassal de la couronne et de général renommé, espérait soulever en sa faveur le Bourbonnais et l'Auvergne, et renouveler ainsi les anciennes guerres féodales. Il s'entendit avec Charles-Quint qui lui promit tout le sud-est de la France avec le titre de roi. Mais les temps étaient bien changés, et cette audacieuse tentative ne servit qu'à constater combien s'étaient enracinées pendant un demi-siècle les habitudes d'obéissance monarchique. Pas une ville, pas un château ne montrèrent la plus faible disposition à épouser la querelle du connétable; il eut à peine le temps de s'enfuir au plus vite, et deux de ses gentilshommes seulement l'accompagnèrent en exil.

Cette conspiration fut suivie d'une campagne malheureuse dans laquelle les Français furent de nouveau chassés d'Italie, et perdirent le chevalier Bayard. François I voulut alors se mettre à la tête de ses armées. Mais bien que les circonstances fussent favorables, il accumula fautes sur fautes. Il assiégeait Pavie, et la prise de cette ville allait lui livrer le duché de Milan; l'armée impériale mal payée et menacée de famine, était sur le point de se débander tout entière. Les généraux de Charles-Quint n'ayant plus d'autre chance de succès que dans une résolution désespérée, vinrent lui offrir la bataille.

François I aurait dû rester dans son camp qui était inexpugnable. Mais il ne put résister au désir de livrer une bataille rangée dont le succès lui semblait certain. En vain ses meilleurs généraux lui représentèrent que l'armée impériale serait bien plus complètement détruite par la désertion que par la victoire la plus brillante. Son favori, l'amiral Bonnivet, s'écria qu'un roi de France ne pouvait sans déshonneur refuser une bataille rangée. Ce ridicule point d'honneur décida le roi. Les Français allaient pourtant remporter la victoire, grâce à leur artillerie, quand le roi perdit tout en se jetant avec les gendarmes devant la bouche de ses canons. Il croyait tout décider par une charge impétueuse; mais l'armée et les généraux ennemis reprirent courage en voyant cette manœuvre, qui détruisait tout-à-coup et d'une manière sensible pour tout le monde l'avantage des Français. La cavalerie fut repoussée avec des pertes considérables, et entraîna dans sa déroute tout le reste de l'armée. Le roi fut entouré, en essayant de résister encore à la tête des plus braves, et contraint de se rendre après une héroïque résistance. Son armée fut presqu'entièrement détruite, et le petit nombre de fuyards qui purent échapper, ne s'arrêtèrent que de l'autre côté des Alpes (1525). Rien n'est plus vrai que les paroles nobles et touchantes écrites par François I, à sa mère, le soir même de la bataille : « De « toutes choses il ne m'est resté que l'honneur et la vie « qui est sauve. » Ce qu'on a traduit, comme chacun sait, par un de ces mots à effet que le peuple aime tant et qui sont si rarement historiques : « Tout est perdu « fors l'honneur. »

Louise de Savoie, placée par la captivité de son fils à la tête du gouvernement, parvint par sa fermeté et quelques mesures habiles, à améliorer cette situation désastreuse qui lui était due en partie. Au moment où toute l'Europe croyait que la France allait être envahie et perdrait son indépendance, Charles-Quint n'osa seulement pas attaquer ses frontières. Il ne songea qu'à tirer de son royal captif le meilleur parti possible, en marchandant savamment avec lui les conditions de sa liberté. François I supporta la prison pendant une année entière avec un singulier mélange de grandeur et de faiblesse; il finit par signer le traité honteux de Madrid, avec l'intention peu loyale de ne pas l'exécuter. Par ce traité il cédait non-seulement Naples et Milan, mais encore une des plus importantes provinces de la France, le duché de Bourgogne, et remettait ses deux fils ainés à l'empereur comme ôtages de l'exécution du traité. Tel fut le dénouement de la première lutte entre François I et Charles-Quint (1526).

La guerre recommença sur-le-champ par le refus de livrer la Bourgogne. La nation et le roi étaient également impatients de réparer leur honte, et sentaient d'autant plus leur force que l'empereur restait dans une inaction forcée ; car il avait entièrement épuisé ses trésors et son crédit. Les Pays-Bas et l'Espagne se refusaient obstinément à de nouveaux sacrifices, et semblaient même vouloir borner son autorité en proportion de l'éclat de ses victoires ; il était menacé en Allemagne d'une redoutable invasion des Turcs ; enfin il avait trop laissé apercevoir ses prétentions à la monarchie universelle, et, par conséquent, il s'était fait autant d'ennemis secrets ou déclarés qu'il y avait d'états indépendants dans l'Europe occidentale. Les Vénitiens, les Florentins, les Suisses, le Pape et le roi d'Angleterre s'étaient alliés intimement à François I. Avec un peu de cette audace qui l'avait jusqu'alors distingué, il pouvait porter un coup décisif. Mais la dure leçon qu'il avait reçue devant Pavie avait totalement changé ses maximes ; et, de peur d'être téméraire, il se faisait prudent jusqu'à la timidité et la perfidie. Ainsi il leurra ses alliés italiens de magnifiques promesses, tout en leur laissant porter tout le poids de la guerre, et en offrant secrètement à l'empereur de les abandonner à sa colère. Cependant l'armée impériale, n'étant plus payée depuis long-temps, vivait à discrétion dans le Milanais et refusait d'obéir à ses généraux. Quand elle ne trouva plus rien à piller autour d'elle, rien ne put la retenir à son poste. C'est alors que le connétable de Bourbon se décida à la conduire au pillage de Rome où il devait trouver la mort. En vain Clément VII s'empressa de faire sa soumission à l'empereur; la capitale du monde chrétien fut prise d'assaut, et livrée pendant plusieurs mois à toutes les horreurs d'un saccagement méthodique et impitoyable; le Pape resta prisonnier avec ses cardinaux et fut condamné à une énorme rançon. Charles-Quint ne négligea pas de tirer parti de cet événement qui avait eu lieu à son insu, et tout en ordonnant des prières publiques pour la liberté du Saint-Père, il lui imposa un nouveau traité beaucoup plus dur que le premier (1527).

Ce fut en vain que François I se décida à envoyer de nouveau ses armées en Italie; elles échouèrent contre Milan, elles échouèrent contre Naples; et Gênes qui seule était restée fidèle à la domination de la France, passa à l'empereur avec son célèbre amiral André Doria, et l'empire de la Méditerranée; car « il semblait que la mer « obéît à cet homme. » Mais Charles-Quint, malgré tous ses succès, ne pouvait continuer la guerre, et il accepta la paix aux conditions que François I lui offrait en vain depuis deux ans; l'Italie fut abandonnée à sa discrétion moyennant qu'il renoncerait à la Bourgogne, et il reçut deux millions d'écus d'or au soleil (ce qui ferait maintenant près de cent millions), pour la rançon du Dauphin et du duc d'Orléans (1528).

La France put alors respirer un instant ; mais l'avenir se présentait sous des couleurs bien sombres. Nous n'avions point un seul allié. Les Italiens étaient plus dégoûtés que jamais de l'alliance française, et se laissaient prendre à la feinte modération de Charles-Quint ; Henri VIII n'avait pas trop de toutes ses ressources pour faire sa grande révolution religieuse. François I ne recula devant aucune considération pour trouver d'autres auxiliaires : il n'hésita pas, lui roi très-chrétien, et esclave de tous les préjugés d'honneur, à conclure publiquement deux alliances défensives avec les princes luthériens d'Allemagne (1532), et avec Soliman-le-Grand (1534), c'est-à-dire à favoriser les progrès de l'hérésie, et, ce qui paraissait encore plus coupable, ceux de l'ennemi commun de la chrétienté. Cette manœuvre était politique, mais elle pouvait attirer sur l'Europe des maux effroyables, et il était difficile de la rendre glorieuse ; aussi le roi de France fut déshonoré dans l'opinion des étrangers, tandis que son heureux rival se trouvait être par le hasard de sa position le champion de l'Europe et de l'Église.

François I s'efforça de profiter du moment où son rival avait toutes ses forces engagées dans son expédition contre Tunis (1535), pour armer de nouveau contre lui les puissances italiennes et principalement le duc de Milan. Ce prince toujours opprimé par les généraux et les garnisons de l'empereur, fut le seul qui prêta l'oreille aux propositions de la France, tant le joug qu'il subissait lui paraissait insupportable. Mais la peur l'emporta sur la haine dès qu'il apprit les éclatants succès de Charles-Quint en Afrique ; et pour racheter aux yeux du maître son hésitation par un acte qui le compromît à jamais avec le roi de France, il fit décapiter son envoyé secret. Aussitôt une troisième guerre éclata. Les Français, suivant le conseil qu'avait donné le défunt pape Clément VII, commencèrent par envahir les états du duc de Savoie et les conquirent presqu'entièrement en quelques mois. C'est alors que la protection de la France et des Suisses fit de Genève une république indépendante et un boulevard important pour nos frontières. La mort de Maximilien Sforza arrivée sur ces entrefaites, au lieu de donner à la guerre une nouvelle activité puisqu'elle mettait les deux rivaux en lutte directe pour la possession de son duché, interrompit tout-à-coup les hostilités. François I, fidèle à son système de modération, entama des négociations avec l'empereur, espérant obtenir pacifiquement l'investiture du Milanais pour lui-même ou pour un de ses enfants ; et il donna ainsi à son rival tout le temps qu'il voulut pour se bien préparer (1535).

Charles-Quint, au prix des plus grands sacrifices, forma deux puissantes armées d'invasion, avec lesquelles il se flattait de conquérir ou tout au moins de démembrer la France. Son rival complètement trompé par des assurances pacifiques, avait licencié presque tous ses soldats. Aussi fut-il réduit à une guerre purement défensive. Charles-Quint attaqua la Provence en personne, à la tête d'une armée cinq fois plus forte que celle des Français. Pour défendre ce pays, il n'y eut d'autre ressource que de le dévaster entièrement. Cette mesure extrême fut exécutée par le maréchal Anne de Montmorenci avec la dernière rigueur. Marseille et Arles furent les seules villes qu'il jugea à propos de défendre ; il y mit de fortes garnisons, et s'établit lui-même sous Avignon dans un camp inexpugnable. On força les habitants des autres villes, ainsi que ceux des campagnes, d'abandonner leurs maisons, et on les distribua en partie dans les montagnes, en partie dans le camp, ou dans l'intérieur du royaume. Les fortifications de toutes les places qui auraient pu servir de retraite ou de défense à l'ennemi furent démolies. Les grains, les fourrages et les provisions de toute espèce furent enlevés ou détruits sur les lieux ; tous les moulins, tous les fours furent ruinés, les puits comblés ou empestés. L'histoire des nations civilisées ne fournissait pas encore d'exemple, qu'on eût employé sur un si grand théâtre cet expédient terrible pour assurer la défense d'un état. Charles-Quint ne put s'emparer ni d'Arles, ni de Marseille, et n'osa pas attaquer le camp d'Avignon. Son armée se consuma tout entière en trois mois sans autres combats que quelques légères escarmouches ; et bien que sa retraite ne fut inquiétée que par des paysans et un peu de troupes légères, il repassa le Var sans bagages, sans artillerie et presque sans soldats. Pasquin promit à Rome une bonne récompense à celui qui retrouverait l'armée impériale. L'invasion de la Picardie avait également fort mal réussi, bien que cette province ne fût défendue que par le ban et l'arrière-ban des provinces voisines, c'est-à-dire par des rassemblements tumultueux de nobles et de milices bourgeoises (1536).

Charles-Quint n'avait jamais plus souffert dans son ambition et son orgueil; sa puissance avait considérablement perdu en réalité et en prestige. Tout ce qu'il put faire, ce fut de se tenir sur la défensive, et encore François I obtint-il quelques petits avantages. Mais les deux rivaux étaient également épuisés; et après deux armistices, une trève de dix ans fut conclue à Nice par la médiation du Pape (1538).

François I crut son rival aussi fatigué qu'il l'était lui-même de ces efforts si violents et si inutiles. Malgré l'inimitié ardente et toute personnelle qui s'était manifestée à plusieurs reprises et surtout dans la dernière guerre, il conçut le chimérique projet d'entrer dans l'alliance et l'amitié de l'empereur, et de s'entendre avec lui pour faire la loi au reste de l'Europe. Charles-Quint reçut ses avances avec empressement et lui promit le Milanais pour son troisième fils; mais comme il tenait plus que jamais à ses anciens projets, il ne fit servir la bonne volonté de François I qu'à forger de nouvelles armes contre lui. En même temps qu'il se conciliait par sa tolérance les princes luthériens d'Allemagne, il s'occupait activement d'augmenter son autorité sur l'Espagne et les Pays-Bas, pour n'être plus désormais arrêté par des refus de subsides. Il n'éprouva de résistance que de la part de Gand sa ville natale, qui se révolta pour la conservation de ses priviléges. En vain les révoltés se donnèrent à la France; ils furent repoussés avec dédain, et une si belle occasion ne tenta pas un instant François I. Il ouvrit à Charles Quint le passage de la France pour aller réduire les Gantois, et le reçut magnifiquement avec toutes les démonstrations de la plus vive amitié.

Mais aussitôt que l'empereur eut mis fin à tous ses embarras, il refusa nettement de céder le Milanais; et bientôt après, une quatrième guerre ayant éclaté (1541), il eut l'adresse d'armer contre la France le roi d'Angleterre et même les protestants d'Allemagne. Heureusement François I venait d'établir en France une infanterie nationale, d'après une organisation à la fois simple et profonde, qui appelait aux armes et exerçait sans beaucoup de dépenses les habitants des frontières. En outre Soliman fit une diversion puissante en attaquant la Hongrie avec toutes ses forces, et il envoya sa flotte à François I. On vit alors avec un étonnement mêlé d'indignation l'amiral turc Barberousse, le dévastateur des côtes d'Espagne et d'Italie, commander à Toulon, y établir une mosquée, et faire le siége de Nice de concert avec la flotte française ; mais cet effort combiné ne produisit aucun résultat.

L'année suivante la brillante victoire de Cérisoles (1544), assura aux Français la possession du Piémont ; et la France, victorieuse sur toutes ses frontières, paraissait reprendre l'offensive, lorsque Charles-Quint termina la guerre par une marche hardie sur Paris, pendant que les Anglais s'emparaient de Boulogne (1545). La paix fut conclue à Crespy moyennant la restitution de part et d'autre des conquêtes faites depuis la trève de Nice ; Boulogne fut racheté à prix d'argent l'année suivante.

La guerre allait éclater encore une fois ; mais François I mourut au moment où il espérait soulever à son tour contre son rival la plus grande partie de l'Europe. (1547).

Pendant les dangers et les embarras de la lutte de François I et de Charles-Quint, l'autorité se concentrait de plus en plus entre les mains du roi. Il renversa violemment toutes les barrières que Louis XII avait respectées; il évita avec soin de convoquer les états-généraux ; à l'exemple de Charles VII et de Louis XI, il augmenta arbitrairement les impôts, sans même prendre pour prétexte des nécessités imprévues, et sans promettre de soumettre ces augmentations aux prochains états-généraux ;

en outre il éleva hautement la prétention d'être au-dessus des lois et de pouvoir les changer ou en dispenser à son gré. C'est tout cela que François I appelait « mettre les rois hors de page. » En vain les parlements s'efforcèrent plusieurs fois d'empêcher les infractions trop évidentes aux lois fondamentales de la monarchie ; François I les renvoya durement au soin de juger les procès, et dans une occasion il menaça de la corde ceux qui s'obstineraient à faire des remontrances. Mais en même temps l'inamovibilité des offices de judicature s'établissait de fait, comme elle existait déjà de droit, à la suite de l'un des plus criants abus de ce règne. Louis XII ayant imaginé, dans un pressant besoin d'argent, de mettre à l'enchère les charges de finances, François I se mit à vendre aussi toutes les autres; et, comme elles devinrent ainsi de véritables propriétés privées, il n'osa plus destituer arbitrairement les titulaires; c'eût été d'ailleurs leur faire perdre tout leur prix. Aussi les parlements fondèrent alors l'indépendance qu'ils ont long-temps conservée, et ils commencèrent à être considérés comme les représentants et seuls défenseurs de l'intérêt public.

Le règne de François I est l'époque de la renaissance des lettres ; ce fut sous la protection et le patronage de ce prince que l'étude et l'imitation de l'antiquité se naturalisèrent chez nous. L'action de François sur la littérature, comme sur tout le reste, se trouve mêlée de bien et de mal. Toujours fidèle à ses habitudes de despotisme, il poussa jusqu'à la démence la persécution contre les publications religieuses et politiques qui contrariaient ses principes, au point qu'il voulut supprimer l'art nouveau de l'imprimerie par une ordonnance entièrement prohibitive. Il persécuta ou laissa persécuter avec rigueur quelques-uns des hommes qui faisaient la gloire de son règne. Mais malgré les justes reproches qu'on peut lui adresser, il faut pourtant reconnaître qu'aucun prince avant lui n'avait montré autant de véritable goût pour la littérature et les arts, et ne les avait si magnifiquement récompensés. Les nationaux et les étrangers contemporains sont unanimes sur ce point.

Si d'autres que lui faisaient alors des pensions aux artistes et aux littérateurs, il était au moins le seul qui ne leur fît pas acheter ses bienfaits par des caprices et des humiliations. Bien que placé dans l'opinion publique et dans la sienne propre au premier rang parmi les rois, il traita toujours les supériorités intellectuelles de son siècle, pour ainsi dire d'égal à égal, leur rendant louange pour louange et flatterie pour flatterie. Léonard de Vinci, le maître de Raphaël, appelé par lui en France, y vécut comblé d'honneur et mourut entre ses bras. Lorsqu'il allait visiter le célèbre et érudit imprimeur Henri Estienne, il attendait patiemment qu'il eût corrigé son épreuve pour se faire montrer les derniers chefs-d'œuvre de l'art qu'il avait eu la pensée de proscrire.

Une grande partie des profusions que la postérité lui reproche, servirent au moins à donner à la France des monuments durables, et ce qui est encore plus précieux, à faire avancer à grands pas la science et la civilisation. Il fonda l'imprimerie royale pour qu'il n'y eût aucune langue, ni aucun travail d'érudition qui ne pût être imprimé en France. Il établit aussi le collége de France qui se sépara totalement de la routine des vieilles universités, et donna ainsi à toutes les branches d'enseignement, soit nouvelles, soit réformées, une tribune qui pût servir de modèle et souvent de contre-poison à l'enseignement vulgaire. Il agrandit la bibliothèque royale qui devint le dépôt le plus vaste des connaissances humaines. L'étude du grec avait été interrompue sous Louis XII; de toutes les études nouvelles c'était la plus admirée et sans contredit la plus importante; car il s'agissait de remettre en contact avec la civilisation moderne les résultats souvent précieux de la civilisation la plus avancée de l'antiquité : l'intermédiaire des Romains et des Arabes par lesquels seuls on la connaissait jusqu'alors, était insuffisant sur une foule de points. En attirant en France quelques érudits célèbres, François I. partagea la gloire de cette restauration avec un riche bourgeois, Budé, qui y consacra sa vie et sa fortune. C'est à l'aide de tous ces secours que commença en France cette suite d'érudits et de savants en tous genres, qui rivalise encore avec les nations les plus favorisées sous ce même rapport.

La littérature fut moins heureuse ; les premières années de ce règne ne présentent qu'un écrivain remarquable. C'est le poète Marot qui fut d'abord page de François I, ensuite son valet de chambre. Les dernières années ne présentent qu'un prosateur, d'une portée, il est vrai, bien supérieure à celle de Marot ; c'est Rabelais.

Marot ne fut qu'un aimable conteur qui sait répandre sur des sujets frivoles les grâces de la naïveté gauloise réunies à l'élégance et à la perfection de style des anciens. Il échoua complètement toutes les fois qu'il voulut aborder le genre sérieux. Rabelais au contraire a su prendre tous les tons avec une égale supériorité. La vie de cet homme supérieur fut errante et agitée. D'abord moine au fond du Poitou, il s'enfuit de son couvent, après avoir été empoisonné par ses compagnons, jaloux de sa science et surtout de ce qu'il savait le grec. Il devint ensuite le médecin le plus célèbre du siècle, et c'est encore sous sa prétendue robe que se passent à Montpellier les examens des docteurs. Chassé successivement de plusieurs villes à cause de son caractère inquiet, et de l'envie que sa supériorité excitait partout, il finit par être obligé, pour sa sûreté personnelle, de se placer sous le patronage d'un homme puissant, le cardinal Dubellay. Il eut le bonheur de trouver dans son protecteur un véritable ami des lettres, qui lui fit finir sa vie dans une modeste et paisible retraite, en lui donnant la cure de Meudon. Ce fut là qu'il composa un ouvrage dans un genre où il n'avait point eu de maître, et où probablement il n'aura jamais de disciple digne de lui. Sous le manteau de la bouffonnerie, il passe successivement en revue tous les principes politiques, religieux, toutes les questions de morale, d'éducation, de progrès en tous genres; et dans tout les passages sérieux où il ne cherche pas à cacher des attaques capables de le conduire au bûcher ou à la corde, derrière des litanies d'épithètes et de bouffonneries sans aucun sens, il se montre égal aux plus grands prosateurs qui aient paru après lui. On devait encore demeurer bien long-temps avant de donner de nouveau à la prose française cette plénitude sans enflure, cette simplicité exempte de bassesse qu'elle semble avoir tout naturellement sous sa plume, quand il le veut. Comme Cervantes, il a fait une immortelle satire du moyen-âge; et c'est à cause de son influence intellectuelle sur la destruction des derniers restes de cet ordre social, qu'il était peut-être utile d'insister sur ce grand écrivain. Du reste il faut se garder de juger de l'intelligence du siècle par les éloges que nous donnons à Rabelais. Car sur beaucoup de points il a devancé les penseurs les plus hardis de trois siècles au moins.

L'histoire des arts ne présente qu'un nombre assez restreint d'artistes nationaux sans un seul homme de génie. L'école française avait eu à peine le temps de se fonder à l'imitation et sous l'influence des illustres Italiens que François I avait appelés à sa cour.

Sous Henri II, fils et successeur de François I, les embarras du gouvernement se trouvèrent doublés par la formation du parti protestant qui, sous ce règne, devint vraiment redoutable, et commença à être soutenu par plusieurs grandes familles. La lutte contre la maison d'Autriche n'en continua pas moins, sinon avec succès, du moins avec vigueur.

Les réformés, jusqu'à la bataille de Pavie, avaient été aussi faibles, par leur petit nombre, que par le peu d'accord qui existait entre eux, sur une foule de points importants. Mais, vers cette époque, Calvin les disciplina, et en forma une secte française, rivale de celle de Luther. La persécution commença aussi à cette époque, par le zèle religieux des parlements et du peuple, qui prétendaient que la tolérance de l'hérésie était la cause des désastres de la France. François I, qui d'abord s'était montré assez indifférent, vit une révolte contre son autorité dans l'opiniâtreté des protestants à conserver leur nouvelle croyance, et dans leurs insultes publiques contre la religion de l'État ; et bientôt la fureur iconoclaste de quelques réformés fanatiques vint le rendre inexorable. En une nuit, la plupart des images de la Vierge, qui décoraient les carrefours de Paris, furent mutilées ou détruites. Après des cérémonies expiatoires qui témoignèrent de l'indignation des catholiques, en l'exaltant encore, plusieurs protestants furent condamnés à mort par le parlement de Paris. Le roi voulut assister, suivi de toute sa cour, à leur supplice, qui eut lieu avec toutes les pompes des plus beaux *auto-da-fé* espagnols. Afin de rendre la mort plus lente et plus douloureuse, on suspendait les condamnés aux deux extrémités d'une poutre, qui s'abaissaient et se relevaient alternativement sur un bûcher allumé. Le même jour, le roi dit publiquement que « si son bras droit était entaché d'hérésie, il le couperait. » C'était une menace assez directe contre les membres de sa famille qui avaient adopté ou pourraient adopter plus tard la nouvelle hérésie. Cependant sa sœur et sa tante n'en continuèrent pas moins à professer les doctrines de Calvin, et purent même sauver ceux des protestants auxquels elles s'intéressaient le plus.

Dans les derniers mois du règne de François I, le zèle des persécuteurs, échauffé par les progrès continuels de l'hérésie, ne se contenta plus d'exécutions obscures et particulières : il lui fallut le massacre juridique de toute une population. Il restait encore, dans quelques vallées des Alpes, des vaudois du XIIIe siècle. Depuis long-temps ils avaient été tolérés dans leurs montagnes arides qu'ils avaient su changer en riants jardins. Le roi Louis XII avait dit d'eux : « Ils sont plus chrétiens que nous. » En vertu d'un arrêt du parlement de Provence, leurs villages furent livrés aux flammes, les cavernes du canton bouchées, les arbres fruitiers arrachés, les récoltes foulées, la population exterminée presque tout entière, sans distinction d'âge ni de sexe. Comme ce massacre fit horreur à toute la France, et que le roi lui-même en témoigna son indignation, les protestants profitèrent de ce moment d'hésitation pour établir, à Paris et dans les provinces, leurs premières congrégations régulières.

Henri II adopta les mesures qu'avait suivies son père ; comme lui, il laissa les princes et les grands seigneurs protestants faire profession presque avouée de leur nouvelle doctrine, en même temps qu'il persécutait les calvinistes des autres classes de la nation. Il poursuivait surtout leurs ministres ou prêtres avec le plus grand acharnement. Toutefois on voyait percer de plus en plus, dans les mesures des persécuteurs, la crainte de pousser au désespoir les calvinistes déjà nombreux. Ce mélange de modération par politique, et de cruauté par fanatisme, cette persécution capricieuse était ce qu'il y avait de plus propre à augmenter le nombre des protestants en attirant sur eux l'attention, l'admiration, la pitié, sans les anéantir ou les épouvanter.

Du reste la politique de Henri II, il faut en convenir, devait se porter principalement vers la défense du royaume contre les progrès de Charles-Quint. L'année même de l'avénement du nouveau roi avait été marquée par la victoire de son rival sur les protestants d'Allemagne, victoire qui semblait lui donner les moyens de détruire l'indépendance du reste de l'Europe. Henri II intervint en Italie, pour borner les progrès de Charles-Quint en ce pays ; en même temps, il s'allia avec les luthériens d'Allemagne, et les aida à attaquer de nouveau l'empereur, en leur fournissant secrètement des subsides et en faisant une diversion vigoureuse vers les frontières de l'Allemagne (1551-1552).

Charles-Quint fut vaincu par les protestants, et contraint par eux à signer la paix ; voyant ainsi le plus important de ses projets complètement renversé, il voulut au moins tirer de la France une vengeance éclatante. Henri II, dans cette guerre, s'était emparé des trois évêchés de Metz, Toul et Verdun, qui formaient un excellent boulevart contre les Pays-Bas, sur le côté le plus vulnérable de la frontière. Charles-Quint vint assiéger Metz avec une armée de cent mille hommes, la plus nombreuse qui ait été levée dans les guerres du XVIe siècle. La défense de cette ville fut confiée au duc de Guise. Plusieurs princes du sang et l'élite de la noblesse s'y renfermèrent avec lui ; et l'empereur, après de vains efforts, fut obligé de lever le siége avec une armée diminuée de moitié par la famine et les maladies (1553). Ce fut l'échec le plus grand et le plus décisif de son règne. N'ayant pu le réparer l'année suivante, il abdiqua, avec la douleur de voir sa fortune renversée par l'intervention de la France, au moment où il se flattait de l'élever plus haut que jamais et sur des bases inébranlables (1556). Après une courte trêve, son fils, Philippe II, reprit la lutte. Henri II, enorgueilli par le succès, tenta en même temps la conquête de Naples et des Pays-Bas. Mais la défaite de Saint-Quentin fit échouer ce double projet (1557); l'armée française fut détruite presque tout entière. Philippe II ne sut pas profiter de sa victoire, qui, selon l'opinion de Charles-Quint, aurait dû le conduire à Paris. Le duc de Guise fut rappelé d'Italie en toute hâte ; et, au milieu de l'hiver, il releva la France à ses propres yeux et aux yeux de l'étranger par la prise de Calais qui, depuis deux siècles, appartenait aux Anglais (1558). On leur ôtait par-là un poste admirable pour menacer la France, et la contraindre à payer rançon dans toutes ses calamités, quand il ne leur servait pas pour une invasion sérieuse. La prise de Calais contribua à la mort de la reine

Marie, qui avait épousé Philippe II, et qui menaçait par ce mariage l'indépendance de la France, d'une réunion perpétuelle de l'Angleterre avec la monarchie espagnole. L'année suivante, une nouvelle défaite et des intrigues de cour décidèrent Henri II à faire la paix. Par ce traité, signé à Cateau-Cambrésis, la France ne gardait que les Trois-Évêchés, et restituait plus de cent places fortes conquises sous les deux règnes dans les Pays-Bas et le Piémont. Il fut convenu pour la forme que Calais serait rendu dans huit ans (1559).

En même temps, Henri II donnait sa fille en mariage à Philippe, et se réconciliait sincèrement avec lui. Il fut convenu que les deux rois, confondant leurs projets pour l'extermination de l'hérésie, s'occuperaient, avant tout, de cette œuvre sainte ; et que les conquêtes extérieures ou autres avantages qui pourraient en résulter, seraient compensés de bonne foi en se faisant des concessions équivalentes. Henri II promit de rétablir l'inquisition en France, et de lui donner la dévorante activité qu'elle avait alors en Espagne. Pour prouver que désormais il n'y aurait plus de ménagement à attendre, il voulut commencer par l'épuration du parlement de Paris, dans lequel l'hérésie commençait à se glisser. Il s'y rendit en personne, et déclara, en termes violents et emportés, sa ferme résolution de poursuivre les hérétiques sans distinction et sans pitié. Anne Dubourg, président de la chambre, dont le zèle calviniste n'était pas moins ardent que le zèle catholique du roi, lui répondit en l'accusant très-clairement d'adultère et de tyrannie sous les allusions bibliques de Salomon et d'Achab. Tous les protestants du parlement furent arrêtés à l'issue de la séance, et bientôt après condamnés au supplice de la corde. Mais, lorsqu'ils subirent le martyre pour leurs croyances, Henri II les avait déjà précédés au tombeau. Il avait été tué par accident dans un tournoi donné en l'honneur du mariage de sa fille Élisabeth avec Philippe II (1559). Ce fut le dernier tournoi qui ait été donné en France ; quelques années auparavant, avait eu lieu, avec la permission du roi, le dernier duel judiciaire. Ce fut par conséquent sous ce règne, que disparurent pour toujours deux des institutions les plus caractéristiques et les plus vivaces du moyen-âge.

CHAPITRE VII.

GUERRES CIVILES DE RELIGION.

(Règnes de François II, de Charles IX, de Henri III et de Henri IV. 1559-1610.)

Après la mort de Henri II, François II, son fils aîné, enfant de seize ans, monta sur le trône. Son extrême jeunesse, la faiblesse de sa santé et, par suite, de son intelligence, devaient le placer naturellement en tutelle. Mais comme il fut déclaré majeur, selon l'usage qui fixait à quatorze ans la majorité des rois de France, cette tutelle ne fut pas celle de sa mère, ni d'un prince du sang, mais celle du duc de Guise, le vainqueur de Metz et de Calais. Le duc de Guise était oncle de la jeune reine Marie Stuart, et comme l'influence de cette princesse sur son époux était absolue, c'étaient véritablement les Guise qui régnaient en France. Le connétable de Montmorency, tout-puissant sous Henri II, fut écarté des affaires. La famille des Bourbons, composée du roi de Navarre et du prince de Condé, réclama en vain une partie du pouvoir politique; ils furent traités avec le même mépris que le connétable.

En même temps que les Guise mécontentaient les plus

grands personnages du royaume et leur nombreuse clientelle, ils persécutaient les protestants avec ardeur, et continuaient par cette conduite à augmenter leur influence sur le clergé et la plus grande partie de la nation. Mais le nombre des protestants se trouvait alors assez considérable, pour qu'ils pussent sans folie recourir à la force. Ce parti n'était pas très-puissant par le nombre : il était si loin d'être en majorité dans la nation, que, suivant l'aveu de Lanoue, son plus grand homme d'état, « il eût suffi des chambrières de Paris, de Toulouse et des autres grandes villes, pour en chasser les réformés avec leurs balais. » Le protestantisme était à peu près généralement repoussé par toute la classe pauvre des villes, et assez peu répandu parmi les paysans. Mais il avait été adopté avec ardeur par une grande partie de la petite noblesse, qui continuait toujours à constituer presque toute la force militaire de la France. Parmi la bourgeoisie, il comptait dans son sein les esprits remuants et ambitieux. La famille des Châtillon, une des plus nobles et des plus riches de France, avait adopté depuis long-temps le protestantisme. L'amiral de Coligny, le chef de cette famille par ses talents et par sa charge d'amiral, l'une des plus importantes du royaume, crut le moment arrivé de faire enfin une tentative pour mettre un terme à la persécution, et pour élever son parti au pouvoir. Les Bourbons, pour se venger d'un gouvernement qui les excluait du pouvoir, promirent en secret leur appui. On organisa une conspiration dont le but était l'enlèvement du roi et le massacre des Guise (1560).

La cour était alors à Blois dans une sécurité complète, et ne pouvait opposer à une attaque subite ni la force du lieu, ni de nombreux soldats. Mais le zèle, l'activité, la discrétion des conjurés n'empêcha point la trahison de se glisser dans leurs rangs. Tout leur plan fut révélé au duc de Guise, qui se retira avec le roi et toute la cour au château d'Amboise. Il y attendit les conjurés, sans s'effrayer du petit nombre d'hommes qu'il avait à leur opposer. Aucune précaution apparente ne vint leur apprendre que leur secret était révélé. Le duc de Guise, au lieu d'être surpris, parvint au contraire à surprendre isolément les conjurés, car ils s'étaient divisés en troupes fort peu nombreuses pour ne pas éveiller de soupçons. La plupart de ceux qui furent pris vivants, furent pendus aussitôt sans jugement ; les chefs et les principaux émissaires furent seuls réservés à la torture et à la justice des commissions.

Les Guise résolurent de profiter de cette conjuration pour se défaire d'un seul coup des rivaux qui les inquiétaient. Ils ne reculèrent même point devant la mort d'un prince du sang. Tout en faisant grâce au roi de Navarre, Antoine de Bourbon, prince faible et indécis qui probablement ne savait rien de la conjuration, ils se saisirent du jeune prince de Condé, et le livrèrent à une commission qui leur avait promis d'avance sa condamnation. Sur ces entrefaites, le jeune roi dont le règne n'avait été qu'une longue maladie, mourut, et sa mort changea totalement la face des affaires (1560).

Le trône passait au frère puîné de François II, à Charles IX âgé de neuf ans. Sa mère Catherine de Médicis se saisit de la régence sans aucune opposition. La nation, façonnée à l'obéissance et à l'observation des lois monarchiques, ne conçut même pas la pensée d'une résistance quelconque en faveur des Guise qu'elle semblait dès lors avoir adoptés pour chefs. Catherine avait été jusqu'alors éloignée de toute participation au pouvoir par son mari et par son fils aîné. Elle avait su habilement déguiser sous les apparences de l'indifférence et de la frivolité son ambition inquiète et jalouse. Habituée à dissimuler depuis de longues années, appartenant d'ailleurs par sa naissance et son éducation à l'école politique italienne, elle voulait contenir et détruire les partis les uns par les autres. En conséquence elle fait grâce aux Bourbons et leur rend la part d'influence dont ils jouissaient à la cour, elle rappelle les Montmorency, et contient les Guise sans les disgracier. Elle regarda comme un coup de maître d'inspirer de grandes inquiétudes aux catholiques en appelant les théologiens des deux opinions à discuter devant elle au célèbre colloque de Poissy (1561). Elle espérait retenir les catholiques dans l'obéissance par la crainte de se voir abandonnés de la cour et du roi, les protestants au contraire par l'espoir de voir leur croyance spontanément adoptée. Cette politique qui aurait été bonne tout au plus contre l'esprit d'intrigue, échoua contre l'esprit de parti; elle était impuissante pour contenir des passions politiques, et, à plus forte raison, des passions religieuses.

Les protestants en étaient venus à demander non plus la tolérance, mais le pouvoir; ils annonçaient hautement que les catholiques seraient traités comme ils avaient été traités eux-mêmes, et ils murmuraient contre l'édit de janvier (1562), qui leur accordait cette tolérance si longtemps et si inutilement demandée. D'autre part les catholiques étaient encore plus indignés, et le duc de Guise avait dit en montrant son épée: « Voilà qui fera la rescision de cet abominable édit. » En effet, passant un dimanche par la petite ville de Vassy qui appartenait à une femme de sa maison, et entendant les psaumes que les protestants du lieu chantaient dans une grange, il se crut insulté comme chef du parti catholique, et dans les droits de sa famille. Il ordonna à sa suite qui était nombreuse et bien armée de disperser les hérétiques. Ceux-ci furent massacrés et leur maisons livrées au pillage. Depuis la conjuration d'Amboise les protestants, fiers de leurs forces et de leur organisation, songeaient à la guerre civile. Ils considérèrent ou affectèrent de considérer le massacre de Vassy comme ordonné par la cour, et une armée protestante se leva avec un admirable et puissant enthousiasme. La royauté même dans tout l'éclat de sa force, et soutenue par des finances en bon ordre, n'aurait pu que bien difficilement former un armement aussi nombreux et aussi redoutable.

Les catholiques se confiant dans les troupes royales ne firent de leur côté aucune levée, de sorte que la direction de la guerre fut laissée tout entière à la royauté. Catherine de Médicis à son grand regret, ordonna à son armée de réprimer la révolte subite des protestants. Toutefois elle eut soin de confier le commandement non pas au duc de Guise, mais au connétable de Montmorency. Les deux armées se rencontrèrent dans les plaines de Dreux à quelques lieues de Paris. La victoire ne sembla se déclarer un instant en faveur des protestants que pour amener aussitôt leur destruction presque complète. L'honneur de cette victoire fut tout entier au duc de Guise, qui répara les fautes du connétable et ne décida la bataille qu'après que son rival eut été fait prisonnier. Le prince de Condé, d'abord vainqueur, resta aussi prisonnier des catholiques, de manière que les deux généraux des deux armées ennemies se trouvèrent captifs en même temps.

Catherine de Médicis n'apprit d'abord que la première

partie de la nouvelle, et croyant que les protestants allaient entrer à Paris, elle s'écria gaîment : « Eh bien! nous prierons Dieu en français. » Mais ayant bientôt appris qu'ils étaient vaincus, elle ordonna de les poursuivre avec activité, tout en songeant aux moyens de ne pas les accabler entièrement (1562).

Les protestants s'étaient emparés par surprise de quelques unes des principales villes du royaume. Aussi malgré leur défaite de Dreux toutes les provinces se trouvaient le théâtre d'une guerre sans pitié. Le catholique Montluc parcourait sa province de Guyenne suivi de deux bourreaux qu'on appelait « les laquais de monsieur de Montluc, » et faisait pendre aux arbres des grands chemins tous ceux qu'il soupçonnait non-seulement de révolte, mais même de modération. « Partout où je passais, dit-il dans ses Mémoires, on en voyait des enseignes. » Le protestant Des Adrets agissait avec la même cruauté dans le Lyonnais et le Dauphiné. A Montbrison et dans plusieurs autres villes il contraignit ses prisonniers, jusqu'aux simples soldats, à se précipiter du haut de la tour la plus élevée. Des Adrets trouva, il est vrai, dans les chefs de son parti, malgré les immenses services qu'il avait rendus, des censeurs sévères. Et ce qui n'est guère à la louange du parti opposé, il se fit catholique pour n'être plus gêné dans ses actions. Dans cette première guerre tout l'avantage de l'humanité fut sans contredit du côté des protestants; mais en même temps, leur ardeur et leur insolence à profaner, à détruire les croix, les reliques et les églises, les rendaient plus odieux au peuple, que n'auraient pu faire les plus grandes cruautés.

Cependant les catholiques reprirent promptement la plupart des postes importants dont les protestants s'étaient d'abord saisis. Lyon et Rouen furent repris; Orléans allait éprouver le même sort, lorsque le duc de Guise qui commandait l'armée royale fut assassiné par Poltrot de Méré, gentilhomme protestant, qui espérait rétablir par ce crime les affaires de son parti. Déjà un autre assassin l'avait manqué au siége de Rouen, et le duc lui avait pardonné en lui disant : « Or ça, voyez combien ma religion vaut mieux que la vôtre; votre religion vous ordonne de tuer qui ne vous a jamais offensé, la mienne m'apprend à vous faire grâce. »

Catherine s'empressa de profiter de la mort du duc de Guise pour accorder aux protestants la pacification d'Amboise; mais les deux partis étaient plus irréconciliables que jamais (1563).

Cependant Charles IX atteignait sa majorité. Mais sa mère avait eu soin de pervertir son esprit, et de l'empêcher de prendre part aux affaires; elle lui inspira des idées de cruauté et de dissimulation, en même temps qu'elle lui donnait le goût des plaisirs et l'habitude de la paresse. A cette époque le concile de Trente venait de clore ses séances; il imposait aux protestants le retour aux anciennes croyances, et établissait quelques principes de discipline et de hiérarchie qui n'avaient jamais été introduits dans l'Église française. Ce concile ne fut reconnu que sous certaines réserves; mais les protestants ne s'en crurent pas moins menacés dans leur existence. En outre Catherine qui leur avait accordé toutes les concessions qu'ils lui avaient demandées, même celles qui étaient le plus contraires à l'autorité royale, fidèle à sa politique, « leur retirait plus pendant la paix par ses édits, qu'elle n'eût pu leur ôter par les armes pendant la guerre. »

Les protestants craignirent sérieusement d'être réduits à l'impuissance de se défendre, et livrés par la cour à un massacre général. Ils résolurent de prendre l'initiative et d'essayer de surprendre une seconde fois leurs adversaires. Ils tentèrent de s'emparer de la personne du roi et de sa mère, pour donner des ordres au nom de l'autorité royale. Le roi était alors à Meaux. Les protestants essayèrent de l'enlever dans le trajet de Meaux à Paris, et, sans le courage inébranlable des Suisses qui formaient sa garde, ils auraient réussi (1567).

Dans la première guerre la défaite de Dreux leur avait ôté tout espoir d'entrer à Paris; avant et après cette guerre, le malheureux succès de la conjuration d'Amboise et de la surprise de Meaux ne leur laissait guères d'espérance de pouvoir jamais être maîtres de la personne royale. N'avoir avec soi ni la royauté ni la capitale, c'était selon l'expression pittoresque de Lanoue, manquer à la fois « le soleil et la lune de la France. » Sans Paris et sans le roi, les protestants ne pouvaient que retarder leur défaite. Jusqu'à cette seconde guerre, ils avaient pu espérer que le jeune roi, parvenu à l'âge de raison, opterait en faveur des doctrines protestantes, comme avaient fait tant de souverains en Europe. Mais leur tentative contre sa personne royale, inspira à Charles IX, déjà mal disposé, une haine ardente et irréconciliable contre le parti protestant.

C'est en vain que redoublant d'audace ils essayèrent d'épouvanter la cour en venant camper sous les murs même de Paris, dans la plaine de Saint-Denis; leur seul espoir était non pas de prendre Paris, mais de forcer la reine, plutôt avant le combat qu'après une victoire presqu'impossible, à leur accorder de nouveaux avantages. Mais ils avaient trop compté sur le caractère faible et indécis de Catherine. Le combat fut accepté ; et ils furent complètement battus par le vieux connétable de Montmorency qui survécut de quelques heures seulement à sa victoire. Il avait reçu huit blessures mortelles (1567). « En ce jour j'ai deux grandes obligations au ciel, disait la reine-mère, l'une que le connétable ait vengé le roi de ses ennemis, l'autre que les ennemis du roi l'aient défait du connétable. »

Montmorency s'était toujours montré l'ennemi le plus acharné des protestants ; et c'était par un véritable zèle religieux ; car sous François II ses intérêts avaient été absolument de ce côté. Sa cruauté avait donné lieu à ce dicton : « Dieu nous garde des patenotres du connétable, » parce que c'était tout en disant ses prières après chaque victoire qu'il faisait conduire ses prisonniers au supplice.

A la mort de Montmorency ce fut Henri de Guise, fils de François, qui se trouva le seul chef du parti catholique ; comme son influence n'était due qu'aux services de son père, il ne put empêcher Catherine de conclure une seconde paix avec les protestants; mais c'était une paix « boiteuse et mal assise, » comme on le dit alors parce que, des deux négociateurs, l'un était boiteux et l'autre s'appelait Malassise (1568).

Catherine n'avait d'autre but que d'user les deux partis l'un par l'autre; mais elle ne faisait que désespérer les protestants, et rendre les catholiques plus dangereux. Au milieu de ces fureurs et de ces perfidies, un grand ministre, le vertueux chancelier de L'Hospital essayait vainement d'établir une tolérance sincère. C'était un grand jurisconsulte, un philosophe éclairé, mais il était soupçonné généralement d'être, comme le philosophe Montaigue son contemporain, indifférent en matière de religion. Aussi il était détesté également des deux partis, et ses vertus le rendirent bientôt suspect à une cour encore plus indifférente que lui, mais d'une autre manière, aux querelles théologiques qui déchiraient la nation. Il fut dis- disgracié après avoir rendu tous les services qu'il pouvait rendre, c'est-à-dire après avoir réformé une partie des lois civiles.

Catherine comprenant que les protestants seraient toujours, malgré ses ménagements, une faction indépendante, résolut de faire arrêter Coligny et Condé par trahison, quelques mois seulement après la paix. La tentative ne réussit pas; elle ne servit qu'à augmenter encore jusqu'au désespoir la défiance des protestants. A cette époque les protestants eux-mêmes se considéraient comme à peu près perdus, et se seraient volontiers résignés à la tolérance qu'ils avaient d'abord dédaigneusement rejetée. Mais la conduite de Catherine ne leur laissait d'autre ressource que celle de se défendre au risque de périr les armes à la main, et la guerre recommença de nouveau. Catherine n'accorda pas le commandement des troupes catholiques à Henri de Guise; elle le donna à son propre fils, le duc d'Anjou, qui fut depuis roi sous le nom de Henri III. Les protestants furent vaincus dans une première bataille générale à Jarnac (1569). Le prince de Condé, fait prisonnier, fut massacré de sang-froid après la victoire par Montesquiou, capitaine des gardes. Coligny resté seul chef des protestants, trouva des ressources inattendues dans son génie; il échappa aux troupes royales avec les débris de son armée, et quitta le théâtre de sa défaite. Il fit le tour de la France sans pouvoir être atteint, ralliant dans chaque province les débris de son parti, qui partout avait été vaincu, et en forma une armée aussi redoutable que jamais n'avait été aucune armée protestante. Les catholiques furent vaincus à leur tour à la Roche-Abeille; mais cette armée qui semblait être la dernière ressource des protestants fut une seconde fois vaincue à Montcontour. A la Roche-Abeille les protestants n'avaient fait aucun quartier, parce qu'après le combat ils étaient obligés de continuer leur retraite. Les catholiques par représailles agirent de même à Montcontour. Les débris de l'armée vaincue ne furent sauvés que par le dévouement de quelques-unes de leurs compagnies.

Les protestants se relevèrent encore après cette défaite accablante. Ils furent encouragés par la reine de Navarre, l'héroïne de leur parti, qui n'hésita pas à amener dans leur camp son jeune fils, Henri de Bourbon. La cour se décida enfin à un nouveau traité qui fut conclu à St-Germain-en-Laye; et selon toute probabilité on prenait en même temps la résolution de faire périr, dans un massacre général, tous les soutiens du parti protestant (1570). Pour la première fois les chefs se laissèrent attirer à la cour, et ils y furent comblés de caresses. La reine de Navarre seule se défiait de tant d'amitiés; elle mourut subitement, empoisonnée peut-être, pendant qu'on faisait les préparatifs du mariage de son fils avec la sœur du roi, Marguerite de Valois.

Charles IX avait su complètement séduire le vieil amiral Coligny, en lui faisant voir en perspective une guerre glorieuse contre l'Espagne et la délivrance des protestants des Pays-Bas. Le duc de Guise, jaloux de son crédit apparent, et qui d'ailleurs le considérait comme complice de l'assassin de son père, complota contre ses jours. On prétend que Catherine avait poussé le duc de Guise à ce crime pour le faire ensuite massacrer lui-même par les protestants, et amener une mêlée générale qui la délivrerait des chefs des deux partis. Coligny ne fut que blessé. Le roi alla le visiter, feignit beaucoup d'indignation et de douleur, et lui dit : « Mon père, la blessure est pour vous, mais la douleur est pour moi. »

Quelques jours après, tout était disposé pour le massacre. Catherine malgré sa haine contre les Guise fut cependant obligée de les employer comme auxiliaires. Le signal fut donné pendant la nuit de la St-Barthélemy, du 24 au 25 août 1572. Coligny fut une des premières victimes. Pendant qu'on le massacrait, le duc de Mayenne, frère du duc de Guise, était à la porte pour s'assurer si son ennemi serait bien tué. Beaucoup d'habitants de Paris s'employèrent avec ardeur pour le massacre. Charles IX d'un balcon du palais contemplait avec satisfaction cette horrible tragédie ; il tira même, dit-on, quelques coups d'arquebuses sur des malheureux qui tentaient de s'échapper en traversant la Seine. La capitale ne fut pas le seul théâtre de ces massacres ; ils furent imités dans plusieurs provinces. En même temps on supposait une vaste conspiration des protestants, on faisait le procès à la mémoire de l'amiral, et on instituait des fêtes pour célébrer le souvenir de « ces matines parisiennes. » Le Pape et le roi d'Espagne applaudirent publiquement à la résolution de Charles IX ; mais un cri de réprobation presqu'universel même chez les catholiques, vint témoigner que le fanatisme n'avait pu étouffer les principes de la morale, et les jours de L'Hospital furent, dit-on, avancés par la douleur.

Les protestants, un instant abattus, se défendirent avec un courage désespéré. Ils étaient encore maîtres de La Rochelle, de plusieurs autres villes, et d'un certain nombre de châteaux. La cour de son côté sembla comme épouvantée de son crime, et ne soutint la guerre qu'avec mollesse. Charles IX, quelques mois après le massacre, accorda une nouvelle pacification.

L'horreur inspirée par la St-Barthélemy avait formé un troisième parti, celui des « politiques, » qui réclamaient la tolérance. Ce parti trouva bientôt des chefs dans les Montmorency et dans le duc d'Alençon, le plus jeune des fils de Henri II, et il fallut compter avec lui.

Charles IX mourut au milieu des embarras d'une nouvelle guerre dans laquelle son frère s'était déclaré au nombre de ses ennemis. Ils mourut dans toutes les souffrances du corps et de l'esprit, persuadé que sa mère l'avait fait empoisonner, et poursuivi par le souvenir de la St-Barthélemy (1574).

Après la mort de Charles IX la cinquième guerre civile continua, sans que le gouvernement pût lever aucune armée pour détruire les derniers débris du parti protestant. Henri III qui se trouvait en Pologne dont il avait été élu roi sur sa réputation de courage et de talents militaires, s'empressa de revenir en France et d'abandonner un pays dont il ne pouvait déjà plus supporter la résidence. Ce prince montra dans tout le reste de sa conduite comme roi, la même frivolité qui l'avait conduit à mécontenter et à traiter avec mépris les Polonais parce qu'il s'ennuyait chez eux. Il passa plusieurs mois à recevoir les fêtes qui lui étaient données sur son passage, lorsque tout en France tombait en dissolution. Malgré les conseils qui lui furent prodigués sur sa route, il voulut continuer les guerres de religion. Mais il assiégea vainement une petite bourgade dont les habitants étaient résolus de se défendre jusqu'à la dernière extrémité. Ils lui criaient du haut des murs : « Venez, assassins, venez massacreurs, vous ne nous trouverez pas endormis comme à la St-Barthélemy. » Henri III était connu pour un des principaux auteurs du massacre.

L'héritier présomptif de la couronne, le duc d'Alençon, se mit à la tête du nouveau parti que l'insolence des Guise et l'horreur des massacres avaient fait naître, le parti des politiques. Ce parti composé d'un très-grand nombre de puissants seigneurs, réunit tout-à-coup plusieurs provinces aux cantons défendus par les protestants. Henri III fut contraint de signer une paix par laquelle il cédait aux protestants et aux politiques tous les avantages généraux et personnels qu'il leur plut de réclamer (1576). Ce traité bien loin de mettre fin aux malheurs de la France, ne fit qu'ajouter à l'irritation et à la rage des catholiques ardents. Ils résolurent de défendre leur religion et d'écraser leurs adversaires par leurs propres forces et sans l'intervention du gouvernement. Ce mouvement populaire secrètement excité et dirigé par le duc de Guise, donna naissance à une association puissante qui prit le nom de sainte-ligue (1577).

Bientôt les ligueurs s'adressèrent directement au Pape et au roi d'Espagne Philippe II, et conclurent ainsi avec ces deux princes étrangers une alliance qui renversait toutes les lois du royaume. Henri de Guise cachait à peine ses projets ultérieurs; il voulait faire déposer Henri III et se faire déclarer lui-même roi de France. Des généalogies fausses étaient répandues dans toute la France, et le représentaient comme légitime héritier de Charlemagne et comme le futur vengeur de l'usurpation de Hugues Capet. C'était précisément ce moyen détourné de faire valoir ses prétentions à la couronne, qui prouvait combien l'attachement des Français à l'hérédité monarchique était encore profond et solide. Aussi il s'efforça surtout de décrier Henri III dans les esprits, de le rendre ridicule et odieux. La chose n'était que trop facile, et le roi semblait son plus utile complice dans ce projet. Par ses débauches honteuses et publiquement affichées, par ses profusions et peut-être encore plus par la puérilité de son caractère, il était tout-à-fait indigne et incapable de gouverner un grand royaume dans une crise aussi dangereuse. Il essaya en vain de retenir le mouvement de la sainte ligue ou du moins d'en détourner les effets en se mettant officiellement à la tête des ligueurs, et en promettant de faire bonne guerre aux huguenots. Cette démarche qui lui fut conseillée par sa mère Catherine et qui est la mesure exacte de leur misérable politique, ne fit que légitimer la ligue aux yeux d'un grand nombre de bourgeois qui sans être factieux étaient catholiques zélés; et Henri III s'avilit encore davantage en cédant ainsi à ses ennemis; car les Guise n'en restèrent pas moins les seuls chefs de la ligue.

La guerre qui eut lieu par suite de l'établissement de la ligue, n'est qu'une complication de petits faits d'armes, de traités, de trèves d'un moment mêlées de petites intrigues et de petites trahisons. Ainsi, c'est la reine mère qui ramène au roi de Navarre sa femme Marguerite, et qui au moyen de ses filles d'honneur essaie de séduire les principaux capitaines de ce prince et de l'endormir lui-même; puis au mépris d'une paix solennellement jurée, elle lui surprend une ville pendant un bal. Du reste dans ces guerres il semble que ni le roi, ni les protestants ne peuvent plus lever d'armées, que la France est entièrement épuisée et qu'elle va devenir la proie des étrangers « qui

ouvraient les yeux et frétillaient au seul nom de France. »
C'est précisément le moment où les partis vont faire leurs
plus vigoureux efforts, sans que les étrangers appelés
sans cesse aient jamais assez de force et de persévérance
pour profiter, comme on pouvait le craindre, de nos
discordes.

Une nouvelle paix rarement violée existait depuis quatre
ans, lorsque le duc d'Alençon mourut, après une entreprise malheureuse pour se mettre à la tête des révoltés
des Pays-Bas (1584). Sa mort donna une nouvelle force
au parti de la ligue; car Henri III n'ayant point d'enfant,
la couronne devait échoir, selon les lois du royaume,
précisément au chef du parti protestant, au roi de
Navarre, qui en sa qualité de chef de la maison de Bourbon
était premier prince du sang. Il fut solennellement excommunié par le pape Sixte-Quint, et comme il avait été
forcé de professer la religion catholique, lorsqu'il était
prisonnier de la cour après la Saint-Barthélemy, en sa
qualité de relaps il ne pouvait que bien difficilement être
réconcilié. La ligue contraignit Henri III de lui déclarer
la guerre ; Henri III crut faire un coup de maître en envoyant contre la faible armée du roi de Navarre l'un de
ses mignons, le duc de Joyeuse avec une armée considérable et choisie, tandis qu'il envoyait le duc de Guise avec
très peu de troupes contre les Allemands auxiliaires que
les protestants avaient appelé à leur secours. Mais toutes
ses prévisions furent déçues; Joyeuse fut battu et tué à
Coutras, tandis que le duc de Guise obtint un succès
complet; les Allemands deux fois vaincus furent contraints à une retraite désastreuse (1587).

A son retour à Paris, le vainqueur fut salué par des
acclamations de plus en plus menaçantes. Il essaya, mais

en vain d'imposer à Henri III un gouvernement choisi par lui; Henri III éluda la demande et profita d'un voyage momentané du duc de Guise pour lui interdire le séjour de Paris. La pénurie du trône était telle que l'on ne trouva pas même de quoi payer un courrier; la lettre fut mise à la poste. Henri de Guise prétendit ne l'avoir pas reçue, revint braver Henri III jusque dans son Louvre et donna le signal de la journée des barricades, dans laquelle six mille Suisses furent désarmés ou égorgés par les bourgeois de Paris (1588).

Henri III traita avec les vainqueurs après s'être éloigné de Paris, et sur leur demande convoqua les états-généraux à Blois. Le duc de Guise, qui se croyait à la veille d'être roi, fut assassiné à la porte même du cabinet d'Henri III; son frère le cardinal de Guise, presque aussi redoutable par ses talents et son crédit, fut égorgé en prison. A cette nouvelle la plupart des grandes villes se révoltèrent; la Sorbonne déclara Henri III déchu, aux acclamations de tout le parti de la ligue. Le parlement osa résister au mouvement et fut remplacé en grande partie. Henri III n'eut plus d'autre refuge que de venir se jeter entre les bras du roi de Navarre et d'unir son parti à celui des protestants. Le parti des politiques, considérablement accru par suite de la révolte déclarée des ligueurs, forma avec les protestants une force presque irrésistible. Paris assiégé par les deux rois ne fut sauvé que par un crime tout semblable à celui de Henri III. Un novice de l'ordre des Jacobins, Jacques Clément, mettant à exécution et les principes et les exhortations des prédicateurs parisiens, alla frapper le roi avec un couteau empoisonné (1589).

La discorde se mit alors dans le camp royal. Quelques-uns des chefs catholiques, les uns par conviction, les autres pour faire acheter plus chèrement leurs services, déclarèrent qu'ils étaient trop attachés à la foi catholique pour reconnaître comme souverain un hérétique relaps. Henri IV ne put les ramener que peu à peu. Il fut obligé d'abandonner le siége de Paris. Mais malgré l'infériorité de ses forces, il parvint par une activité infatigable et en usant, comme il le disait, « plus de bottes que le duc de Mayenne n'usait de souliers, » à balancer les forces de ses ennemis. Il les vainquit d'abord auprès d'Arques contre toute probabilité, et remporta ensuite sur eux la bataille décisive d'Ivry (1590). C'est dans cette bataille qu'il cria à ses soldats victorieux : « Epargnez les Français ; main-basse sur l'étranger. » Ensuite il revint assiéger Paris au moment même où les Parisiens croyaient qu'il leur était amené chargé de chaînes par le duc de Mayenne. La discorde se mit cependant dans le parti de la ligue, à mesure que le parti royaliste revenait à l'unité. Le duc de Mayenne, frère de Henri de Guise et lieutenant général du royaume, se voyait obligé de renoncer à l'idée favorite de son frère, à la royauté. Car il était bien loin d'égaler la popularité de ce prince « dont la France était folle, dit un auteur du temps ; ce serait trop peu de dire amou-reuse. » D'ailleurs le duc de Guise avait un fils encore enfant sur lequel se reportaient les espérances et l'amour d'une partie du peuple; ensuite venaient les prétentions du roi d'Espagne qui espérait, en faisant abolir la loi salique, régner sous le nom de sa fille, petite-fille de Henri II, et qui disait déjà « ma ville de Paris, ma ville de Rouen. » Enfin les Seize, ainsi nommés du nombre des quartiers de Paris, et qui étaient les chefs immédiats du peuple, rêvaient l'établissement d'une sorte de république théocratique, dont ils voulaient exclure l'influence nobiliaire. Tous ces partis se firent sourdement la guerre et séparèrent de plus en plus leurs intérêts. Mayenne fut même obligé de sévir contre quelques uns des chefs de la démocratie. Toutes ces divisions se dessinèrent complètement pendant le blocus et la famine de Paris. Mais en même temps le fanatisme du peuple résistait à tous les maux, à toutes les discordes. On alla jusqu'à mêler au pain les ossements broyés des cimetières de Paris, dans lesquels on espérait trouver quelques substances alimentaires, et qui donnèrent la peste. On sait que Henri IV nourrit en quelque sorte les assiégés en autorisant l'entrée des vivres dans Paris : « Je ne veux pas, disait-il, régner sur un désert. » Paris fut sauvé par l'armée espagnole des Pays-Bas. Rouen assiégé l'année suivante fut délivré de la même manière.

Mais Philippe II laissa trop voir qu'il croyait que la ligue ne pouvait être sauvée que par lui; l'importance même des services qu'il lui rendait, éloigna de ce parti un très-grand nombre de catholiques. La haine contre l'étranger se réveillait à mesure qu'on sentait dans toutes les affaires sa main et son influence. Néanmoins le peuple éprouvait toujours une répugnance extrême à se soumettre à un roi protestant. Henri IV reconnaissant qu'il lui serait impossible de triompher autrement, adopta enfin la religion catholique, en disant : « Ventre saint-gris! Paris vaut bien une messe. » Il avoua lui-même à sa seconde femme Marie de Médicis, que pendant long-temps il n'avait été catholique que de nom, mais qu'il s'était séparé des croyances de ses anciens amis en même temps qu'il avait reconnu en eux les plus grands et les plus dangereux ennemis de l'état. Les ligueurs fanatiques eurent beau redoubler l'exagération de leur langage, provoquer à l'assassinat du « Béarnais », ce grand parti fut bientôt réduit à la consistance d'une intrigue vulgaire, dont les chefs ne songeaient qu'à se vendre au meilleur prix qu'ils pourraient trouver.

En quatre ans le royaume fut entièrement reconquis, et presque sans combat, bien que les Espagnols redoublassent d'efforts pour soutenir la faction expirante. Les deux capitales de la ligue, Paris et Lyon, se rendirent l'année même de la conversion de Henri IV (1594). La Bretagne fut de toutes les provinces la dernière qui se soumit. Le duc de Mercœur prétendait à rester souverain de cette contrée, et voulait y renouveler le temps des anciens ducs par la grâce de Dieu. Il répondait à ceux qui voulaient lui faire entendre que ce n'était qu'un rêve : « Mais il me semble que ce rêve dure depuis bien longtemps. » Le réveil n'en fut que plus triste ; et le plus orgueilleux des chefs de la ligue se vit réduit pour sauver ses biens à implorer la protection de Gabrielle d'Estrée, maîtresse de Henri IV, et à marier sa fille unique au fils qu'elle avait eu du roi (1598). Cette même année, il accorda aux protestants le célèbre édit de Nantes qui établit pour long-temps en France une sage tolérance, et conclut avec l'Espagne le glorieux traité de Vervins par lequel la France, si long-temps menacée d'un démembrement, obtenait toutes ses anciennes limites.

Vers la fin de cette guerre, le royaume était tellement épuisé et les finances tellement en désordre, que Henri IV ne pouvait trouver nulle part l'argent nécessaire, non-seulement à la solde des troupes, mais même à l'entretien de sa maison. Il écrivait du siége d'Amiens que « son pourpoint était percé au coude, et que ne pouvant plus trouver de fournisseurs pour sa table, il était obligé de dîner successivement chez les principaux personnages de son armée. » A la mort de Henri III les dettes de l'état dépassaient déjà trois cents millions, somme énorme à cette époque. Il fallut ensuite que Henri IV rachetât son royaume pièce à pièce. Grâce à une administration prévoyante et réparatrice, toutes les dettes furent payées, tous les engagements tenus avec une scrupuleuse fidélité, sans fouler le peuple ; Henri IV put même former un trésor assez considérable, avec lequel il comptait abaisser pour toujours les deux branches de la maison d'Autriche et devenir l'arbitre des destinées de l'Europe.

La France était pacifiée et puissante. L'agriculture, l'industrie et le commerce faisaient d'immenses progrès, grâce aux soins d'Henri IV et de Sully. Les passions de la ligue ne se révélaient plus que par des tentatives d'assassinat. C'était la suite naturelle des prédications furibondes de la ligue. Un curé de Paris avait dit en chaire, qu'en tout temps, en tout lieu, il était prêt à tuer le tyran, si ce n'est pendant qu'il tenait l'hostie consacrée entre ses mains. Henri IV, après avoir plusieurs fois échappé aux poignards dirigés contre lui, fut enfin tué par François Ravaillac (1610). Quand on l'interrogea sur les causes de son crime, il répondit que « Henri IV voulait faire la guerre au Pape, et que faire la guerre au Pape, c'est la faire à Dieu, d'autant que le Pape est Dieu, et Dieu est le Pape. »

Nous avons laissé l'histoire littéraire à la mort de François I ; il n'y a que fort peu de choses à dire sur ce sujet dans l'intervalle qui sépare ce siècle du siècle de Louis XIV. D'abord le règne si court de Henri II n'est composé, sous le rapport littéraire, que des derniers ouvrages de la période de François I, et des premiers de celle qui suit. Au milieu des guerres civiles les lettres furent plus cultivées en France qu'elles ne l'avaient jamais été. Un très-grand nombre d'écrivains s'occupent de fixer définitivement la langue française. C'est Ronsard, dont le nom est resté à bon droit entaché de ridicule, qui se trouve à la tête de ce mouvement. Ronsard suivit le système le plus faux qu'il soit possible d'imaginer, pour façonner enfin au style sérieux le langage national, pour nous donner une poésie lyrique et épique; ce système consistait à emprunter directement les formes et jusqu'aux mots des langues anciennes. Ronsard et quelques-uns des poètes de « sa pléïade » ne sont pas sans grâce et sans élégance, lorsqu'ils se bornent au style et aux sujets de Marot ; mais ils échouent encore plus lourdement que lui dans le genre sérieux. La prose compte deux écrivains, tous deux supérieurs dans leur genre, le traducteur Amyot et le philosophe Montaigne.

Les arts présentent plusieurs hommes très-remarquables, et entre autres le sculpteur Jean Goujon qui fut tué à la St-Barthélemy, lorsque les massacres étaient presque entièrement terminés. Comptant sur la protection du roi, il s'était remis à travailler aux cariatides du Louvre qui sont un de ses titres de gloire ; mais il fut frappé d'une balle tirée peut-être par un de ses envieux.

C'est dans les dernières années de cette période que commence par Malherbe la série des écrivains qui composent le siècle littéraire de Louis XIV.

CHAPITRE VIII.

RICHELIEU ET MAZARIN, OU FONDATION DU POUVOIR ABSOLU EN FRANCE ET ABAISSEMENT DE LA MAISON D'AUTRICHE.

(Règne de Louis XIII et minorité de Louis XIV. 1610-1661.)

La mort funeste de Henri IV plaça la France sous le gouvernement d'une reine étrangère, Marie de Médicis, sa seconde femme, qui fut régente pendant la minorité de son fils Louis XIII. Le duc d'Épernon alla à la tête des gardes faire rendre au parlement un arrêt qui lui décernait le pouvoir royal dans toute son étendue, contrairement aux prétentions des princes du sang. Cette compagnie ne pouvait voir qu'avec plaisir qu'on lui attribuât des droits qui avaient jusqu'à ce jour appartenu exclusivement aux états-généraux. Ce précédent fortifiant les prétentions de même nature qu'elle avait manifestées quelquefois, préparait les tentatives qu'elle fit plus tard sous la minorité de Louis XIV.

Cependant, quelques troubles ayant éclaté par le mécontentement des princes et des protestants, la régente crut devoir s'appuyer des états-généraux qu'elle convoqua à la majorité légale du roi, c'est-à-dire quand il eut accompli sa quatorzième année; ce furent les derniers avant ceux de 1789. Ils n'eurent aucune influence ni aucun résultat. Les trois ordres ne purent s'entendre sur aucun point, pas même pour proclamer ce qui paraissait hors de toute contestation, que le pouvoir du roi était au-dessus de tout contrôle et ne relevait que de Dieu ; le clergé opposa ses distinctions et ses restrictions au zèle monarchique du tiers-état. Le parlement saisit avidement cette occasion d'intervenir comme juge suprême de toutes les questions de législation ; il rendit un arrêt pour déclarer que le principe contesté ne souffrait aucune exception et était une loi fondamentale de la monarchie. Pour mettre le comble à la bizarrerie de cette affaire, le conseil du roi imposa silence au parlement et cassa son arrêt ; tandis que le peuple au contraire y applaudissait de toutes ses forces, tant il avait oublié, même sous un roi enfant et une régente incapable, que quelques années auparavant il avait mis en question l'existence de la dynastie; le gouvernement au contraire prouvait par sa timidité qu'il ne s'en souvenait que trop.

Du reste si le tiers-état est toujours monarchique, il est déjà l'ennemi déclaré des deux ordres privilégiés et surtout de la noblesse. Presque tous les griefs de 89 se retrouvent dans les cahiers de 1614 ; mais à cette dernière époque on était bien loin de croire qu'il fallût pour y remédier, mettre des limites au pouvoir royal.

Les mécontentements les plus vifs et les plus légitimes ne remontaient point si haut ; et pourtant jamais gouvernement ne fut plus détesté des grands et du peuple que celui de l'italien Concini qui régnait alors sur la France, par l'influence absolue de sa femme sur Marie de Médicis. Les Condé essayèrent à plusieurs reprises de le renverser par la force, et malgré la pusillanimité de la reine et de son favori, ils ne trouvèrent presque personne pour les seconder; un seul signe d'un roi enfant devait suffire.

Louis XIII avait alors seize ans et demi; il se laissa persuader qu'il était indigne de lui de laisser ainsi toute la puissance royale à sa mère. L'intrigue avait pour chef un jeune homme de vingt ans, nommé de Luynes, qui s'était introduit dans la familiarité du roi en lui dressant des pies-grièches pour prendre des moineaux. Louis XIII donna l'ordre au capitaine des gardes Vitry d'arrêter Concini à l'entrée du Louvre, et de le tuer s'il faisait résistance. Les conspirateurs craignant une réconciliation entre le roi et sa mère, et le retour de Concini, eurent soin d'outre-passer les ordres du roi; ils attaquèrent le carosse à coup de pistolet, et assassinèrent le favori presque sous les yeux du roi, qui parut au balcon du palais et remercia les conspirateurs en s'écriant : « Enfin je suis roi. » Le peuple de Paris déterra le cadavre de Concini, le traîna dans les rues, et il se trouva même des hommes du peuple assez forcenés, pour faire rôtir son cœur sur des charbons et le manger en place publique (1617).

Sa femme Éléonore Galigaï fut accusée de sorcellerie, et traduite devant une commission à laquelle on avait partagé par avance ses biens et ceux de son mari. Résolue à ne pas survivre à sa fortune, et voyant bien qu'elle n'avait rien à espérer d'après le misérable prétexte que ses ennemis avaient choisi pour la perdre, elle brava ses juges avec une rare intrépidité. Quand on lui demanda de quel sortilège elle s'était servie pour prendre sur la reine un ascendant si absolu, elle fit cette simple et sublime réponse : « Mon sortilège a été le pouvoir que les ames fortes doivent avoir sur les ames faibles. » Elle fut condamnée à mort, et brûlée après avoir été étranglée.

De Luynes succéda à Concini; il fut roi sous Louis XIII, comme ce favori l'avait été sous la reine régente. Les princes du sang et les grands seigneurs qui avaient espéré profiter seuls de la chute de Concini, disaient : « Qu'on n'avait pas changé de taverne, mais seulement de bouchon. » Ils intriguèrent, de concert avec la reine mère, se révoltèrent même contre le nouveau favori ; rien ne put émouvoir le peuple, il resta insensible à leur colère. Toutefois telle était la faiblesse du duc de Luynes, qu'il aima mieux acheter les mécontents que les accabler, lorsque pourtant rien n'était plus facile.

Les protestants voyant l'incapacité profonde du roi, du favori et des ministres, voulurent en profiter. Ils essayèrent de reformer cette ligue, cette organisation savante à l'aide de laquelle ils avaient long-temps balancé la puissance des catholiques. Appuyés sur les villes protestantes, et surtout sur La Rochelle, ils espéraient fonder sur les rivages marécageux de l'Aquitaine une seconde Hollande. Louis XIII et son favori prévinrent les protestants, et leur enlevèrent avant la guerre une bonne partie de leurs positions ; il ne leur resta plus à peu près que La Rochelle et Montauban. On mit le siége devant Montauban ; il fut si mal conduit que malgré la grande supériorité de l'armée royale et la présence de Louis XIII, il fallut le lever. De Luynes attaqué d'une maladie mortelle mourut à quelques jours de là. Toute espèce de brigandage était encore tellement commune dans les armées, qu'avant de mourir de Luynes vit ses soldats et ses serviteurs piller ses bagages, son argent et sa garde-robe. On ne retrouva guère qu'un drap ; il servit à ensevelir celui qui

« tenait d'une main l'épée de connétable, et de l'autre les sceaux de chancelier; » c'était la première fois qu'on avait vu sur une seule tête la réunion de ces deux principales charges du royaume (1621).

Louis XIII était arrivé à l'âge d'homme; il voyait avec une profonde douleur que ni ses favoris, ni ses ministres, ni aucun de ses serviteurs, ne pensaient au bien de l'état: dépourvu de lumières, par suite de sa détestable éducation, dépourvu même de talents naturels, il avait au moins le bon sens de sentir son incapacité. La seule passion qui ait quelquefois animé cette triste et impassible figure, était la haine de l'Espagnol et l'honneur national, fruits des premières impressions de son enfance. Son père qui l'aimait et s'occupait de lui avec passion, lui donna ces sentiments dès l'âge le plus tendre. En outre une piété austère, en général plus éclairée que son caractère et son éducation ne le feraient supposer, faisait de Louis XIII l'homme peut-être le plus consciencieux de son royaume. Aussi il chercha de bonne foi, et trouva bientôt l'homme qui convenait à la situation.

Les importunités de sa mère, qui reprenait peu-à-peu son ascendant, lui firent admettre dans son conseil, mais au dernier rang, un nouveau ministre, c'était le cardinal de Richelieu. Jamais il ne l'avait traité qu'avec défiance, et ce fut bientôt de tous ses sujets celui qu'il aima le moins. Outre les préventions injustes qu'on lui avait inspirées et qui s'évanouirent bientôt, outre le dépit bien naturel dans un souverain de supporter le joug d'une supériorité quelconque, il ne put jamais souffrir sa pédanterie, et fut encore plus scandalisé de ses penchants, peu convenables dans un prêtre, à la galanterie des cours et à la licence des camps. Pourtant Richelieu fut à peine dans le conseil, qu'il devint maître absolu de la France, pour la gouverner sans interruption jusqu'à sa mort ; car de suite il sut donner au roi une haute idée de son génie politique, de son dévouement exclusif à l'état, et surtout faire passer dans ce caractère indécis la confiance et l'audace du sien. Louis XIII avait déjà le courage du cœur ; son ministre eut pour lui celui de l'esprit (1624).

Cet événement changea tout le caractère de ce règne, et fit une époque de grandeur et de gloire, de ce qui semblait devoir être une époque de nullité et de décadence. Le précédent ministère avait laissé insulter les Suisses par l'envahissement de la Valteline, petite contrée qui appartenait aux Grisons, et qui pouvait donner en tout temps une communication assurée entre les provinces des deux branches de la maison d'Autriche. Le Pape nommé arbitre n'osait décider. L'ambassadeur de France à Rome écrit à Richelieu une longue dépêche dans laquelle il étale toutes les difficultés de cette affaire. Richelieu répond en deux lignes : « Le roi a changé de conseil, et le ministère de maxime ; on enverra une armée dans la Valteline qui rendra le Pape moins incertain, et les Espagnols plus traitables. » La Valteline fut en effet rendue aux Grisons par une armée française, qui ne trouva presque pas de résistance. En même temps Richelieu formait des alliances contre la maison d'Autriche, soutenait les Hollandais et les protestants d'Allemagne de ses subsides ; enfin il préparait de concert avec les Vénitiens et le duc de Savoie « qui avait le cœur d'un roi mais non la puissance » une grande expédition en Italie. Mais Richelieu n'avait pas surmonté toutes les résistances intérieures.

« L'Espagne rendra aux protestants français l'argent donné aux Hollandais » avait dit l'ambassadeur espagnol ;

et l'on vit bientôt en effet ce même « Catholicon d'Espagne » qui avait si long-temps alimenté la ligue, rendre possible les dernières révoltes des protestants.

On essaya de renouveler aussi les révoltes des princes et les révolutions de palais. L'intrigue était d'autant plus dangereuse, que le frère du roi arrivé à l'âge d'homme en était le prête-nom, et que l'impunité ou le succès des précédentes rendait tout le monde hardi. Richelieu mit alors à exécution le conseil qu'il avait donné au roi, en recevant la direction des affaires : « Que c'était chose injuste de vouloir donner exemple par la punition des petits, qui sont arbres qui ne portent point d'ombres. » Les deux conseillers de Monsieur, le maréchal d'Ornano et Taleyran-Chalais, sont successivement arrêtés. Chalais eut la tête tranchée ; d'Ornano mourut à Vincennes, au grand regret du cardinal qui eût voulut un second exemple plus grand encore que le premier. Le garde des sceaux, menacé par le duc d'Orléans, s'était excusé en disant qu'il n'avait pas été d'avis qu'on arrêtât Ornano ; il est aussitôt remplacé. Louis XIII enchanté et étonné qu'il n'y ait eu aucun trouble, écrit à son ministre : « Je vous protégerai contre qui que ce soit et je ne vous abandonnerai jamais. »

Bientôt après, La Rochelle dernier boulevard des protestants, fut assiégée. Richelieu mit autant d'obstination à s'en emparer que les protestants en mirent à se défendre. Le maire Gaiton en acceptant ses fonctions avait placé un poignard sur la table de l'Hôtel-de-Ville, jurant de tuer le premier qui parlerait de se rendre, et demandant qu'on s'en servit contre lui si jamais il faisait une telle proposition. Le roi d'Angleterre Charles I cédant aux clameurs de son parlement et à la mauvaise humeur de son favori Buckingam contre Richelieu, envoie une flotte qui est honteusement repoussée. Richelieu, pour ôter aux assiégés toute espérance de secours, entreprend de fermer le port par une digue de quatre mille sept cents pieds. Cet ouvrage gigantesque fut deux fois détruit par la mer, deux fois repris et terminé enfin, grâce à l'invincible obstination du ministre devenu général d'armée. C'est alors qu'on commença à l'appeler le grand cardinal. La famine devint bientôt intolérable dans la ville assiégée. D'abord le maire répondait à ceux qui près d'expirer de faim déploraient leur état : « Il suffit d'un seul homme pour tenir les portes de la ville fermées. » Pourtant après une année de siége, il fallut se rendre, malgré le poignard qui restait toujours sur la table de l'Hôtel-de-Ville (1628).

L'année suivante vit l'entière destruction du parti protestant auquel on ne donna aucun relâche. Richelieu se contenta de mettre des garnisons, d'élever des citadelles dans les villes protestantes. Mais en même temps il sut, bien que prince de l'Église, les rassurer sur la liberté de conscience; et il exécuta toujours l'édit de Nantes avec d'autant plus de scrupule que « sa robe, disait-il, pouvait les effrayer. »

En même temps Louis XIII conduisait lui-même une armée française en Italie, pour y détruire la domination exclusive des Espagnols. Ce prince, aussi brave sur un champ de bataille que timide dans le conseil, s'exposa comme un simple soldat au passage du pas de Suze, après l'avoir reconnu la veille au péril de sa vie. Le nouveau duc de Savoie, partisan de l'Espagne, fut obligé de livrer Pignerol qui donnait un passage assuré en Italie; et les Espagnols intimidés reconnurent pour duc de Mantoue un prince français qu'ils voulaient exclure à ce titre (1630).

Richelieu avait assuré la tranquillité du royaume au-dedans, son influence au-dehors. Mais la reine-mère qui l'avait élevé, trouvant en lui un maître au lieu d'un esclave soumis, fit tous ses efforts pour le renverser, et crut un instant avoir réussi. Le matin, Richelieu était considéré de tous comme disgracié, perdu ; le soir il était plus puissant que jamais ; c'est ce qu'on appela *la journée des dupes.* En parlant à Louis XIII, comme pour la dernière fois, des dangers et des besoins de l'état, il avait triomphé de tous les obstacles. Ses ennemis furent livrés à la mort par des commissions, ou jetés sans jugement à la Bastille. La reine-mère exilée s'enfuit en pays étranger. Le duc d'Orléans, frère du roi, se retira en Lorraine, dans l'intention de rentrer en France à force ouverte.

La révolte succéda à l'intrigue. Montmorency, gouverneur du Languedoc, se souleva au nom du frère et de la mère du roi. A la première escarmouche, il fut pris les armes à la main. Richelieu le fit condamner à mort et exécuter aussitôt, bien qu'il fût allié de très-près la famille royale (1632).

Mais ce qui rendait surtout le pouvoir de Richelieu inébranlable, c'était le constant succès de tous ses plans contre la maison d'Autriche. Il avait rendu aux états italiens la liberté de leurs mouvements ; les victoires de Gustave-Adolphe, roi de Suède, qu'il avait appelé et soudoyé, avaient rendu l'indépendance à l'Allemagne un instant subjuguée. En même temps il ménageait avec soin les trésors et les armées de la France pour porter un coup décisif. Mais dès qu'il y est contraint par les défaites des Suédois et les préparatifs menaçants de l'Espagne, il saisit sans hésiter le rôle principal, et envoie en même temps deux armées en Italie, une dans les Pays-Bas, une dernière en Lorraine. Il prend tout entière à sa solde l'armée merce naire de la Suède. Cette guerre qui devait durer treize ans contre l'Autriche, vingt-cinq ans contre l'Espagne, conduite avec ténacité et talent, devait finir par donner à la France trois admirables frontières, l'Alsace, l'Artois et le Roussillon. Quel que fut l'épuisement de l'Espagne, cette guerre n'était pas sans danger. Et Richelieu lui-même eut un instant d'épouvante et de faiblesse, lorsque les Espagnols après la prise de Corbie s'avancèrent à quelques lieues de Paris. Il voulait conclure la paix, abandonner même la capitale ; et ce fut Louis XIII qui cette fois lui donna l'exemple de la résolution, en s'opposant à une retraite honteuse qui était en même temps une faute presqu'irréparable. Mais bientôt les armes françaises furent plus heureuses ; l'Alsace fut conquise par Bernard de Saxe-Weimar qui devait s'en faire une souveraineté sous la protection de la France, et qui mourut fort à propos pour nous assurer la domination directe de cette importante province. Dans les Pays-Bas, la grande ville d'Arras arrêtait tous nos progrès ; les Espagnols la croyaient inattaquable. Deux armées, venues de deux côtés différents, arrivent à la même heure devant ses portes. Bien que la garnison fût très-faible, les bourgeois se défendirent si bien que les généraux désespérèrent du succès. Les armées espagnoles vinrent à deux reprises attaquer les lignes. Les assiégeants furent réduits un instant à une plus grande famine que les assiégés. Il fallut envoyer une troisième armée et livrer une bataille pour faire passer un convoi. Les habitants d'Arras vaincus par tant d'obstination se rendirent enfin. Pendant ce siége, Richelieu écrivit une lettre bien caractéristique aux généraux qui, pour mettre à couvert leur responsabilité, le consultaient sur une manœuvre : « Je ne suis point homme de guerre....

Lorsque le roi vous a confié le commandement de ses armées, il vous en a crus capables ; et il lui importe peu que vous sortiez ou que vous ne sortiez pas. Mais vous répondrez de vos têtes si vous ne prenez pas la ville. »
La même année les affaires d'Italie qui étaient presque désespérées sont rétablies par les exploits du comte d'Harcourt. Les Piémontais s'étaient révoltés contre leur régente, fille de Henri IV et alliée de la France. Les Français ne possédaient plus que Pignerol, Casal et la citadelle de Turin. Casal était assiégé et réduit à la dernière extrémité. Le comte d'Harcourt avec une armée moitié moins nombreuse que celle des Espagnols, vient les attaquer dans leurs lignes et remporte une victoire complète. Aussitôt après il va faire le siége de Turin, dont les habitants étaient armés et résolus, et qui en outre avait une garnison plus nombreuse que l'armée française. La possession de la citadelle, contre laquelle la ville s'était bien fortifiée, était loin de compenser tant de désavantages. Le comte d'Harcourt fut à son tour assiégé dans ses lignes. Il resta vainqueur de plusieurs attaques furieuses du debors et du dedans, déjoua toutes les ruses de guerre ; il n'entra dans Turin d'autres secours que mille cavaliers qui achevèrent de l'affamer et qu'un peu de poudre et de farine renfermées dans des bombes et lancées au-dessus des lignes françaises par les mortiers espagnols. Enfin Turin se rendit après le siége le plus merveilleux peut-être dont il soit fait mention dans l'histoire.

Les victoires de la France continuèrent les années suivantes malgré de nouvelles conspirations et même une révolte ouverte. Enfin le grand ministre, presque à son lit de mort, au moment où il allait assurer à la France la conquête du Roussillon par la prise de Perpignan, eut encore à déjouer et à punir une conspiration. Comme il fallait toujours au roi un confident de ses peines et de sa mauvaise humeur, Richelieu lui avait donné Cinq-Mars, un de ses protégés, croyant pouvoir compter sur sa reconnaissance. Mais celui-ci, se trompant complètement sur les pensées de Louis XIII à l'égard du cardinal, et croyant n'y voir que de la haine et de la peur, conçut le projet de le renverser. Cinq-Mars se vanta tout haut d'y être parvenu ; Louis XIII le sut et lui ôta sa faveur. Cinq-Mars qui s'était déjà assuré de l'appui de tous les mécontents, qui avait même négocié avec l'Espagne, était réduit à l'impuissance. Cependant il hésitait à se sauver, il flottait d'un projet à l'autre, lorsque le traité tomba, on ne sait par quel hasard ou par quelle perfidie, entre les mains de Richelieu, qui de son côté se croyait perdu sans ressources, et ne songeait qu'à sauver sa vie. Quand cette preuve tomba entre les mains du roi, son indignation ne connut point de bornes, et il livra tous les ennemis du cardinal à sa discrétion. Cinq-Mars fut traîné en triomphe de Perpignan à Lyon derrière le cardinal qui ne voulait, pour ainsi dire, point le perdre de vue, et décapité avec son ami de Thou, dont le seul crime était de n'avoir pas dénoncé un complot dont il ne pouvait point donner de preuves et dont le frère du roi faisait partie. Louis XIII se montra aussi implacable que son ministre, et il ne faut point trop s'en étonner, car c'était lui surtout qui était trahi et joué. Au moment où devait se faire l'exécution il dit avec une froide ironie : « Je crois que *cher ami* (c'était ainsi qu'il l'appelait naguères) fait dans cet instant une vilaine mine. »

Richelieu mourant espérait pourtant survivre au roi dont la santé n'était guère meilleure. Il avait pris déjà toutes ses mesures pour se faire assurer la régence par une combinaison détournée. Mais il mourut quelques jours après son arrivée à Paris. La reine-mère, son ancienne protectrice, l'avait précédé de cinq mois. Et Louis XIII à son tour mourut cinq mois après son ministre, ne sachant encore s'il devait le regretter, ou se réjouir d'en être délivré (1643).

« Il était difficile, dit Voltaire, de dire lequel des trois fut le plus malheureux. La reine-mère, long-temps errante, mourut à Cologne dans la pauvreté. Le fils, maître d'un beau royaume, ne goûta jamais ni les plaisirs de la grandeur ni ceux de l'humanité ; toujours sous le joug et toujours voulant le secouer ; malade, triste, sombre, insupportable à lui-même ; n'ayant pas un serviteur dont il fut aimé ; se défiant de sa femme ; haï de son frère ; quitté par ses maîtresses, sans avoir connu l'amour ; trahi par ses favoris, abandonné sur le trône ; presque seul au milieu d'une cour, qui n'attendait que sa mort, qui la prédisait sans cesse, qui le regardait comme incapable d'avoir des enfants : le sort du moindre citoyen paisible dans sa famille, était bien préférable au sien. Le cardinal de Richelieu fut peut-être le plus malheureux des trois, parce qu'il était le plus haï, et qu'avec une mauvaise santé il avait à soutenir de ses mains teintes de sang, un fardeau immense dont il fut souvent près d'être écrasé. »

Louis XIV était âgé de cinq ans à la mort de son père. La reine Anne d'Autriche fut déclarée régente par le parlement comme précédemment Marie de Médicis. Jusqu'alors elle avait été éloignée du pouvoir, plus encore par l'aversion de son époux que par la jalousie de Richelieu ; on l'avait même tenue dans une espèce de sequestration : et malgré le testament de Louis XIII, dicté par Richelieu, elle se trouva tout-à-coup, par arrêt du parlement, investie de tout le pouvoir royal. Un parvenu italien, Mazarin, que sa finesse et ses talents avaient fait remarquer de Richelieu, se trouvait à la tête du nouveau gouvernement. Et autant le précédent ministère avait montré de sévérité et d'énergie, autant celui-ci montra de facilité et de faiblesse. Ce fut d'abord l'âge d'or des courtisans; pensions, places, gratifications, rien n'était refusé ; le trésor public fut mis au pillage. « Il n'y avait plus, dit le cardinal de Retz, que deux ou trois petits mots dans la langue française : *La reine est si bonne.* » Le parlement que Richelieu avait annulé, qui venait en cassant le testament du feu roi de rendre un si grand service à la régente, n'était pas moins heureux de relever la tête, et prétendait à une grande part dans le gouvernement. Le peuple espérait voir diminuer les impôts dont il était accablé. Bien qu'ils fussent une des nécessités de la guerre, il ne les croyait dus qu'à la tyrannie de Louis XIII et de Richelieu. Aussi détestait-il leur mémoire malgré l'immense service qu'ils lui avaient rendu dans le présent et dans l'avenir, en abaissant les grands.

Mais le changement de règne n'avait pas changé les principes généraux du gouvernement, ni le cours de la politique extérieure. La grande guerre contre la maison d'Autriche continuait toujours. L'élite des forces espagnoles menaçait la frontière de France du côté des Pays-Bas ; et, en Allemagne, malgré les brillants exploits et les victoires des généraux français et suédois, la guerre continuait plus indécise que jamais. Les Espagnols commandés par un vieil et excellent général, de Mellos, espéraient arriver, comme huit ans auparavant, jusqu'aux portes de

Paris. La cour timide en tout, ordonnait au jeune duc d'Enghien qui commandait l'armée française, de ne point hasarder la bataille contre d'aussi vaillantes troupes. Le prince eut l'heureuse hardiesse de ne poit obéir. Il contraignit le général qu'on lui avait donné pour guide à trouver la bataille nécessaire. Elle se livra au milieu des Ardennes dans les plaines de Rocroy. La nuit qui précéda le combat, il dormit d'un si profond sommeil qu'il fallut le réveiller pour donner le signal du combat. Les Français un instant repoussés finirent par remporter une victoire complète ; le prince y montra le sang-froid et la sûreté de coup-d'œil qui fortifiés par l'expérience lui valurent plus tard le nom de grand Condé. Tout ce qui restait de ces vieilles bandes espagnoles, de cette infanterie la plus brave et la plus formidable de l'Europe, fut exterminé à Rocroy. Leur général y perdit la vie ; une partie des cavaliers échappèrent seuls au désastre.

Cette victoire, remportée au commencement d'une régence, parut plus brillante qu'en toute autre occasion. La fortune de la France sembla plus assurée que jamais. Et les années suivantes ne furent en effet qu'un enchaînement de triomphes. Condé fut vainqueur successivement à Fribourg, à Nordlingen en Allemagne, et à Lens en Belgique. Turenne commença à se faire connaître par des combats difficiles et disputés où, sans avoir constamment l'avantage, il annonça l'un des plus grands génies militaires de l'Europe moderne. L'Espagne accablée allait être contrainte de demander la paix, lorsque les troubles qui éclatèrent en France, précisément à cette époque, vinrent lui donner pour l'avenir des espérances chimériques. L'empereur eut le bon esprit de continuer les négociations ; elles amenèrent enfin le grand traité de

Westphalie, qui assura l'indépendance des princes de l'Allemagne, concilia les prétentions de plusieurs d'entre eux aux dépens de plusieurs principautés ecclésiastiques, donna aux Suédois une province de l'empire, et confirma à la France la possession de l'Alsace (1648).

Cependant le gouvernement qui avait terminé si heureusement cette guerre de trente ans était, l'objet de la haine publique. L'Italien, premier ministre, était plus détesté à mesure que sa faveur augmentait. Les courtisans toujours insatiables, gorgés de places et de pensions, espéraient gagner quelque chose de plus à un changement, et devenir les maîtres de l'état; ils intriguaient avec ce même Gaston d'Orléans, qui avait trahi si lâchement du temps de Richelieu, toutes les conspirations dans lesquelles il était entré. Le parlement n'était pas moins hostile. Ce n'était plus cette assemblée de légistes fanatiquement dévoués à la royauté qu'ils avaient rendu absolue en substituant le droit romain au droit féodal. Ce n'était plus non plus des juges occupés uniquement à rendre la justice, comme ils l'avaient été en général durant tout l'intervalle qui s'était écoulé entre Philippe de Valois et Charles IX. Leur influence s'étendant chaque jour avec leur considération, ils espérèrent remplacer les états-généraux dont les convocations devenaient de plus en plus rares, et qui étaient toujours demeurés sans résultat. Encouragés par la faiblesse d'Anne d'Autriche et de Mazarin, ils s'opposaient opiniâtrement à tous les nouveaux édits, surtout à ceux qui établissaient de nouvelles taxes, sans considérer s'il y avait d'autres moyens de soutenir la guerre. On peut remarquer ici que le parlement n'eut jamais de conceptions politiques élevées; il se borna toujours à une opposition sans intelligence qui le rendait méprisable à tous les hommes d'état. Ce fut peut-être cette seule cause qui le retint toujours dans l'infériorité, et l'empêcha d'arriver au brillant rôle politique que convoitait son ambition. Il ne réussit qu'à obtenir pendant un temps une immense popularité ; car le peuple était mécontent et ruiné.

Les courtisans firent du parlement le centre de leurs intrigues et l'instrument de leurs projets. Le peuple le considéra comme son protecteur et son sauveur. Enhardi par ce concert unanime, il alla plus loin que les remontrances, et s'avisa de casser des édits, même ceux qui ne contenaient que des mesures d'administration. C'est ainsi qu'il supprima par un arrêt la charge et les fonctions des intendants ou administrateurs, établis par Richelieu dans les provinces. Du reste aussi humble dans ses paroles que hardi dans ses actes, il répondait à la régente lorsqu'elle demandait « s'ils prétendaient borner l'autorité royale. » — « Nous ne parlons à nos souverains que comme ses très-humbles sujets, lesquels ayant acquis, par la longueur de leur service et de leur âge, quelque lumière dans les affaires publiques, nous sommes en cette possession de leur présenter ce que nous savons, même avec quelque sorte de chaleur qui n'est autre chose qu'un zèle respectueux, lequel a pour fondement la sincérité de nos intentions et de nos pensées qui sont toutes royales. »

Bientôt les parlements et les autres cours souveraines de Paris et des provinces élevèrent la prétention de ne former qu'un seul et même corps, divisé en classes toutes solidaires les unes des autres. C'est ce qu'ils appelèrent édit d'*Union*. Mazarin après avoir déclaré, dans sa mauvaise prononciation italienne, que cet édit d'*oignon* était attentatoire, essaya de faire des concessions. Elles ne firent qu'enhardir ses ennemis. Les esprits s'échauffèrent ; on parla des anciennes libertés nationales, et pour y arriver on ne remontait pas moins qu'à la constitution des Francs du temps de Clovis. On proclama l'illégalité des tribunaux exceptionnels, des emprisonnements arbitraires, on demandait des garanties contre l'établissement des impôts. Le parlement déclarait qu'il refuserait tous les édits jusqu'à l'admission de demandes aussi justes. Il semblait en un mot que la constitution monarchique allait être changée. Mais rien de tout cela n'était sérieux. Le pouvoir royal était appuyé sur des bases trop solides pour être seulement modifié. Le peuple ne l'eût pas voulu ; les parlements ni les courtisans ne l'eussent pas osé. Le cardinal de Retz, qui était certes le moins timide des factieux, dit en parlant des discussions qui s'élevèrent sur les limites de l'autorité royale : « Le peuple entra dans le sanctuaire ; il leva le voile qui doit toujours couvrir tout ce que l'on peut dire, tout ce que l'on peut croire du droit des peuples et des rois, qui ne s'accordent jamais si bien ensemble que dans le silence. La salle du palais profana ces mystères. »

Pourtant il y avait place pour des troubles sérieux, car tous étaient décidés, tout au moins, à renverser *le Mazarin*. La cour voulut essayer de la rigueur après avoir épuisé toutes les voies de la conciliation. Le jour où fut chanté un **Te Deum** solennel à la nouvelle de la victoire de Lens, la reine fit arrêter les trois membres les plus ardents du parlement, mais non les meneurs secrets à qui elle n'osait s'attaquer et qu'elle espérait effrayer. Cet enlèvement en plein jour, de trois hommes chéris du peuple, amena aussitôt un soulèvement. La sédition dura toute la journée ; le soir elle se calma subitement « parce qu'il était tombé un peu de pluie, et que les Parisiens pour rien au monde ne laissent passer l'heure du souper. » La course crut victorieuse ; mais la journée du lendemain les détrompa. Les barricades de Henri III se relevèrent dans les rues de Paris, sous l'influence secrète du coadjuteur, depuis cardinal de Retz, le héros de tous ces troubles. La reine vaincue dans cette échauffourée, se retira hors de Paris.

Alors commença la guerre civile de la Fronde, dont l'intrigue et les chansons furent peut-être les principales armes. Le sang coula néanmoins dans les séditions, les batailles et les exécutions judiciaires ; mais tel était le manque absolu de toute passion que tout se tournait en plaisanterie. Un petit fils d'Henri IV, frondeur, le duc de Beaufort, l'idole des Parisiens, le Roi des Halles, était chansonné dans son parti aussi bien que par les Mazarins ; témoin, cette harangue au parlement de Paris qui « dans la vérité, selon le cardinal de Retz, est rendue en vers mot à mot de la prose : »

« J'avons trois points dans notre affaire.
Les princes sont le premier point.
Je les honore et les révère
C'est pourquoi je n'en parle point.

Le second est de l'éminence
Monsieur Jules de Mazarin.
Sans barguigner j'aime la France
Et vas toujours mon droit chemin.

J'ai le cœur fait comme la mine
Et suis tous les beaux sentiments,
C'est pourquoi j' conclus et opine
Com' fera Monsieur d'Orléans. »

Le duc d'Orléans était absent, et ne devait point venir à

l'assemblée. La reine n'était pas plus épargnée ; on chansonnait partout les amours de *dame Anne* et du *Mazarin*. C'était en outre une suite continuelle de trahisons, une foule d'intrigues croisées et inextricables. Le duc de Condé, d'abord le soutien et l'appui du premier ministre, veut mettre ses services à trop haut prix, il est emprisonné, puis il devient un instant le chef des frondeurs qu'il méprise et dont il est détesté. Le parlement qui avait engagé la lutte dans un moment de vertige, la continue avec hésitation. Ses délibérations conduites au hasard, troublées par des clameurs indécentes, deviennent l'objet du mépris. Le peuple se fatigua promptement d'une agitation sans but et qui ne servait qu'à amener de nouveaux malheurs.

Enfin la reine qui, pour rentrer dans Paris, avait feint de céder en disgraciant Mazarin, reconnaît que le calme ne peut plus être facilement troublé et le rappelle. Il revient en triomphe avec une armée qui porte ses couleurs et qu'il avait levée, disait-il, à ses frais. Le parlement se soumit à regret. Quelque temps après il essaya de timides remontrances. Le jeune roi Louis XIV vient en habit de chasse, le fouet à la main, escorté de coursans et de gardes dans le même appareil, lui ordonner d'obéir. Dès lors il se tut et fut pendant long-temps encore plus timide que sous Richelieu, car il avait besoin de faire oublier combien il s'était compromis.

A la fin de ces troubles les Espagnols nous avaient repris la plus grande partie de nos conquêtes, et Condé vaincu en France était devenu leur général. Il était fort heureux que, grâce en partie à ce même Condé, ils fussent tellement affaiblis que rien ne pût les relever. Dès que la tranquillité eut été rétablie en France, ils s'accoutumèrent de nouveau à être vaincus dans toutes les affaires, et ils finirent par être contraints de nous céder le Roussillon et l'Artois par le traité des Pyrénées (1659). Pour sceller cette alliance, on maria le jeune roi Louis XIV avec une infante espagnole. Le contrat fut un chef-d'œuvre d'astuce diplomatique et le plus beau triomphe de Mazarin, qui prévoyait tout le parti que la France pourrait tirer de ce mariage ; en effet, malgré toutes les précautions des Espagnols, il donna lieu aux prétentions de Louis XIV sur les Pays-Bas et à l'établissement des Bourbons en Espagne où ils règnent encore.

Deux ans après, Mazarin mourut au moment où le roi, quoique jeune et soigneusement élevé dans l'ignorance, mais impatient de régner par lui-même, se préparait peut-être à lui notifier sa disgrâce (1661).

CHAPITRE IX.

MONARCHIE ABSOLUE. PRÉPONDÉRANCE DE LA FRANCE EN EUROPE.

(Louis XIV depuis sa majorité jusqu'à sa mort. 1661-1715.)

Toute la cour était tellement persuadée de l'incapacité de Louis XIV, qu'à la mort de Mazarin il n'y eut qu'une pensée, lier des intrigues pour lui donner un remplaçant. De tous ceux qui avaient travaillé jusqu'alors avec le premier ministre, il n'y en eut pas un qui ne demandât au roi : « Avec qui travaillerons-nous ? » Lorsque Louis XIV leur répondit à tous : « Avec moi » l'étonnement fut grand : il le fut encore plus lorsqu'on vit sa persévérance.

Depuis quelque temps il consultait ses forces et essayait en secret son génie pour régner. Louis XIV depuis cet instant ne cessa jamais de se rendre un compte exact de toutes les affaires importantes, et de surveiller les hommes qu'il employait. Il commença par mettre la réforme dans le ministère, par réprimer les abus ; et les finances eurent ses premiers soins. Elles étaient dans le désordre le plus grand par suite d'un long brigandage auquel Mazarin, secondé par le surintendant Fouquet, était moins étranger que personne. Louis XIV ne crut pas l'autorité royale assez fortement établie pour agir franchement contre le surintendant qui laissait percer l'intention de succéder à la toute-puissance de Richelieu et de Mazarin, même malgré le roi. Il employa pour se défaire de lui la dissimulation, on pourrait ajouter la perfidie ; mais il put reconnaître bientôt que les hommes les plus puissants n'avaient plus une position dans l'état qu'en l'empruntant à la faveur royale. Fouquet fut disgracié, jugé sans le moindre obstacle, et enseveli dans une captivité obscure qui ne finit qu'avec sa vie. Colbert que Mazarin mourant avait légué à Louis XIV, comme l'homme le plus capable de le seconder, succéda non au pouvoir, mais à la charge du malheureux ministre dont il s'était montré le persécuteur le plus acharné (1661).

Dès ce moment la timidité de Louis XIV disparut pour faire place à la confiance la plus absolue dans son pouvoir sur la France, et dans la supériorité de la France sur les puissances étrangères. Il exigea que l'Espagne lui fît des excuses, parce que ses représentants à Londres avaient pris le pas sur ceux de France. Le pape Alexandre VII reçut une humiliation plus grande encore, pour n'avoir pas réprimé une émeute populaire dans laquelle l'ambassadeur de France avait été insulté ; il se vit contraint d'élever une colonne expiatoire sur une des places publiques de Rome, et d'envoyer un légat à Paris pour demander pardon au roi ; jusqu'alors la papauté malgré son affaiblissement avait pu au moins sauver les apparences dans toutes ses relations avec les princes catholiques de l'Europe, qui ne lui avaient jamais refusé les marques extérieures de la piété filiale.

Ce n'était là que des victoires d'amour propre ; elles

n'en faisaient pas moins une profonde impression dans toute l'Europe ; et d'ailleurs Louis XIV, à cette même époque, obtenait des avantages plus solides. Pour cinq millions de livres, il rachetait du roi anglais Charles II, le prince le plus prodigue et le plus pauvre de ce pays, les villes de Dunkerke et le Mardik sur la côte de Flandre, conquises par la France pour le compte de Cromvell qui avait mis cette condition à son alliance, vers la fin des troubles de la Fronde. A prix d'argent encore il acquérait Marsal, la principale forteresse du duc de Lorraine. Il envoyait des secours aux Portugais pour les aider à repousser le joug espagnol. Il se déclarait le protecteur de la chrétienté contre les infidèles, en envoyant des troupes à l'Autriche, son ennemie secrète, pour l'aider à repousser les Turcs qui faisaient une invasion en Hongrie, et aux Vénitiens pour sauver Candie assiégée.

Bien qu'il cherchât une occasion de guerre pour faire briller sa puissance de tout son éclat, il voulut pourtant, et avec raison, ne prendre qu'une part illusoire à la guerre acharnée que se firent alors les Provinces-Unies et l'Angleterre. Il était par les traités obligé de secourir la première de ces puissances. Le seul secours qu'il leur envoya fut un brulôt ; c'était le seul navire qui se trouvât alors dans le port de Brest. Ce n'est pas qu'il n'eût pu les secourir plus efficacement. Mais il préférait laisser s'affaiblir mutuellement ces deux grandes puissances maritimes qui mettaient à la fois en mer quatre-vingts ou cent vaisseaux de guerre, tandis qu'il préparait activement de son côté la grandeur navale de la France et que ses arsenaux de Dunkerke, de Brest et de Toulon construisaient ses flottes immenses avec lesquelles il devait bientôt disputer l'empire des mers aux Anglais et aux Hollandais réunis.

Dunkerke vendue par les Anglais devenait pour eux un objet de terreur par suite des immenses travaux que Louis XIV y faisait exécuter. Trente mille ouvriers y travaillaient à la fois, et trente vaisseaux de guerre pouvaient déjà tenir dans son port. L'armée française portée à cent vingt mille hommes, était devenue encore plus redoutable par la discipline et la science; le trésor royal était plein, tandis qu'aucun autre état de l'Europe ne se trouvait en état de faire la guerre. L'Autriche et la Hollande étaient affaiblies, presque ruinées par des efforts disproportionnés à leur puissance. Le roi d'Angleterre ne pouvant obtenir des subsides de son parlement, était prêt à se vendre lui-même à Louis XIV, comme il lui avait vendu deux de ses villes. La monarchie espagnole n'était plus qu'une immense ruine.

Tel était l'état de l'Europe lorsque le roi d'Espagne Philippe IV vint à mourir (1667), et fut remplacé par Charles II fils du second lit. Louis XIV prétendit alors que sa femme Marie-Thérèse, fille du premier lit, devait partager la succession des Pays-Bas avec son frère, selon la loi de succession du Brabant et de quelques provinces voisines. Jamais prétention ne fut plus injuste, et cependant plus favorisée du succès. Le roi marcha en personne à la conquête des Pays-Bas espagnols, avec une magnificence inconnue jusqu'alors; il était à la tête de trente-sept mille soldats. Jamais on n'avait vu d'armée plus régulière, mieux disciplinée et mieux pourvue de magasins et de secours de toute espèce. Le réformateur et le législateur de cette armée, Louvois, le célèbre ministre de la guerre de Louis XIV, partageait le commandement avec Turenne. Leur jalousie, leur haine bien connue, comprimées par la présence du roi, se changea en une vive émulation qui ajoutait encore à la certitude du succès.

A une puissance si formidable, l'Espagne n'avait pas même une armée à opposer. Les troupes disponibles des Pays-Bas ne montaient pas au-delà de huit mille hommes. La disproportion était trop grande; à peine une ou deux places essayèrent de résister. Toutes les autres se rendirent à l'approche des Français. En trois mois la plus grande partie de la Flandre et du Hainaut fut conquise; puis au milieu de l'hiver suivant, Condé, gouverneur de la Bourgogne, entre subitement en Franche-Comté, quand toute l'Europe croyait toutes les forces de la France concentrées pour défendre les conquêtes du nord. On fut confondu de la rapidité de cette invasion, des immenses ressources et de la bonne administration de la France. La Franche-Comté n'était point une dépendance absolue de l'Espagne; c'était plutôt une république placée sous sa protection. La corruption qui marchait avant l'armée du roi, lui assura une partie des premiers personnages du pays. Besançon qui passait pour imprenable, se rendit le lendemain de son investissement, en demandant pour toute condition qu'une relique très-vénérée dans la ville ne serait pas enlevée. Dôle seule résista quatre jours; et trois semaines suffirent pour la conquête de cette province importante, malgré l'indignation des habitants presque tous dévoués à leur gouvernement, et malgré le mécontentement secret des Suisses qui n'auraient pas voulu que la France devînt leur si proche voisine.

Cependant la plupart des puissances européennes s'effrayaient des progrès de la France, et s'occupaient sérieusement des moyens d'arrêter le jeune conquérant. La

Hollande se plaça à la tête de cette coalition et se déclara sur-le-champ avec beaucoup de résolution. Louis XIV, ému de cet orage, s'empressa de le détourner en offrant de céder une partie de ses conquêtes. Comme aucune puissance ne se souciait beaucoup d'entrer en lutte avec lui, ses propositions furent acceptées, et le traité signé à Aix-la-Chapelle, moyennant la cession de la Franche-Comté. Tout se régla en cette occasion entre la Hollande et la France ; les conditions étaient présentées à Versailles, à l'ambassadeur des Provinces-Unies, et de là envoyées à Aix-la-Chapelle pour y être signées par les plénipotentiaires (1668).

Dès ce moment Louis XIV se promit de punir l'insolente intervention des Hollandais, ces anciens protégés de la France, qui osaient maintenant l'arrêter dans ses conquêtes. Il prépara sa vengeance avec le plus grand mystère. Au moyen de quelques millions, il détacha le roi Charles II des Hollandais, et obtint de lui qu'il leur déclarerait la guerre, en donnant pour prétexte à son peuple les prétentions insolentes de cette république à la domination des mers.

Ensuite, au milieu de la sécurité générale, Louis XIV envahit subitement la Hollande du côté de l'Allemagne, en longeant les possessions des Espagnols dans les Pays-Bas (1672). Les Hollandais et leurs alliés étaient loin de s'attendre à cette entreprise qu'ils croyaient impossible, et qui l'aurait été en effet si le roi n'eût doublé son armée et ses magasins. Le passage du Rhin remplit la France d'orgueil, et l'Europe d'effroi, bien que ce mouvement n'eût rencontré aucun obstacle. On crut que la Hollande serait conquise comme la Franche-Comté en quelques semaines : ce qui fût arrivé en effet si les Hollandais n'eussent pris la résolution désespérée d'inonder eux-mêmes leur pays ; car ils n'avaient plus ni armée, ni milices, ni places fortes. Ils se croyaient si faibles que déjà les meilleurs citoyens faisaient le compte des vaisseaux qui pouvaient transporter à Batavia les débris de la nation. En vain les chefs du gouvernement implorèrent la modération et la clémence de Louis XIV; il ne voulut offrir que des conditions dérisoires. Il était plus honorable et tout aussi avantageux pour les vaincus, d'attendre qu'ils fussent réduits à l'extrémité de se rendre à discrétion.

Cependant tout n'était pas désespéré. Vaincue sur terre, la Hollande triomphait sur mer des flottes combinées de la France et de l'Angleterre ; et l'Europe armait pour la secourir. Le peuple de Hollande se souleva contre ses chefs républicains qu'il accusait de trahison, et mit à la tête des affaires le prince d'Orange, Guillaume, qui devait être désormais l'ennemi le plus dangereux et le plus irréconciliable de la puissance française ; et le parlement d'Angleterre contraignait en même temps Charles II de mettre fin à cette guerre inqualifiable qui compromettait tous les intérêts de la nation.

L'année suivante (1673), Louis XIV, attaqué sur toutes ses frontières, repoussé des villes qui restaient encore aux Hollandais, évacua ses conquêtes pour se replier sur la France. La faible Espagne, qui avait montré le plus d'ardeur pour secourir les Hollandais et qui se trouvait la plus exposée aux coups de la France, fournit à Louis XIV l'occasion d'une conquête facile. La Franche-Comté fut conquise une seconde fois avec presque tout ce qui restait des Pays-Bas espagnols (1674).

L'empereur d'Allemagne, et ce qui était tout aussi redoutable, l'empire lui-même étaient entrés dans la coalition. Ils avaient formé une armée bien supérieure à celle de la France et qui menaçait d'envahir ses provinces de l'est. Mais Condé et Turenne combattaient pour la France ; son triomphe était assuré. Dans le même temps que le premier remportait en Brabant près de Senef une victoire meurtrière, Turenne avec une petite armée défendait l'Alsace contre les impériaux qui l'inondaient ; il la sauva par quatre victoires consécutives où il se surpassa lui-même.

La France était victorieuse sur tous les points ; mais l'année suivante (1675), Turenne fut tué en Allemagne, au moment de livrer une bataille décisive, et le grand Condé fut forcé par ses infirmités de renoncer au commandement des armées. Louis XIV se défendit à la vérité et conserva ses conquêtes ; mais il ne put pendant les années suivantes remporter aucun avantage décisif, et la coalition redoubla d'efforts. En vain il poursuivit les Espagnols jusque dans la Sicile dont il se fit proclamer roi. En vain Duquesne battit et tua Ruyter, le grand amiral hollandais. Louis XIV comprit que la France s'épuiserait sans profit à continuer cette lutte de plus en plus inégale. Il profita des mésintelligences qui s'élevèrent entre les coalisés, du découragement de quelques-uns, pour obtenir la paix de Nimègue qui lui assurait une partie de ses nouvelles conquêtes, et qui rendait au roi de Suède, son seul allié, ses provinces d'Allemagne (1678).

Louis XIV se trouvait au comble de la gloire. C'est alors que l'Hôtel-de-Ville de Paris lui décerna le surnom de *Grand*, et ce fut désormais sous ce titre qu'il fut toujours désigné sur les monuments et dans les actes publics.

Cette époque est l'apogée du pouvoir royal en France. La monarchie absolue était dans les mœurs comme dans les lois ; elle s'appuyait aussi bien sur le consentement et l'admiration de la nation que sur sa puissance matérielle. Louis XIV pouvait dire avec toute raison « l'état, c'est moi » ; car ce mot exprimait un fait vivant aussi bien qu'un système. Remarquons en passant combien cette formule est à la fois plus noble et plus absolue que celle de François I, cet autre fondateur du pouvoir absolu : « Car tel est notre bon plaisir. »

Il ne faut pas s'étonner que le pouvoir absolu fût aussi populaire au sortir des troubles et des doctrines de la Fronde. Car cette première partie du règne de Louis XIV était sous plus d'un rapport un temps de progrès inouïs. Toutes les industries nationales, favorisées par Colbert, devenaient, malgré quelques erreurs de cet habile ministre, un sujet d'admiration et d'envie pour les étrangers. Pour la première fois des sommes considérables étaient annuellement consacrées à des travaux utiles et négligés jusqu'à cette époque. Les routes, si indispensables au commerce, sont réparées ou établies sur des proportions plus larges, par des travaux plus dispendieux. Le canal du Languedoc, qui est le plus grand peut-être, le plus utile sans contredit, des monuments du grand siècle, fut construit en quelques années.

Des dépenses non moins considérables furent consacrées à des monuments de luxe qui ne plaisaient pas moins à la nation. Si l'on peut reprocher à Louis XIV les millions enfouis à son château de Versailles, il ne faut pas oublier qu'il en a dépensé incomparablement plus en travaux utiles et à l'usage de tous.

C'est sous Louis XIV que nous avons véritablement

pour la première fois une marine et des colonies. C'est à lui que nous devons nos deux grands ports maritimes de Brest et de Toulon, et nos chantiers de Rochefort. Sous Richelieu et Mazarin, nous n'avions en Amérique que de petits établissements sans importance, à peu près abandonnés de la métropole. Louis XIV entretint et fortifia ceux qui existaient, rétablit ceux qui étaient ruinés, et en créa de nouveaux. Une compagnie de commerce fut établie pour les Indes-Orientales, avec lesquels nous eûmes pour la première fois un commerce régulier, mais qui ne fut jamais, il est vrai, bien étendu, ni bien profitable.

Jusqu'ici nous n'avons vu qu'une suite continuelle de prospérités ; mais le règne de Louis XIV se compose de deux périodes bien distinctes, l'une de grandeur et de puissance ; l'autre toute de réaction. Nous avons assisté à la première ; nous allons entrer dans la seconde.

Pendant que Louis XIV, se croyant décidément invincible, envahissait en pleine paix, malgré les traités et sur les prétextes les plus frivoles, les villes impériales d'Alsace, l'importante forteresse de Luxembourg et plusieurs cantons voisins des frontières, comme pour se rendre les puissances voisines plus irréconciliables que jamais, il commençait contre les protestants la persécution la plus impolitique et la plus funeste. Son orgueil despotique s'irritait encore plus que sa foi religieuse, de voir une partie de ses sujets persister dans les erreurs de Calvin. Après avoir essayé de la corruption qui lui réussit assez bien sur les individus isolés, il pensa que la violence serait encore plus efficace que les bienfaits. Ses courtisans et les catholiques zélés croyaient et lui faisaient croire que les calvinistes n'attendaient qu'un ordre de sa main pour se convertir à la religion du maître. La tolérance fut diminuée et bientôt réduite à rien par plusieurs édits successifs. Enfin l'édit de Nantes est solennellement révoqué (1685). Les protestants reçoivent l'ordre d'élever leurs enfants dans la foi catholique, de renoncer à la célébration de leur culte, et leur résistance est traitée comme une rébellion ; c'est alors qu'on employa les *dragons* à convertir les dissidents. Ceux des ministres protestants qui étaient restés en France sont envoyés aux galères ou livrés au dernier supplice. Plus de cinq cent mille hommes préférant leur religion à leur patrie passèrent à l'étranger. Les uns entrèrent dans le service militaire ; il s'en forma des régiments entiers qui se distinguèrent autant par leur valeur que par une haine irréconciliable contre la France. D'autres (et ce fut un plus grand malheur, puisqu'il était irréparable) portèrent à nos ennemis des industries qu'ils ne connaissaient point ; car les protestants, exclus de tous les emplois, avaient pris sur les catholiques une supériorité marquée dans les principaux centres de manufactures.

Il faut avouer à la honte de la nation que cette persécution religieuse fut généralement approuvée. On croyait y voir la réunion de tous les Français sous la bannière de la vraie foi, bien que ce but, poursuivi si souvent par les mêmes moyens, n'eût jamais été atteint. Mais on était encore sous le charme, on ne pouvait pas croire que rien fût impossible au grand roi.

Pendant que Louis XIV portait lui-même à sa puissance un coup funeste, le prince d'Orange, son constant ennemi, était parvenu malgré tous les obstacles à former une nouvelle coalition défensive de l'Europe contre la France. Cette ligue que Louis XIV menaça vainement sans pouvoir l'intimider, obtint de lui non pas la restitution des conquêtes faites en pleine paix, mais la promesse de ne point usurper davantage ; et en faisant cette concession, les envoyés de la France avaient soin d'exalter la merveilleuse modération de Louis XIV. C'était peut-être de bonne foi ; les uns étaient si persuadés de leur force, et les autres de leur faiblesse (1684).

En effet les souverains coalisés, ne pouvant se rassurer, hésitaient à commencer une lutte nouvelle. Tous à l'exception de Guillaume craignaient la France encore plus qu'ils ne la haïssaient. Ainsi, lorsque l'empire était menacé de se voir enlever la ligne du Rhin par l'élection d'un évêque de Mayence, servilement dévoué à Louis XIV, par les intrigues de la France à Cologne, et les prétentions de la duchesse d'Orléans sur la plus grande partie du palatinat, on se contenta de resserrer à Augsbourg les liens d'une ligne défensive, et d'attendre pour se décider à la guerre une aggression plus directe (1686).

Mais bientôt Guillaume enleva à la France le seul allié important qui lui restât, en détrônant le roi d'Angleterre Jacques II son beau-père, qui voulait rétablir le catholicisme dans son royaume (1688). Jacques II se réfugia en France où il eut aussitôt un palais, des gardes, une cour tout aussi brillante qu'à Londres. La fastueuse hospitalité du roi de France était accompagnée d'une déclaration de guerre à tous les ennemis de Jacques II, à l'usurpateur Guillaume, à la république de Hollande, à l'empereur et à l'empire, à l'Espagne et enfin au Pape : car il se trouvait que le Pape, cette puissance catholique par excellence, était en hostilité contre le révocateur de l'édit de Nantes, et par conséquent en amitié avec l'usurpateur protestant. Bientôt après, Jacques II se rendit en Irlande avec une flotte qui portait trente mille hommes de débarquement pour y soutenir les catholiques restés maîtres du pays. Mais Jacques II fut vaincu, et les protestants reconquirent l'Irlande en une campagne (1689).

Pendant deux années Louis XIV disputa l'empire de la mer aux Anglais et eux Hollandais réunis, et pendant deux autres années il l'eut sans contestation. Ses flottes couvraient l'Océan et la Méditerranée sans rencontrer d'ennemis. Mais cette puissance fut détruite en un seul jour, à la bataille de la Hogue. Une moitié de la marine française y fut détruite dans un combat inégal, au moment où nos deux flottes allaient se réunir (1692).

Sur le continent, la France continua pendant quelques années à remporter des succès marqués; mais dès la première année de la guerre, la dévastation systématique du Palatinat, qui changea en un vaste désert le pays le plus fertile de l'Allemagne, dévoila à l'Europe l'affaiblissement des ressources de Louis XIV, puisqu'il n'avait pas trouvé d'autre moyen pour couvrir ses frontières de l'est contre l'armée de l'empereur et de l'empire.

C'est en vain que, dans les Pays-Bas, le maréchal de Luxembourg gagna les trois victoires de Fleurus, de Steinkerke et de Nerwinde, il ne put faire aucune conquête durable; car il avait dans Guillaume d'Orange un adversaire souvent plus redoutable après une défaite qu'après une victoire (1690-1693).

En Italie, Catinat parvint à soutenir l'honneur des armées françaises. Les Autrichiens et les Piémontais furent vaincus à Staffarde et à Marsaille. Mais Louis XIV se contenta pour unique fruit de ses victoires d'imposer une paix équitable au duc de Savoie, et d'obtenir de lui la neutralité de l'Italie (1696).

Au bout de neuf ans, la France à la vérité n'était point encore entamée ; mais elle était beaucoup plus appauvrie que la Hollande et l'Angleterre qui s'acharnaient à cette guerre avec plus d'animosité, à mesure qu'elle durait plus long-temps. L'orgueil de Louis XIV céda à la raison politique. Il fit la paix à des conditions qui semblaient n'avoir dû lui être arrachées qu'après des revers éclatants. Il rendit presque toutes ses anciennes conquêtes des Pays-Bas, consentit à raser quelques-unes des places fortes qui lui restaient, et à reconnaître Guillaume pour roi d'Angleterre. Cette dernière concession fut peut-être celle qui lui coûta le plus. La France fut étonnée et indignée; car, pendant toute cette guerre, on ne lui avait annoncé que des succès, en lui cachant avec soin les embarras et les alarmes du gouvernement, et l'inutilité absolue de ces avantages si chèrement disputés (1698).

L'Europe se trouva pacifiée encore une fois ; malheureusement ce ne fut pas pour long-temps. La mort du roi d'Espagne, Charles II, la bouleversa de nouveau deux ans après. Charles II après bien des hésitations avait enfin fait héritier de toute la monarchie espagnole le duc d'Anjou, le second des petits-fils de Louis XIV. Louis XIV qui n'avait point prévu ni espéré cette succession, avait signé avec les autres puissances un traité de partage ; néanmoins il accepta pour son petit-fils le testament de Charles II, malgré la certitude de faire naître une guerre générale (1700). En même temps il reconnaissait officiellement le fils de Jacques II comme roi d'Angleterre. L'Europe presqu'entière se ligua de nouveau contre lui, et lui déclara la guerre (1701).

La France avait alors perdu ces grands ministres et ces grands généraux qui lui avaient valu tant de succès et de prospérité. Louis XIV avait montré, dans la première partie de son règne, un tact admirable pour élever à chaque emploi l'homme qui convenait le mieux. Mais les succès et la flatterie lui avaient malheureusement persuadé que c'était lui qui avait fait et dirigé ces grands hommes, l'appui et la gloire de son règne. En conséquence il ne s'occupait plus autant de rechercher le mérite, il préférait le dévouement. Il disait au fils de Louvois en lui donnant le ministère de la guerre que son père avait occupé : « J'ai formé votre père, je vous formerai aussi. » Il en résulta que le ministère fut aussi mal administré qu'il l'avait été bien autrefois. Pour remplacer les Luxembourg et les Catinat, il préférait le maréchal de Villeroy, parce qu'en habile courtisan, il se proclamait son élève dans l'art de la guerre ; et plus le mépris public se prononçait sur les choix déplorables de sa vieillesse, plus il mettait de constance à les soutenir. Alors tout au contraire deux hommes de génie disposaient souverainement de toutes les ressources des deux grands empires ennemis, l'Autriche et l'Angleterre ; c'étaient le prince Eugène, premier ministre et généralissime de l'empereur, et Marlborough, mari de la favorite de la reine Anne, général de l'armée anglo-hollandaise.

La guerre commença (1702) par une série de défaites. Les armées qui, sur l'ordre de la cour, avaient pris partout l'offensive furent partout repoussées, quand Louis XIV croyait voir renouveler le temps de ses premières conquêtes. Cependant ces défaites pouvaient encore se réparer, et le terrain était disputé presqu'également. Mais, la quatrième année de la guerre, notre armée d'Allemagne fut détruite à la désastreuse bataille d'Hochstedt par Marlborough (1704). La Bavière, seule alliée de la France, fut livrée à la vengeance de l'Autriche, et la frontière de l'est exposée. Deux ans après, Marlborough remportait encore à Ramillies une victoire non moins décisive qui fut immédiatement suivie de l'entrée des ennemis dans la Flandre française. En même temps notre armée française assiégeait Turin avec un matériel immense; le prince Eugène vient l'attaquer dans son camp retranché, et, contre toute apparence, son audace fut couronnée du plus entier succès. Turin fut délivré, et les débris de l'armée française rejetés au-delà des Alpes. La France entamée sur toutes ses frontières n'opposait à l'invasion que de faibles armées; heureusement les ennemis devaient être long-temps arrêtés par les excellentes fortifications des places frontières.

L'Espagne, qui avait d'abord admis Philippe V sans opposition, se partageait, au moment même où les alliés lui enlevaient ses provinces éloignées, les Pays-Bas et l'Italie. L'ancien royaume d'Aragon se soulevait en haine des Castillans qui s'étaient déclarés avec enthousiasme pour le nouveau roi, et reconnaissait le frère de l'empereur qui était le candidat de l'Europe.

Vainement Louis XIV tenta de dissoudre la coalition; elle semblait, contre l'ordinaire des ligues, se resserrer de plus en plus par le succès. Ses deux grands généraux, étroitement unis entre eux par l'amitié et la confiance, plaçaient toute leur rivalité à faire aux Français le plus de mal possible. L'Angleterre qui n'avait promis que quarante mille hommes, doublait ce contingent; les Hollandais doublaient leurs subsides. Cet acharnement fut récompensé par la destruction de la principale armée française à Malplaquet, sur les frontières du nord (1709). Pour comble de malheur les paysans protestants des Cévennes, exaspérés par la persécution, profitaient des désastres de la France pour se soulever ; et Louis XIV, ne pouvant parvenir à étouffer cette révolte obscure par la force, finit par être réduit à traiter avec les principaux chefs.

Louis XIV se trouva enfin dans une telle détresse qu'il proposait inutilement aux alliés les concessions les plus humiliantes. Les alliés voulaient que non-seulement il abandonnât son petit-fils, mais encore qu'il s'engageât à le détrôner lui-même. Il répondit que puisqu'il fallait faire la guerre, il aimait mieux la faire contre ses ennemis que contre son propre sang. Heureusement les victoires du duc de Vendôme affermirent la maison de Bourbon sur le trône d'Espagne (1710) ; mais la France était ruinée et envahie. Louis XIV, menacé de voir bientôt les étrangers aux portes de Paris, parlait dans son désespoir de faire un appel direct à la noblesse et au peuple, et de se mettre à leur tête pour aller mourir ou vaincre à la frontière.

Dans cette extrémité, la mort de l'empereur Joseph I, changea la face des affaires (1711). Son frère Charles VI se trouvait l'unique héritier de la maison d'Autriche. L'Europe commence aussitôt à s'inquiéter de voir renaître la monarchie de Charles-Quint. Marlborough qui continuait à vouloir la guerre, fut disgracié, et l'Angleterre traita de la paix. Mais pourtant l'Autriche, qui continuait la guerre, était encore un adversaire formidable pour la France; une famine générale était venue se joindre aux malheurs de la guerre, pour la ruiner entièrement, lorsque la victoire inespérée de Denain, remportée par le maréchal de Villars, vint enfin décider la conclusion de la paix.

Elle fut signée à Utrecht avec l'Angleterre et la Hollande, à Rastadt avec l'Autriche (1712-1713). La France ne garda de toutes les conquêtes de Louis XIV, que Strasbourg, la Franche-Comté et la Flandre française. La monarchie espagnole fut démembrée. Le port de Dunkerke qui faisait ombrage à l'Angleterre dut être comblé, ses fortifications démolies. Une partie des colonies françaises furent cédées à la même puissance.

Deux ans après ce honteux traité (1715), Louis XIV mourut en disant à son arrière petit-fils, le seul qui restât avec le roi d'Espagne, de sa nombreuse famille : « Mon enfant, j'ai trop aimé la guerre; ne m'imitez pas en cela, non plus qu'en les trop grandes dépenses que j'ai faites. »

Il laissait la France épuisée, sa marine et son commerce détruits, trois milliards de dettes à payer, ce qui était à cette époque un fardeau au-dessus des ressources de l'état. Mais l'acquisition définitive de deux provinces importantes, la réforme des lois, les progrès inouïs de l'industrie, de l'administration, de la civilisation générale, compensaient les malheurs et les fautes de ses dernières années. Les principes et les mesures de son gouvernement, excepté dans les affaires religieuses, furent presque toujours en avant de son temps; la plupart ont été mis à profit et copiés par le reste de l'Europe.

CHAPITRE X.

DES LETTRES, DES SCIENCES ET DES ARTS PENDANT LE XVIIe SIÈCLE.

Dans le seizième siècle, c'est l'Italie qui domine le mouvement littéraire et scientifique, et qui produit les chefs-d'œuvre sur lesquels se règle le reste de l'Europe. Dans le dix-septième au contraire cette gloire appartient à la France ; c'est alors que la langue française, grâce à quelques grands écrivains, commence à prendre le caractère de langue universelle, étudiée et parlée par tous les esprits cultivés du reste de l'Europe.

A proprement parler, la littérature française du grand siècle n'est point originale, c'est uniquement une littérature d'imitation. C'est toujours aux Grecs et aux Romains qu'elle emprunte la convenance des parties, les règles de formes, beaucoup d'idées accessoires et même souvent l'idée première de ses compositions. Lorsque les Italiens et plus tard les Français commencèrent à essayer cette imitation des anciens, rien ne fut plus gauche ni plus contraire à la nature que leurs premiers essais. Il semble que ces défauts devaient continuer à rester inséparables des efforts tentés pour faire passer dans la littérature d'un peuple la littérature d'un autre peuple, tout-à-fait différent de mœurs, de religion, de constitution et de langue. Comment se fait-il que, tout au contraire, il n'y ait pas de littérature dans laquelle il y ait plus de naturel et de raison que dans nos bons auteurs du xviie siècle? C'est qu'apparemment l'imitation intelligente du génie par le génie n'est pas un procédé aussi méprisable, aussi stérile qu'on a affecté de le proclamer récemment.

D'ailleurs, l'éducation, toute grecque et romaine de tous les hommes instruits de l'Europe depuis le xve siècle, faisait que véritablement il ne pouvait y avoir d'autre littérature qu'imitée de la littérature antique. Des efforts long-temps infructueux n'ont jamais pu décourager les écrivains de suivre une direction, qui, lors même qu'elle ne serait pas la seule bonne, était du moins alors la seule possible.

Au xvie siècle le *grand* Ronsard, comme l'appelaient ses contemporains, avait échoué en imitant directement Horace et Pindare. Malherbe qui ouvre le xviie siècle, sans avoir peut-être plus de talent, fut plus heureux en suivant une voie indirecte. Il choisit ses modèles plutôt dans les imitateurs italiens que dans les originaux anciens, et eut la gloire de fixer notre langue poétique. Quelque temps après Balzac fixait de même la prose oratoire; et Racan avait trouvé enfin l'art d'être naïf et gracieux tout en entrant plus avant que personne dans la véritable école antique. On voit que dès lors ce poids naguères écrasant de l'antiquité n'était plus si lourd à porter.

Ces premiers succès rendaient possible le libre essor du génie littéraire. Dans le genre le plus difficile, le grand Corneille s'élève tout d'un coup à la plus haute éloquence et à la plus belle poésie. Son époque était déjà capable de le comprendre et de l'apprécier. Le *Cid* fut salué à son apparition, en 1639, d'une admiration unanime ; et pendant long temps on disait en proverbe : « Cela est beau comme le *Cid*. » Le bruit en fut si fort que le grand ministre devint jaloux du grand poète. Comme beaucoup d'autres hommes supérieurs, Richelieu avait la prétention de vouloir occuper exclusivement l'attention, et la faiblesse de haïr tous les autres favoris de la gloire, à quelque titre que ce fût.

Depuis la première représentation du *Cid*, jusqu'au moment où Louis XIV commence à gouverner par lui-même, on voit briller Descartes, Arnaud, Gassendi, Pascal, le cardinal de Retz, le duc de la Rochefoucauld.

Louis XIV ne put avoir aucune influence sur le génie de ces hommes illustres, puisqu'ils étaient arrivés à toute la maturité de leur talent, à tout l'éclat de leur réputation avant que ce prince eût aucune influence sur le gouvernement. Corneille, de tous ces hommes illustres, eut seul part à sa munificence; encore passa-t-il les dernières années de sa vie dans la misère. Descartes n'évita la persécution qu'en allant s'établir au fond de la Hollande. Pascal, en sa qualité d'ennemi des jésuites, ne reçut aucun encouragement. Il faut dire, en outre, que les encouragements furent d'abord décernés sans le moindre discernement. On sait que c'est Chapelain, la plus grande célébrité du ridicule, qui fut le plus magnifiquement récompensé. Louis XIV n'en a pas moins mérité tout autant que Périclès, que les Médicis, et Auguste, de donner son nom à tout le siècle littéraire dans lequel il a vécu.

Il y a encore deux écrivains sur lesquels l'influence du grand roi fut à peu près nulle. C'est Molière et Lafontaine, qui étaient arrivés à la maturité de leur talent à l'époque qui forme la séparation entre les deux parties de ce siècle littéraire. Tous deux sont incontestablement les premiers, non-seulement de la France mais de toute l'Europe, dans le genre qu'ils ont choisis ; et nul critique de quelque importance n'a osé, quelles que fussent ses préjugés nationaux ou littéraires, leur contester cette supériorité. Lafontaine protégé de Fouquet, fidèle à l'infortune, dut à la haine persévérante de Colbert de ne recevoir aucune récompense ; mais Molière eut toute la faveur de Louis XIV, qui l'enrichit de ses dons, et le protégea constamment.

Aucun des auteurs dont nous avons parlé jusqu'à présent ne présente le caractère spécial de ceux qui forment la véritable cour littéraire de Louis XIV, et qu'il préféra à tous les autres, précisément à cause de la profonde influence que son gouvernement avait exercée sur le caractère de leur talent et la direction de leurs idées. On remarque chez les contemporains de Richelieu et de Mazarin une certaine âpreté de style, ou une indépendance de pensées qui se ressentent de la confusion et de l'audace des temps précédents. La génération suivante reproduit au contraire dans la littérature, comme dans un miroir fidèle, la régularité parfaite du gouvernement absolu, et l'élégance des cours. Ce sont les poètes Boileau, Racine, Regnard, les orateurs sacrés Bossuet, Fléchier, Massillon, les historiens Saint Réal et Fleury, les moralistes La Bruyère, et Nicole, le philosophe Malebranche. Mad. de Sévigné se ressent encore un peu de la société des anciens frondeurs. Fénélon, seul des grands écrivains de ce temps, se place à part non par le style mais par la tendance politique ; son Télémaque est une réclamation bien indirecte et bien humble contre le gouvernement absolu. Vers la fin du siècle, il y a eu une sorte d'interrègne; on sent que le génie s'affaiblit, que les esprits ne peuvent plus suivre la route qui vient de leur être tracée. C'est l'époque à laquelle commencent à se faire connaître J.-B. Rousseau, Crébillon, Massillon, Fontenelle, La Mothe-Houdard qui tous ont été novateurs, sur quelques points, sans être bien hardis, ni toujours heureux dans leurs innovations. Le sceptique Bayle, protestant et réfugié, forme la seule exception éclatante et vraiment radicale parmi les hommes éminents du XVIIe siècle; il est le précurseur des philosophes du siècle suivant.

Sous le rapport de l'érudition, la France n'est plus aussi incontestablement supérieure aux autres nations, mais elle dispute au moins honorablement le premier rang. Déjà l'érudition n'est pas exclusivement restreinte à l'étude de l'antiquité grecque et latine. Cette époque présente plusieurs esprits supérieurs, qui ont en quelque sorte découvert et exploité, par d'immenses travaux, le moyen-âge et l'orient.

Les sciences mathématiques et physiques présentent également quelques noms illustres; mais l'époque de leur plus grand développement n'est pas encore arrivée.

Quant aux arts, la France présente pour la première fois une école de peinture, illustrée par les noms de Poussin, Lesueur, Claude Lorrain. La sculpture et l'architecture nous offrent plusieurs successeurs des grands artistes du XVIe siècle, tels que Puget, Mansard et Perrault.

CHAPITRE XI.

AFFAIBLISSEMENT DU POUVOIR ROYAL; DOMINATION INTELLECTUELLE DE LA FRANCE EN EUROPE.

(Depuis la mort de Louis XIV jusqu'à la Révolution française, règnes de Louis XV et Louis XVI. 1715-1789.)

Aussitôt après la mort de Louis XIV, commença contre son gouvernement et ses principes une réaction qui n'attendait que ce moment pour éclater avec violence. Quelle que fût la solidité du pouvoir monarchique en France, il reçut alors un choc qui détermina sa décadence rapide, et, en moins d'un siècle, sa destruction complète. Tous les pouvoirs, tous les corps de l'état affectèrent, en toutes choses, de faire directement l'opposé de ce que Louis XIV avait fait, c'est-à-dire qu'on dévia plus ou moins, sur tous les points, de la meilleure organisation qui jamais ait été donnée à un gouvernement absolu.

On commença par casser aux acclamations universelles, le testament de ce monarque si absolu pendant sa vie, et on donna toute l'étendue du pouvoir monarchique au duc d'Orléans que sa naissance appelait à gouverner le royaume pendant la minorité du jeune roi Louis XV. Aussitôt le régent, cédant à l'impatience universelle, entreprit à la fois un grand nombre d'innovations, dont la principale et la moins durable fut le remplacement des ministres par des conseils de plusieurs membres ; il y eut aussi dans la direction imprimée à toutes les affaires, tant intérieures qu'extérieures, de nombreux bouleversements. Mais par un malheur inhérent à toutes les innovations irréfléchies et prématurées, elles ne firent qu'ajouter aux embarras des gouvernants et à la misère des sujets. Le fameux système financier de Law, après avoir englouti une foule de fortunes particulières, rendit presqu'impossible le rétablissement des finances et du crédit de l'état, malgré la continuation de la paix générale. Le plus grand malheur peut-être de la régence, fut l'exemple des mauvaises mœurs donné au peuple par le régent et la cour; on y ajoutait, pour se dédommager mieux encore de la longue contrainte imposée par Louis XIV, le mépris de toute bienséance et l'oubli de toute dignité, même sous les yeux du public. Ce second point, frivole en apparence, a pourtant une importance réelle ; et l'abandon affecté de l'ancienne étiquette changea bientôt le respect presque superstitieux que la nation portait aux grands, aux représentants du pouvoir, en une familiarité souvent mêlée de mépris. Cette époque peut se définir le relâchement de tous les liens politiques et moraux de l'ancienne société française ; un désir vague, mais immodéré, de nouveautés se faisait sentir à la fois dans tous les rangs, dans tous les lieux ; et cette disposition des esprits était encore favorisée par l'indifférence du duc d'Orléans pour l'avenir, par l'indulgence avec laquelle il supportait les contradictions et les censures.

La seule mesure de la régence qui n'ait pas été une

faute, fut le maintien de la paix générale; pour y arriver, le régent n'hésita pas à conclure une alliance étroite avec l'Angleterre qui s'était montrée jusque-là la plus implacable ennemie de la France, mais qui dans ce moment avait des intérêts conformes aux nôtres (1717). L'abbé Dubois, digne premier ministre de cette époque, fut le principal auteur de cette alliance; et c'eût été la seule bonne action de sa vie, si elle n'avait pas été entachée de corruption; il se fit donner une pension par le ministère anglais. Le régent le récompensa aussi de son côté, et trouva plaisant de le faire succéder à Fénélon dans l'archevêché de Cambray, et bientôt après d'en faire un cardinal.

A la mort du régent (1723), Louis XV avait été déclaré majeur; mais comme il n'avait pas atteint l'âge de raison, le duc de Bourbon continua en quelque sorte la régence sous le titre de premier ministre. Le roi demeura encore quelques années entièrement étranger à toutes les affaires. Une intrigue de cour lui enleva l'infante d'Espagne, qui lui était destinée en mariage, pour lui donner la fille de Stanislas Leczinski, roi détrôné de Pologne, sans qu'il s'en mêlât le moins du monde. Mais bientôt le duc de Bourbon, ayant voulu exiler le sous-précepteur du roi, l'abbé Fleury, vieillard de soixante et dix ans, dont la tardive ambition commençait à se révéler, le roi après avoir pleuré et s'être emporté comme un enfant, fit, à l'instigation de quelques courtisans adroits, son premier acte d'autorité royale, et vit aussitôt toute la cour aux pieds de l'exilé de la veille (1726).

Le ministère du cardinal de Fleury se sépara nettement des deux administrations précédentes, par un retour officiel à la décence et aux bonnes mœurs. Le nouveau ministre avait en horreur toutes les innovations ; et s'il eût eu un peu plus de vigueur dans le caractère, on ne peut douter qu'il ne fût revenu aux principes et aux hommes de Louis XIV ; mais sa seule ambition était de finir paisiblement sa vie dans l'exercice du pouvoir souverain, qu'il avait si long-temps attendu. Bien qu'il fût attaché à la paix de l'Europe tout autant qu'à la tranquillité intérieure, il se laissa deux fois entraîner à la guerre contre l'Autriche. La première fut très-heureuse ; les Français, unis aux Espagnols, chassèrent les Autrichiens de toute l'Italie, et obtinrent l'établissement d'une branche des Bourbons d'Espagne sur le trône des Deux-Siciles ; le Milanais fut partagé entre la Savoie et l'Autriche. Mais le principal but de cette guerre, le rétablissement de Stanislas sur le trône de Pologne, ne fut pas atteint ; il reçut en dédommagement la Lorraine qui, après sa mort, devait revenir à la France (1734-1738).

La seconde guerre, celle de la succession d'Autriche (1741), contre Marie-Thérèse, s'annonça également par des succès ; mais bientôt l'intervention hostile de l'Angleterre et de la Hollande y mêla de nombreux revers. Le cardinal de Fleury ne vit que le commencement de cette lutte ; il mourut en 1743. C'est alors que Louis XV se montra pour la première fois à la tête de son armée ; mais il y déploya la même horreur du travail, la même insouciance et le même ennui que dans l'administration de son royaume. Lorsque le roi tomba dangereusement malade au commencement de sa première campagne, l'enthousiasme monarchique avait semblé se rétablir plus ardent que jamais, et lui avait fait donner le surnom de *Bien-Aimé*; mais il s'éteignit presqu'aussitôt pour faire place à l'indifférence et au mépris. Il avait trop montré, suivant la mordante expression de Voltaire, « qu'il ne voulait « être le *bien-aimé* que de sa maîtresse. » C'est alors que commence la domination honteuse des maîtresses du roi sur toutes les affaires d'état. Le désordre et l'affaiblissement du royaume rendirent bientôt impossible de soutenir la lutte. La France, privée de sa marine et de son commerce par les Anglais, plus mal administrée qu'elle ne l'avait jamais été, tomba subitement dans un épuisement si grand que même des victoires décisives, comme celle de Fontenoy, ne produisaient aucun résultat utile, et qu'il fallait demander la paix avec plus d'instances encore qu'après les premiers revers. La paix fut conclue à Aix-la-Chapelle (1748), et tout fut rétabli, quant à la France, dans le même état qu'avant la guerre; le grand Frédéric seul y gagna, il fallut que l'Autriche lui cédât la Silésie. Cette guerre parut à tous les yeux la destruction définitive de la puissance française; elle cessa de compter au nombre des puissances du premier ordre.

L'Angleterre montra une ardeur sans égale, pour achever l'affaiblissement de son éternelle ennemie, et le traité d'Aix-la-Chapelle fut presque immédiatement suivi de tentatives hostiles contre nos colonies. La Bourdonnaie et Dupleix venaient de nous fonder dans l'Inde un commencement d'empire. Nos possessions de l'Amérique du nord, augmentées récemment de la Louisiane, n'inspiraient pas moins d'inquiétude à l'Angleterre, qui voyait dans ces déserts l'emplacement futur d'une colonie gigantesque, et dont les possessions allaient être prises à dos de toutes parts. Malheureusement la métropole du Canada était bien loin d'attacher la même importance à cette possession. On ne fit aucun effort pour rétablir notre marine détruite; au lieu de porter toute son attention vers les projets ambitieux de l'Angleterre, on s'engagea avec une précipitation déplorable dans une nouvelle guerre continentale.

Madame de Pompadour, sans autre motif réel que son irritation contre les épigrammes de Frédéric, s'unit à l'Autriche, non moins affaiblie que la France, pour détruire la monarchie prussienne, et faire, de concert avec la Russie, la loi à toute l'Europe (1756). Cette guerre fut une suite continuelle de désastres. L'Angleterre nous enleva en quelques années les Antilles, le Canada et l'Inde Française, c'est-à-dire toutes nos colonies importantes. Le roi de Prusse, qui parvint bientôt à séparer la Russie de la formidable coalition formée contre lui, accabla les armées françaises et autrichiennes, par une suite d'éclatantes victoires. C'est alors qu'on vit, pour la première fois, une grande armée française détruite sans avoir combattu. Les Français et les Autrichiens marchaient comme sur une proie certaine, contre le camp du Grand-Frédéric, près de Rosbach, lorsque tout-à-coup les tentes prussiennes s'abattirent en même temps, et laissèrent voir l'armée ennemie rangée en ordre de bataille, et s'élançant tout entière sur l'aile française, qui s'enfuit aussitôt dans toutes les directions (1757). Nous étions commandés par le prince de Soubise, qui n'avait d'autre mérite que d'être le plus vil courtisan de la maîtresse du roi. L'incapacité des généraux, l'indiscipline des soldats étaient poussées à un point jusqu'alors sans exemple ; et, pour comble de malheur, le gouvernement tout faible et tout lâche qu'il était, n'avait de persévérance que pour continuer cette guerre désastreuse.

C'est dans le courant de cette guerre qu'un ministre d'une habileté supérieure (1758), le duc de Choiseul, arriva à la direction principale des affaires. Il fit tous ses efforts pour rétablir l'armée et la marine, et pour tirer le meilleur parti possible des dernières ressources de la France. Sa démarche la plus heureuse fut le traité connu sous le nom de pacte de famille (1760), qui en réunissant les trois branches de la maison de Bourbon, Espagne et Naples, formaient une sorte de confédération perpétuelle de l'Europe méridionale ; mais ce traité conclu trop tard n'empêcha point la France de consentir à la honteuse paix de Paris, qui nous enlevait toutes celles de nos colonies qui présentaient quelque importance, et qui replaçait à Dunkerque un commissaire anglais pour y régler souverainement tout ce qui tenait à la marine et à la guerre, afin que Dunkerque ne pût devenir un sujet d'inquiétude pour les Anglais (1763).

La mort de Mme de Pompadour et l'interrègne qui suivit mirent le duc de Choiseul à même de profiter de la paix pour faire tout le bien possible. Il acquit l'île de Corse, rétablit la marine détruite, encouragea les merveilleux progrès de Saint-Domingue, notre seule colonie importante, et parvint à éviter dans les mesures de finances des injustices trop désastreuses. Ce ministère est déjà remarquable par un caractère de flatterie envers le public, caractère tout nouveau dans une monarchie. Le duc de Choiseul, dont le principal mobile était l'amour des louanges, avait le soin de conformer toutes ses actions à l'opinion du jour, en détruisant les jésuites et en protégeant le plus qu'il lui était possible les hommes de lettres et les philosophes que le parlement poursuivait quelquefois avec rigueur. Louis XV, bien qu'il fût devenu presque entièrement étranger aux affaires publiques, prit en haine le duc de Choiseul, précisément à cause de cette préférence qu'il semblait donner à l'opinion publique, sur la faveur royale. En outre l'influence d'une nouvelle maîtresse, Madame Dubarry, vint se joindre à cette antipathie personnelle pour renverser le premier ministre. Son exil fut un triomphe dans lequel la cour et la ville bravèrent pour la première fois le mécontentement du prince, pour aller rendre hommage à un ministre déchu (1770).

La haine universelle s'attacha à ses successeurs, et ils prirent à charge de la mériter tout entière. L'abbé Terray qui avait les finances, fit faire à l'état plusieurs banqueroutes désastreuses, et y joignit des mesures fiscales qui désespérèrent toute la France sans rétablir la prospérité du trésor. Le chancelier Maupeou renversa les parlements que les Français considéraient alors, malgré un grand nombre d'abus, comme le seul obstacle à l'arbitraire et à la tyrannie; enfin le duc d'Aiguillon, ministre de la guerre, mit le comble au mépris et à la haine par des persécutions injustes et acharnées contre les ennemis qu'il s'était faits dans son gouvernement de Bretagne.

Louis XV mourut quelque temps après (1774), laissant la monarchie dans l'état le plus déplorable. Ce prince, qui avait reçu l'éducation la moins propre à en faire un bon roi, à qui son gouverneur disait en lui montrant le peuple assemblé sous ses fenêtres : « Mon maître, tout ce monde vous appartient, tout ce peuple est à vous, » parvint encore à prouver, par toute sa conduite, que chez lui la nature était encore moins heureuse que l'éducation; et ce qui doit le rendre plus coupable, c'est que fort peu de princes ont eu plus de pénétration et d'esprit. Ce n'était point l'incapacité, mais l'amour du plaisir et la haine du travail qui l'empêchèrent constamment de s'occuper des affaires de l'état et d'arrêter sa décadence. Il reconnaissait mieux que personne les symptômes de mort que présentait la monarchie ; il se contentait de dire en riant : « Après moi le déluge. » Dans les dernières années de sa vie, le partage de la Pologne ne lui arracha que ces mots : « Si le duc de Choiseul était encore ministre, cela ne serait pas ainsi. » Et loin de le rappeler, il retomba plus que jamais dans la dépendance et les plaisirs honteux.

Louis XVI en succédant à son grand-père Louis XV, s'occupa sur-le-champ d'accueillir tous les vœux de l'opinion publique qui arrivaient jusque à lui. Son intention était de ne faire entrer dans le ministère que les hommes qui avaient mérité la confiance et l'estime de la nation. La cour que ce projet fit trembler, parvint au moyen d'une intrigue presque puérile à faire arriver au poste de premier ministre un vieillard incapable, Maurepas, qui n'avait jamais fait que des chansons et des épigrammes ; mais on ne put empêcher Louis XVI d'appeler en même temps au ministère Turgot et Malesherbes, qui s'occupèrent sur-le-champ des réformes les plus indispensables, pour arriver par une suite d'édits à un changement légal et paisible, seul moyen d'empêcher la révolution violente qui s'annonçait déjà.

Malheureusement les parlements que Louis XVI s'était empressé de rappeler, se déclarèrent avec virulence contre les réformes, dans la crainte qu'elles ne finissent par s'attaquer aux privilèges de la noblesse et du clergé. Louis défendit d'abord ses deux ministres contre les clameurs qui s'élevaient contre eux de toutes les administrations et surtout de la cour. Comme il était d'une grande piété, on s'efforçait de lui inspirer de la défiance contre les opinions philosophiques des deux ministres. On lui disait un jour : « M. Turgot ne va point à la messe. » Il répondit avec beaucoup de bon sens et non sans quelque esprit : « L'abbé Terray la dit tous les jours. »

Mais enfin il arriva ce qui arrive toujours dans un gouvernement absolu, surtout lorsqu'il est en décadence ; le roi fut moins fort que la cour, il sacrifia douloureusement ses ministres aux désirs des grands, en disant ces mots mémorables : « Il n'y a que moi et M. Turgot qui aimions le peuple. »

Toute espérance d'une révolution progressive, modérée, paisible, fut perdue par cette disgrâce ; la guerre d'Amérique (1778-1783) qui survint bientôt et dans laquelle la marine française soutint avec beaucoup de gloire une lutte inégale, au lieu de tourner au profit du trône, accéléra les dangers et rendit les embarras plus grands que jamais. Cette guerre entreprise pour soutenir un peuple insurgé, développa au plus haut point les idées de réforme et d'égalité qui, depuis le commencement du siècle, s'étaient propagées de quelques écrivains dans toute la nation. C'est en vain que la France conquit une partie des Antilles anglaises, remporta dans l'Inde des avantages signalés, chassa les ennemis du territoire des États-Unis, et les contraignit à reconnaître l'indépendance de cette nation nouvelle, le gouvernement royal recouvra l'honneur, mais non la force. Les dépenses de la guerre empêchèrent de rétablir l'ordre dans le trésor public. Les embarras financiers furent portés au plus haut point par la disgrâce du seul ministre qui fut capable d'y remédier, de Necker. Ses successeurs n'inspirèrent plus aucune confiance ; la voie des emprunts devint de plus en plus onéreuse ; et comme les impôts ne pouvaient plus suffire aux dépenses, le gouvernement toujours repoussé dans ses demandes de nouvelles contributions par le parlement de Paris, se décida enfin à rappeler Necker et à permettre la convocation des états-généraux. Pour la première fois depuis 1614, ils furent réunis le premier mai de l'année 1789. Ce fut le signal et le commencement de la destruction de l'ancienne monarchie.

La révolution qui termine le xviiie siècle était faite depuis long-temps dans les esprits lorsqu'elle éclata. Parmi les causes diverses et nombreuses qui la produisirent et dont quelques-unes remontent très-haut dans l'histoire, la principale est le caractère tout nouveau que prirent les opinions politiques et religieuses dans le courant du xviiie siècle. Jusqu'alors, toutes les révolutions sans exception avaient pris pour prétexte non point le besoin d'innovations, mais le redressement d'anciens griefs, le retour aux anciennes lois, aux anciens principes. C'est au dix-huitième siècle pour la première fois que les idées abstraites et générales élèvent la prétention d'être légitimes et réalisables dans le monde réel comme dans celui des intelligences. Dans la civilisation grecque, comme dans la civilisation moderne, la philosophie avait vécu à côté de la religion, quelquefois en s'en éloignant ; mais c'est alors que, pour la première fois, cette science se déclara décidément hostile à toute révélation religieuse, et prétendit pouvoir en tenir lieu. De même pour la politique : jamais la philosophie n'avait voulu réformer directement les gouvernements ; c'est encore celle du xviiie siècle qui en donna le premier exemple.

Les écrivains de ce siècle ont donc une grande influence sur la révolution qui le termine ; et l'histoire littéraire doit être considérée, par conséquent, comme la partie la plus importante des règnes de Louis XV et de Louis XVI. La tendance réformatrice est visible dès les premières années du siècle, mais d'abord les idées nouvelles ne se montrent qu'avec beaucoup de timidité ; c'est le temps de Fontenelle, qui disait souvent : « Si j'avais la main pleine de vérités, je me garderais bien de l'ouvrir. » Les saturnales de la régence donnèrent un peu plus d'audace aux philosophes ; ensuite les querelles du jansénisme et du molinisme, ou plutôt du parlement et des jésuites, leur fournirent une excellente occasion pour grandir aux dépens des deux partis, acharnés l'un contre l'autre. Louis XV, malgré sa haine contre les écrivains de son temps, qu'il regardait avec raison comme de dangereux ennemis, ne put rien contre le torrent ; et c'est surtout vers la fin de sa vie que la hardiesse des opinions s'éleva au plus haut degré. C'est alors que l'on vit paraître les ouvrages les plus violents et les plus décisifs de Voltaire et de Rousseau, que l'académie et la réputation littéraire furent interdites à tous les ennemis des philosophes, que les intelligences emportées ou médiocres des Diderot, des Raynal, se portèrent aux derniers excès. Il ne faut pas du reste attribuer l'explosion révolutionnaire à l'influence exclusive de quelques écrivains qui n'étaient, après tout que l'organe et le miroir de leur siècle. Ils ne faisaient qu'accélérer un mouvement universel, impossible à combattre.

Cette époque de notre histoire, si triste et si honteuse par la décadence de notre puissance nationale, est en même temps une époque de gloire par la domination intellectuelle que nous exercions sur toutes les nations civilisées. La langue française, que les grands écrivains du siècle de Louis XIV avaient mise à la mode dans le dix-septième siècle, devient la langue exclusive de presque toutes les cours étrangères. Les génies de l'époque précédente et leurs brillants successeurs sont partout considérés par les intelligences cultivées, comme les principaux modèles de la perfection et du bon goût. Les idées et les inventions des autres peuples doivent d'abord se faire naturaliser en France pour pénétrer ailleurs. Cette influence si grande et presque exclusive de notre littérature, cette connaissance générale de notre langue chez tous les hommes instruits de l'Europe, permet aux opinions nouvelles de circuler au loin avec une rapidité jusqu'alors inconnue; un parti nombreux s'était formé à la fin du siècle, dans tous les pays de l'Europe en faveur de la philosophie française, et de même que notre révolution est la seule qui ait eu pour drapeau des principes abstraits et généraux, elle est aussi la seule qui se soit répandue directement chez les autres peuples par voie de propagande, avec le même caractère d'abstraction et de généralité.

C'est ici que nous terminerons cet abrégé de notre histoire ; pour résumer aussi rapidement la période contemporaine, il faudrait considérer les événements de plus haut et surtout de moins près que nous ne pouvons le faire encore.

FIN.

TABLE DES MATIÈRES.

		Pages.
Avant-propos.		v

INTRODUCTION.
ORIGINE ET FORMATION DE LA NATION FRANÇAISE.

Chapitre Ier.	Le sol français.	1
Chap. II.	Les Gaulois.	3
Chap. III.	Les Romains en Gaule.	15
Chap. IV.	Les invasions germaniques ou la période mérovingienne.	27
	Liste des Rois mérovingiens.	44
Chap. V.	L'Église chrétienne pendant la période mérovingienne.	46
Chap. VI.	L'Empire carolingien.	52

Histoire de France.
Première partie. — FÉODALITÉ.

Chapitre Ier.	Révolution féodale. (De Charles-le-Chauve à Hugues-Capet. 843-987.).	61
Chap. II.	Exposé du système féodal.	85
Chap. III.	Des principales dynasties féodales.	95
Chap. IV.	Isolement et indépendance des souverainetés féodales. (Hugues-Capet, Robert, Henri Ier. 987-1060.).	106

			Pages.
Chap.	V.	La France confédérée et conquérante sous la direction de l'Église. (Sous Henri Ier et Philippe Ier, depuis l'arrivée des fils de Tancrède de Hauteville en Italie, jusqu'à la mort de Godefroy de Bouillon. 1050-1100.). . . .	122
Chap.	VI.	Rétablissement du pouvoir royal dans la France centrale (Règne de Louis VI, depuis son association au trône. 1099-1137.).	144
Chap.	VII.	Lutte des capétiens et de la France centrale, contre la féodalité, la monarchie anglaise et l'hérésie ; continuation des croisades d'Orient. (Louis VII, Philippe-Auguste, Louis VIII, minorité de Saint-Louis. 1137-1236.).	152
Chap.	VIII.	Dissolution de la société féodale ; affermissement du pouvoir monarchique. (Règne de St-Louis depuis sa majorité. 1236-1270.).	182

Histoire de France.
Deuxième partie. — MONARCHIE.

Chapitre Ier.		Pouvoir arbitraire de la royauté ; prépondérance de la France en Europe. (Philippe III, Philippe-le-Bel, Louis X, Philippe V et Charles IV. 1270-1328.). . , ...	195
Chap.	II.	Abaissement de la puissance française ; premières tentatives de révolution démocratique. (Philippe VI, Jean-le-Bon, Charles V, Charles VI, et commencement de Charles VIII. 1328-1455.).	205
Chap.	III.	Rétablissement du pouvoir royal. (Fin de Charles VII ; Louis XI ; commencement de Charles VIII. 1455-1494.).	226
Chap.	IV.	Tentatives des conquêtes en Italie ; monarchie tempérée. (Fin de Charles VII, et règne de Louis VII. 1494-1515.).	243
Chap.	V.	De la monarchie française	262
Chap.	VI.	Résistance de la France contre la maison d'Autriche ; progrès du pouvoir arbitraire ; re-	

			Pages.
		naissance des lettres. (François Ier et Henri II. 1515-1559.)	267
Chap.	VII.	Guerres civiles de religion. (Règnes de François II, Charles IX, de Henri III et de Henri IV. 1559-1610.)	290
Chap.	VIII.	Richelieu et Mazarin, ou fondation du pouvoir absolu en France, et abaissement de la maison d'Autriche. (Règne de Louis XIII, et minorité de Louis XIV. 1610-1661.)	318
Chap.	IX.	Monarchie absolue ; prépondérance de la France en Europe. (Louis XIV depuis sa majorité jusqu'à sa mort. 1661-1715.)	333
Chap.	X.	Des Lettres, des Sciences et des Arts pendant le XVIIIe siècle.	351
Chap.	XI.	Affaiblissement du pouvoir royal ; domination intellectuelle de la France en Europe. (Depuis la mort de Louis XIV jusqu'à la Révolution française sous Louis XVI. 1715-1789.)	386

FIN DE LA TABLE.